JN427874

▌연세대학교 경영대학 이지만 교수 추천▐

CRISIS 조직의 위기와 갱신 & RENEWAL

데이비드 허스트 지음

김민경 옮김

도서출판 해남

추천의 글

Crisis and Renewal 초판이 출간된 지도 어느덧 15년이 흘렀다. 그 동안 세계경제는 아시아 외환위기를 극복해 내고 버블 호황을 맞이하였으며, 다시 서브프라임 모기지 위기라는 전대미문의 경제위기를 겪으면서 이를 극복해 가는 과정에 있다. 기업과 정부는 위기를 맞이할 때마다 일련의 고통스러운 수습 과정을 거치면서 새로운 형태로 다가올 위기를 예방할 수 있는, 즉 위기에 선제적으로 대응할 수 있는 방안을 마련하기 위해 고심한다.

그러나 성장의 정점인 호황을 누리면, 세상은 다시 모든 문제가 해결된 듯 핑크빛 미래에 대한 희망으로 가득찬다. 역사적으로 반복되는 위기와 극복의 메커니즘을 떠올린다면, 조직이 번영하는 시점에 냉정하게 현실을 진단할 수 있는 리더십과 미래를 읽어 낼 수 있는 통찰력을 통해서만이 선제적 대응을 달성할 수 있다는 것을 깨달을 수 있다. 선제적 대응이란 위기의 터널을 지나고 있는 긴장 상태에서보다는 조직이 스스로의 성과에 도취되어 있는 호황기에 필요한 자세이기 때문이다.

이러한 의미에서 데이비드 허스트의 *Crisis and Renewal*은 발간 이후 15년의 세월이 훌쩍 지났지만 여전히 우리의 시야를 넓혀 주는 고전으로 유용한 가치를 지니고 있다. 그는 조직에 닥친 위기는 사후적 극복의 대상으로서 "부정적" 요소로 간주되어서는 안 된다고 역설한다. 오히려 조직의 성공 과정에서 조직 내부에 형성되어 온 구속요소들을 무너뜨리고 "도덕적 혼돈 상태"를 야기시킬 수 있는 결단력 있는 행동들을 통해 스스로 위기를 정교하게 창출하여 실행에 옮겨야 한다는 점을 강조한다. 조직이 위기를 맞이하여 사후적으로 부실한 곳을 찾아 극복해 나가는 것이 아니라, 오히려 새롭게 도전할 수 있는 역동성과 추진력을 얻어 부활하기 위한 기회로 삼아야 한다는 것이다.

그의 책은 매우 상세하면서 현실생활의 경험을 흡수하고 있으면서, 동시에 인문학 전반에 걸쳐 광범위한 이해를 통해 조직의 효과적인 변화에 대한 시사점을 제공하고 있다. 그는 소위 성공적인 기업이라고 불리는 성숙단계의 조직이 외부의 위기로부터의 시스템적 손상에 얼마나 취약한지 보여 주기 위해 "조직적 생태순환주기"(organizational ecocycle)라는 조직학적 모델을 정립하였다. 조직의 최초 형성단계에서 조직의 영역을 확장시켜 나가고자 할 때, 신생조직들은 학습에 적극적이며 혁신을 개방적으로 수용하려는 자세를 갖기 마련이다. 그러나 시간이 점차 흐르고 성장이 가속화되면, 그들은 "성과"라는 객관적인 수치에 의해 구속되고, 학습과 혁신에 거부감을 갖기 시작한다. 성과를 추구하게 됨에 따라, 능동적 · 유연적 · 자발적 조직이 표준적 · 계층적 · 정형적 조직으로 전환되어 가고, 이러한 일련의 변화에서 조직은 결과적으로 미묘한 외부 변화에 둔감해지고, 마침내 학습능력을 상실하게 하는 치명적인 위험요인을 내재화시킨다.

조직이 새롭게 다시 태어난다는 것은 조직설립 당시 공유하던 가치가 조직의 성장과 번영 과정에서 망각되거나 퇴색되어 가는 상황에서, 여러 가지 방법으로 조직에 활기를 넣어 주고 재충전시켜 주는 것을 의미한다. 그렇기 때문에 조직의 부활은 과거에 그 뿌리를 두면서 미래를 향한 새로운 방향을 정립하기 위해 노력하는 것이다. 데이비드 허스트의 연구 범위와 깊이는 이를 분명하게 보여 주고 있다. 이 책은 조직 연구자와 실무자는 물론, 반복적으로 크고 작은 위기를 맞이하는 조직경영자들이 패러다임 전환을 위해 한 번쯤은 반드시 읽어 보아야 할 필독서라고 추천한다.

연세대학교 경영대학 연구실에서

이지만

감사의 글

1980년대 초기에 내가 일하던 회사는 과도한 기업담보 차입에 의해 무모하게 인수되었다. 이후 우리 조직에 뒤따라 온 것은 거의 4년에 걸친 혼돈 상태였다. 이 책의 제3장에서 기술한 그 경험은 내 인생을 바꾸어 놓았다. 나는 사건들을 이해할 수도 없었고 우리가 처한 엉망진창인 상황을 정확히 어떻게 헤쳐 나가야 할지도 알 수 없었다. 나는 벌어진 일들을 파악하기 시작하였다. 그리고 이 책을 통해 발견한 것을 설명하려고 시도하였다. 그러나 내가 이 책을 쓰고 있다기보다는 내가 그 안에 있다는 생각이 들었다.

지난 12년 간 나는 (당시 많이 허락되지도 않았던) 자유재량 시간의 대부분을 독서와 저술에 바쳐 왔다. 때때로 방향을 잃기도 하였지만, 언제나 나에게 방향을 제시해 주는 무엇인가 또는 누군가가 나타났다. 그러한 과정에서 나는 나의 아내와 가족, 그리고 동료들에게 상당한 압박을 주었다.

나의 감사의 인사는 적어도 12년 전 나의 첫 경영의 멘토들인 데이비드 리처드슨(David Richardson), 제임스 맥너스(James Mackness), 모리스 코울리(Morris Cowley)와 휴 맥그리거(Huch McGregor)에게로 거슬러 올라갈 필요가 있다. 데이비드 리처드슨은 세상이 쓰러져 가는 와중에서조차도 훌륭한 유머 감각을 보여 주었다. 제임스 맥너스는 나에게 초창기 기회들을 모두 부여해 주었다. 그는 나를 시카고 경영대학원에 보내 준 책임자였으며, 그 곳에서 나는 처음으로 경영조직의 세계와 그 안에 있는 사람들의 행동에 대해 열정적으로 공부하는 데 눈뜨게 되었다. 모리스 코울리는 내게 이론과 실제 사이에 놓인 격차를 가르쳐 주었으며, 휴 맥그리거는 경영과 같은 현실적인 문제에서조차 철학이 중요하다는 사실을 납득시켜 주었다. 나는 또한 웨인

망(Wayne Mang)과 초창기 개념과 실습의 상당수가 실험적으로 시도되었던 러셀철강(Russelsteel)의 이전 동료들에게도 큰 빚을 지고 있다. 웨인(Wayne)은 나의 활동과 실험들을 수 년 간 지원해 주었으며, 나는 그에게 마음으로부터 깊이 우러나오는 감사를 표한다.

내가 철강산업을 떠나 이 책을 쓰는 데 많은 후원을 해 준 것은 몇몇 학술재단들이었다. 나는 특히 요크대학(York University) 행정연구학부의 데쏘 호배스(Deszo Horvath), 웨스턴 경영대학원(Western Business School)의 아드리안 라이언스(Adrian Ryans)와 닉 프라이(Nick Fry), 그리고 토론토대학(University of Toronto)의 머레이 브라이언트(Murray Bryant)에게 감사를 표한다. 학술연구단체의 많은 회원들이 나와 나의 연구를 대단히 지원해 주었다. 웨스턴 경영대학원의 로드 화이트(Rod White)와 짐 러시(Jim Rush)는 끊임없는 아이디어와 의욕의 원천이었으며, 수 년 간 학계와 나를 지속적으로 연계시켜 주었다. 이 책에서 사용된 개념들 중 다수는 그들과의 공동연구에서 출현한 것이다. 이 책의 보다 근본적인 모델들은 내가 요크대학 행정연구학부에 몸담았던 시절의 동료인 브렌다 짐머맨(Brenda Zimmerman)과 함께 쓴 논문에서 윤곽이 잡히고 구체화된 것이다. 그녀의 아이디어들은 나에게 영감을 불어넣는 훌륭한 원천이었다.

누군가 그의 생각과 자극이 어디에서부터 얻어진 것인지 말하기는 어려운 일이다. 그러나 위에서 언급한 분들과 참고문헌에 인용된 분들에 덧붙여 데비 애클리(Debbie Ackley), 하비 바비악(Harvey Babiak), 스태포드 비어(Stafford Beer), 팻 브래드쇼(Pat Bradshaw), 메리 크로산(Mary Crossan), 데이비드 유잉(David Ewing), 고든 포워드(Gordon Forward), 피터 포스터(Peter Foster), 피터 프로스트(Peter Frost), 마이크 그린(Mike Greene), 찰스 햄프던 터너(Charles Hampden-Turner), 앤 허프(Anne Huff), 놈 카츠만(Norm Katzman), 해리 레인(Hary Lane), 클라이드 마혼(Clyde Mahon), 짐 맥케이(Jim Mckay), 헨리 민츠버그(Henry Mintzberg), 가레스 모건(Gareth Morgan), 앨런 피어슨(Allan Pearson), 마가렛 파워

(Margaret Power), 밥 퀸(Bob Quinn), 댄 쉔델(Dan Schendel), 돈 쉘케(Don Schuelke), 알 슈킷(Al Shkut), 칼 와익(Karl Weick)과 알 지벤(Al Ziven)도 모두 이 프로젝트에 다양한 형태로 공헌을 해 주었다.

이 책이 존재할 수 있게 된 데에는 하버드 경영대학원 출판부의 확장팀(extended team)이 중심적인 역할을 해 주었다. 알리스타 윌리엄슨(Alistair Williamson)과 익명의 평론가들이 나로 하여금 스스로 명확하게 개념화하도록 도전의식을 북돋워 주는 데 많은 시간과 노력을 할애하였다. 일단 개념적 구조가 마련되자, 마저리 윌리엄스(Marjorie Williams)는 이 책을 논리적이고 읽기 쉽도록 다듬어 주었다. 그녀의 논평과 제안은 통찰력이 있었으며, 매우 큰 도움이 되었다. 원고가 정리되자 편집장인 바바라 로스(Barbara Roth), 교열편집자인 수잔 코헨(Susan J. Cohen), 그리고 색인 작성자인 캐시 매시미니(Kathy Massimini)와 함께 지금 여러분의 손 안에 쥐어져 있는 질 높은 결과물이 만들어지도록 지속적으로 개선하는 공동작업을 해나갔다. 나는 이 모든 분들과 나눈 대화에 진심으로 감사드린다. 그들은 이 책의 원형이 무색해질 만큼 개선시켜 주었다.

마지막으로 지난 12년 간 지원을 아끼지 않은 나의 가족들에게는 아무리 고마움을 표하여도 지나치지 않을 것이다. 이 시기의 상당한 시간 동안 나는 물리적으로나 정신적으로나 집에서 부재 중인 상태였다. 맨 처음부터 이 프로젝트를 믿어 주었던 나의 아내 다이애나(Diana)는 그간 내가 겪었던 여정 중 가장 어려웠던 이 여정 내내 지치지 않고 나를 지지하고 후원해 주었다.

감사를 표한다.

1995년 2월
캐나다 오크빌(Oakville)에서
데이비드 허스트

차례

책머리에

이스트 코커(East Coker)

in order to arrive at what you are not
(그대가 있지 않은 그 곳에 도달하기 위해서는)

you must go through the way in which you are not.
(그대가 있지 않은 그 길을 통과해야 한다.)

and what you don't know is the only thing you know
(그리고 그대가 알고 있는 유일한 사실은 그대의 무지이며,)

and what you own is what you do not own
(그리고 그대가 소유하는 것은 그대의 무소유이며,)

and where you are is where you are not.
(그리고 그대가 있는 곳은 그대가 있지 않은 곳이어야 한다.)

—티 에스 엘리어트(T. S. Eliot)

책머리에

이 책은 조직의 갱신(재탄생)과 그 과정에서 겪게 되는 위기의 필수적인 역할을 다루고 있다. 갱신은 성숙 단계로 접어든 조직에서 조직의 탄생시기에서나 경험하는 가치나 애정, 그리고 감성적 헌신들을 부활시키는 것과 관련되어 있다. 갱신은 조직의 성장과 번영 과정에서 잃어버리거나 잊혀진 중요한 무엇, 가치 있는 무엇을 복원시키는 것이다. 한편, 갱신은 이를 겪어 나가는 조직의 가치와 주요 역할에 관한 것이다. 조직의 갱신 과정에서 가치는 단지 보여 주기 위한 것이 아니라 필수불가결한 요소가 된다. 그러므로 갱신은 우리와 우리 조직의 삶을 어떻게 이해하는지에 관한 것이며, 일의 의미를 되살리는 것에 관한 것이다.

이 책은 방관자적 관점이 아닌 실제 조직의 경영에 참여하는 관리자의 관점에서 바라본 실리적인 책이다. 여기에서는 한 조직이 변화를 경험할 때 나타나는 관리자의 역할변화를 다루고 있는데, 현대의 경영조직들은 상당한 정도까지 알게 모르게 전략적으로든, 경제적으로든, 정치적으로든 우연에 의해 진보해 왔다. 그렇다고 조직에서 벌어지는 사건들이 변덕스러우며 통제 불가능한 것을 의미한다고 보지는 않는다. 다만, 관리자의 영향력은 일관적이고 직접적이며 즉각적인 것이라기보다는 간헐적이고 간접적이며 지체되는 경향이 있다는 것을 의미한다. 이것은 관리자들이 종종 행동을 취하는 능력을 제약받고 무엇을 해야 하는지에 대해 혼란스러워한다는 사실을 인정한다는 것으로 이해할 수 있다. 그러나 이 책은 결코 그들이 무능력한 존재라고 말하지 않는다.

이 책은 오랜 시간에 걸쳐 전개된 변화를 담은 몇 가지 이야기를 다루고 있다. 여기에서는 다양한 조직이 서로 다른 장소와 시간 속에서 장기간 동안 어떻게 진화하였는지, 조직의 역사와 발전의 상황배경 속에서 어떻게 변화하였는지를 살펴보고 있다. 보다 명확히 말하자면 어떻게 조직이 태동하고 탄생하며 성숙해 가는지, 그리고 조직이 어떻게 위기에 노출되고 갱신을 준비해 가는지에 대해 고찰해 보았다. 이러한 이야기들은 장기간에 걸친 일련의 사건들을 유기적으로 연결시켜 주는 데 도움을 줄 것이다. 오늘날 관리자들은 단편적인 의미만을 담고 있는 정보의 폭격을 받고 있다. 그리하여 그들은 때때로 진행 과정에 대한 이해 없이 단순한 하나의 사건만으로 문제를 이해하곤 한다. 여기서 다루는 이야기들은 우리로 하여금 사건들을 유기적으로 연결시키고 의미를 재구성할 수 있게 해 줌으로써 그 맥락을 파악할 수 있도록 해 줄 것이다.

이 책은 발본적이다. 우선 개념들의 본래 의미를 짚어 보는 데에서부터 그러하다. 여기서는 조직의 기원과 경영사례들을 소개하고, 이어서 조직의 역사와 상황배경이 경영사례에 어떠한 영향을 미쳤는지 이해할 수 있도록 접근하였다. 또한 기존에 관습적으로 받아들여졌던 것들을 거스르는 결론을 내리고 충고를 던지는 데 주저하지 않았다는 점에서 발본적이라고 할 수 있다. 대부분의 경영 관련 이론서들은 합리적인 경영방법론과 안정적인 조직에 대해 논의하였다. 그러나 이 책은 불안정한 상황, 즉 위기 속에서의 역할과 경영의 비합리적 측면을 다룬다는 점에서 차별화된다(예를 들어, 어느 조직에서나 엿볼 수 있는 것으로, 관리자의 자유로운 경영 추진이 극히 제한된 조직에서 관리자가 할 수 있는 유일한 결단은 현 조직의 시스템을 (창조적으로) 무너뜨려 내가 이른바 "도덕적 혼돈 상태"(ethical anarchy)라고 부르는 상태로 끌고 가는 것을 볼 수 있다).

다음으로 이 책은 야심차다. 학계와 실무 양자를 모두 충족시키고자 하는 측면에서 그러한데, 이론과 실제를 하나로 묶어 내기 위해 일련의 개념 간의 구조를 이용하였다. 또한 인간성 회복을 통해 경영에 생기를 불어 넣고자 신중한 접근을 하였는데, 이를 위해 문학, 철학, 역사 그리고 예술과의 연관성을 다시 짚어 보았다. 인간성의 진보는 과학이 이루어 온 것과는 사뭇 다른 경로를 밟아 왔다. 인간성이란 것이 오직 인간의 경험을 그 시작과 끝으로 하는 것일 수도 있지만, 이것이 과학을 뛰어넘어 위대한 의미를 가지는 이유는 바로 궁극적인 목적을 추구한다는 데에 있다. 인간성에 대한 문제들은 그 우선순위에 있어 다소 논란이 있기는 하지만, 모두 중요한 문제들을 놓고 씨름한다는 사실은 부정할 수 없다. 경영에 있어, 우리가 그때그때 닥치는 문제를 해결하는 데 급급하다면, 가장 중요한 궁극적 목적을 상실할 수 있다는 점에서 인간성에 대한 고찰은 의미가 있을 것이다.

마지막으로 이 책은 나의 개인적 경험을 담고 있다(그러한 이유로 독자들은 이 책에서 나의 열정을 느낄 수 있을 것이다). 여기에서는 내가 몸담았던 조직이 경영권 인수 후 경험한 "조직융화"의 과정과 갱신의 과정을 보여 줄 것이다. 계약이 체결되고 나서 4년 간은 내가 관리자로 일해 왔던 시간들 가운데 가장 강렬하였고 흥미로웠던 시기로 기억한다. 이러한 격동의 시기를 보낸 뒤 나는 우리에게 일어난 일련의 사건들을 되짚어 보았지만, 솔직히 역동적이었던 사업 과정을 제대로 그려 낼 수 있는 체계적 구조를 발견하지는 못하였다. 그러던 중 나는 중국의 도교를 접하게 되면서 조직의 구조와 프로세스에 관한 실마리를 얻을 수 있었으며, 이후 복잡한 구조이론을 설명하는 비선형 역학을 연구하게 되었다. 이렇듯 1980년대의 초반, 나의 경영인생의 분기점이 된 이 경험은 인간의 행동유형을 설명해 줄 수 있는 보다 근본적인 방법론이 무엇인지를 찾아 이해해야 한다는 일종의 강박관념에서 비롯되었으며, 그러한 생각은 지금까지도 여전하다.

조직갱신: 미래로 나아가기 위해 과거로 거슬러 올라가다

조직을 갱신시킨다는 것은 여러 가지 방법으로 조직에 활기를 넣어 주고 재충전시켜 주는 것이다. 이러한 조직갱신의 개념은 조직설립 당시에는 가치 있는 무언가가 존재하였으며, 참되고 의미 있는 경험을 서로 공유하고 있었다는 것을 가정한다. 그러나 시간이 흐름에 따라 진정성이나 의미에 대한 본래의 감각은 퇴색되거나 사라져 간다. 이러한 맥락에서 조직의 갱신은 과거와 현재를 이어 줄 수 있는 설립 당시의 가치를 되찾아 가는 과정, 다시 말해 새로운 것에서 옛 것을 발견하는 과정이라고 할 수 있다.[1)]

갱신은 미래를 향한 것이며, 다가올 사회의 모습과 비전을 요구한다. 그러나 중요한 것은, 이것이 분명 과거에 그 뿌리를 두고 있다는 것이다.

> 우리가 미래를 예측할 수 있는 유일한 방법은 과거로부터 유추하는 것이다. 갱신은 이전까지 존재하지 않았던 강렬하고 고결한 사회적 이상을 추구하는데, 바로 여기서 일컫는 사회적 이상은 과거 조직의 역사와 전통으로부터 유추해 냄으로써 얻어질 수 있다. 즉, 미래 사회의 이상은 과거에 뿌리를 두고 있으며, 그렇기 때문에 사회적이고 역사적인 의의를 지니게 되는 것이다.[2)]

이처럼 갱신은 마치 생(生)의 리듬을 타는 것처럼 변화의 연속선상에서 일정한 패턴을 그리며 반복된다. 조직의 경영자로서 이러한 패턴을 인지하고 있다면, 망망대해 속에서 대략적으로나마 목적지를 향한 방향은 잡을 수 있을 것이다. 따라서 갱신은 우리가 앞으로 나아가기 위해 과거를 되돌아볼

1) 이 정의를 내리는 데 있어 나는 Karl Weick(1990)으로부터 아이디어를 얻었다.
2) Frye(1988), 15쪽.

것을 요구한다. 즉, 미래로 나아가기 위해서는 과거로 거슬러 올라가야 하는 것이다. 여기서 내가 이야기하고픈 것은 바로 이러한 갱신의 리듬이다.

사려깊은 실천가적 관점에서의 경영

내가 경영에 처음 발을 들여 놓은 1960년대는, 전반적인 실물경제 상황과는 다르게 관리자의 초월적 능력에 대한 낙관적 인식이 지배적이었다. 당시 한 기업의 최고경영자는 기업이든 경제든 간에 모든 것을 통제할 수 있다는 생각이 널리 퍼져 있었다. 그러한 경영자들은 "그들이 무엇을 하고 있는지를 알고 있었다"는 증거도 꽤 있었다. 내가 1970년대 초반에 받았던 정규 비즈니스 교육 또한 이러한 믿음을 지지하는 경향이 있었지만, 시카고대학에 대해 공정하게 생각해 볼 때, 거기서 실제로 내가 배운 것은 끊임없이 경험을 통해 체득하는 훈련뿐이었다. 이 책이 효과적인 한 아마도 훈련의 목적은 달성된 것이라고 할 수 있다.

그러나 졸업 직후 내가 마주친 경제 상황은 더 이상 장밋빛이 아니었다. 1973년의 오일 쇼크(Oil Shock)와 연이은 시장실패는 미래가 예측 가능하다는 전제를 여지없이 무너뜨렸다. 처음에는 치솟는 인플레이션 속에서 오일 쇼크가 심각한 문제로 대두되지 않았다. 그러나 1980년대와 1990년대의 혹독한 경기침체는 신경제의 흐름을 끊어버렸다. 보다 새로운 정치 · 사회적 변동과 냉엄한 경쟁이 지배하는 세계시장의 모습은 경영세계에도 혁신이 불가피한 것임을 입증하게 되었다.

나는 실무자, 즉 현장에서 의사결정을 내리고 이것이 적절하였는가를 즉시 파악한 뒤 개선점을 찾기 위해 노력하고자 하는 관리자의 관점에서 이야기를 풀어 갔다. 경험이란 것은 통상 누군가가 어떠한 것에 대해 진정으로 필요를 느끼고 나서 약 10분 후에 얻게 되는 것이라고 할 수 있다. 종종 관리자들은 그들이 무엇인가 하고 있을 당시에는 정작 무엇을 하고 있는지 정확히 알지 못하고, 사후적으로 무엇을 하였었는지를 알아 내려고 애를 쓴다. 그러나 시간이 지난 뒤에 그가 알아 내는 것은 여전히 불완전할 뿐이다.[3)]

사실 나는 경영에 대해 이러한 방법대로 배우지 못하였으며, 오히려 내가 배운 것은 이것과 정반대의 방법이었다. 우리가 이 책을 통해 앞으로 보다 철저하게 파헤쳐 보려 하는 도구적 · 합리적 의사결정 모델은 미국 경영대학원에서 여전히 지배적인데, 이것은 사전에 계산된 의사결정이 항상 효과적인 행동을 이끌며, 이러한 행동은 시장점유율 확대나 비용절감과 같이 분명한 사업목표가 주어짐으로써 가능하다는 것이다. 모든 관리자들은 이것이 실제 사례에 항상 들어맞지는 않는다는 것을 알고 있다. 또한 이것은 내 경험상 단언컨대 이론에서조차 제대로 적용되지 않는다.

경영행동의 모델들

이 책은 처음부터 끝까지 실제 사례로 구성되어 있다. 나는 경영에 있어서 사례는 처음과 끝이 되는 것이며, 그러한 사례 가운데 이론이 존재하게 되는 것이라고 믿는다. 오늘날 경영에 있어 이론은 유행이 아니다. 지난 수십 년 간 영미권 국가에서 경영은 이론을 배제시킨 채 뛰어난 기업과 경영의 사례에 선취되어 끊임없이 따라하기에 여념이 없었다. 그러나 사례를 통

3) 체스터 바너드(Chester Barnard) 또한 이와 유사한 말을 하였다. "나는 인간이 그들 사회의 진보를 통제할 수 있을 것이라고 생각하지 않는다. 이 말은 인간이 사회의 진보에 아무런 영향력을 발휘할 수 없다는 것이 아니라 그 효과가 원하는 것으로 나타나지 않을 것이고 정확이 예측되어질 수 없다는 뜻이다. 심지어 이미 발생한 복잡한 사회현상을 보면서도 완전한 이해를 하고 있지 못하는 경우를 보면 그렇지 아니한가?" (1946년 8월, 화이트(William F. Whyte)에게 보낸 편지에서)

해 무엇인가 얻으려 한다면 그 경험이 내 것이든 남의 것이든 간에 이론을 세워야 한다. 이론 없이는 과도하게 일화를 늘어놓기 십상이며,[4] 어떠한 상황을 접하였을 때 무엇을 일반화하고, 무엇을 구체화할 것인지 가려 내기 어렵게 된다. 그러다 보면 관리자는 일관성 없이 경영하는 위험에 빠지게 되고, 쌓여 가는 사례들 가운데 허우적거리며 혼돈 상태에 빠질 수 있다. 우리는 우리의 특수한 상황에 적합한 경영기법이 무엇인지 알지 못한 채 혼란스러운 조직에 이 기법 저 기법을 적용하게 되는 것이다. 또한 어떠한 노력을 쏟았을 때 어떠한 결과를 낳았는지 분별하지 못하기 때문에 종국에는 유행을 따라 끊임없이 최고의 기업사례만을 좇는 노예로 전락하고 만다. 실험쥐를 대상으로 연구하였던 심리학자들은 이를 소위 "미신행위"라고 부른다.

이 책에서 나는 경영행동에 대한 세 가지 관점을 소개하고자 한다.[5]

1. 합리적 행동(rational action)

행동은 목적적이며 합리적이다. 그것은 목적 달성을 지향한다. 이 관점에서 본다면, 관리자들은 행동을 취하기 전에 합리적으로 의사결정을 한다. 목적과 수단 간의 관계는 매우 가까우며, 인간의 행동은 수익과 같이 정의가 명확한 목표를 극대화함으로써 기술적으로 정당화될 수 있다. 전통적으로 이러한 도구목적적 합리성은 고전경제학과 관련이 있다.[6] 이러한 가정은 현대 서구 문화에서는 깊이 묻혀 있어 북미 경영교육이 이러한 관점에 입각해 있다는 것은 크게 놀랄 만한 일이 아니다. 우리 대부분이 배워 온 관점 또한 이것이라고 할 수 있다.

4) 탐 피터스(Tom Peters)가 쓴 *Liberation Management*(1992)는 우리가 이론을 피하려 할 때 어떠한 결과가 초래되는지를 명확히 말해 준다. 이 책을 읽은 한 독자에 의하면 "마치 뒤엉켜진 덤불 속에서 독자는 방향을 잃어 가고 점점 더 엉켜버리게 되어 그야말로 산뜻한 그 어떤 일화를 접한다 해도 그것을 가려 낼 수 없어 자기 것으로 만들 수 없게 된다"고 하였다(*The Economist*, 1992. 5. 12).

5) Pfeffer(1982)에 의해 전개된 관점이다.

6) 이는 복잡한 시스템을 이해하는 데 우리의 능력에는 한계가 있다고 본 제한적 합리성의 개념에 따라 수정된다(Simon, 1957).

2. (외부)제약적 행동(constrained action)

행동은 외부적으로 제약받으며, 상황에 따라 결정된다. 인간은 스스로 자신의 목표를 가지고 행동한다고 믿고 있지만, 그들의 행동은 사실 자신이 속한 환경에 의해 제약받는다. 이 관점에서 본다면, 합리성이란 개념은 사후적일 수밖에 없으며, 그것은 외부 제약에 의미를 부여하고 통제하려는 시도를 보인다. 학계에서 이러한 관점은 생태학자들[7]과 관련이 있는데, 그들은 조직구조가 환경에 의해 불가피하게 선택되는 것이라고 설명한다. 글자 뜻대로라면, 이러한 관점은 관리자들이 조직의 성과에 거의 영향을 미칠 수 없다는 것을 내포하고 있다. 아마도 이러한 이유에서 이 관점은 조직의 성과가 아주 형편 없을 때를 제외하고는 관리자들의 주의를 끌지 못하였다. 즉, 외부제약적 행동 모델은 재앙을 부른 "통제 밖의 상황"을 설명할 때에 종종 쓰이는 것이다.

3. 창발적 행동(emergent action)

행동은 창발적(創發的)인 과정에서 임의로 나타난다. 합리성, 목표, 가치는 그러한 과정으로부터 나타나는 것이다. 이 관점에서 본다면, 관리자들은 행동을 취하는 데 자유롭지만 정작 그들이 무엇을 하고 있는지 알지 못한다. 그들의 행동은 목표를 지향한다기보다는 사후적으로 목표를 형성하는 것이다.[8] 이 세 번째 관점은 두 번째 관점에서 전개하였던 사후적 합리성 개념을 수용하고 있지만, 외부 제약에 대한 지식이 행동을 예측할 만큼 충분하지는 않다고 본다. 사실 이 세 번째 모델이 가장 설명하기 어렵다. 그렇지만 나는 관리자들이 직면하고 있는 현실적 딜레마들 – 예를 들어, 명확한 분석을 어렵게 만드는 변화무쌍하고 모호하기 그지없는 현실 세계에서 그

7) 예를 들면, Hannan and Freeman(1977).
8) 이 관점은 경영학에서 Karl Weick(1969)의 작업 및 Cohen, March, and Olsen(1972)의 "쓰레기통"(garbage can) 모델과 연관성을 갖는다. 전략연구 분야에서 긴급전략에 대한 개념은 Mintzberg and Waters(1985)에 의해 가장 광범위하게 발전되었다.

들이 어떻게 효과적인 행동을 취할 수 있을 것인가?—의 본질을 여기서 파악할 수 있었다.

내가 이 책에서 견지하는 중심적 개념 논지가 조직경영에 있어 합리적 행동 모델이 틀렸다는 것을 의미하지는 않는다. 다만 그것만으로는 충분하지 않다는 것이다. 내 생각에는 합리적 행동 모델만으로 충분하다고 주장할 때 문제에 봉착하게 되는 것 같다. 우리는 합리적 행동 모델을 보다 면밀하게 검토하여야 하며, 내가 언급한 다른 관점들로 보충하고, 보다 광범위한 맥락에서 이해하여야 할 것이다[9)]

내가 말하고자 하는 바는, 세 가지 모델 중 어떠한 것이 이론적으로 타당하고 우월한 것인지를 가리자는 것이 아니며, 언제 어느 상황하에서 관리자의 의사결정에 유용한 것인지를 찾아보자는 것이다. 현대 조직의 생애는 예견적인 합리적 기제가 제대로 작용하는 평온한 시기와 그 어떤 기제도 작용하지 않는 혼란의 시기 사이에서 요동치는 것으로 특징지을 수 있다. 효과적인 경영이 종종 개인주의적이고, 견고하며, 상의하달식 지도체계를 요구할 때도 있지만, 경우에 따라 보다 공동체적이고, 섬세하며, 보살펴서 키워 내려는 접근이 필요할 때도 있다. 물론 이러한 조직현상을 머릿속에서 분석할 수도 있지만, 직접 부딪히고 느낀 경험이 이를 더 확실하게 해 줄 때가 있는 것이다. 그러나 이러한 동요가 무작위로 발생하는 것이라면, 이를 이해하고 접근하는 것은 사실상 불가능하다. 앞서 제시한 모델들의 통합은 이러한 동요의 양상을 발견하자는 것이고, 이러한 양상이 바로 갱신의 리듬인 것이다.

9) 사실 경영대학을 졸업할 당시 나는 이러한 사실을 깨닫지 못하였지만, 당시 학계는 이미 합리적 행위 모델의 한계를 지적하고 대안을 소개하기 시작하였다. 한 예로, "쿠바 미사일 사태"(Cuban missile crisis)에 대해 세 가지의 관점을 제시하여 정치학계에서 잘 알려지게 된 Graham Allison (1971)은 이성적 행위이론의 보편성을 보여 줌과 동시에 이와 동등한 가치의 설명력이 있는 다른 대안책을 증명해 보였다.

변화를 위한 가치목적적 합리성의 정립

원래 서양의 기술적 합리성이라는 것이 그 기원을 그리스 철학에 두고 있기 때문에 변화라는 개념을 논하기 쉽지 않다. 그리스 철학자 파르메니데스(Parmenides 540B.C.~470B.C.)는 "변화는 일종의 착각"이라고 주장하였다.[10)] 그는 그 누구도 안정적인 체계 안에서 끊임없는 변화가 일어나는 이유에 대해 완전히 알 수 없다고 주장하였다. 그리고 이에 관해 우리가 알아 내는 모든 것들은 우리를 현혹시키는 것뿐이라고 덧붙였다. 그의 이러한 논리는 일면 타당하다. 만약 고체의, 움직이지 않는 그 무엇이 있다면 누구나 그것을 쪼개어 각각의 조각들로 나눈 뒤 다시 그 조각들을 뭉쳐 본래대로 복원시킬 수 있다. 그러나 변화의 과정에 놓여 있는 것에 대해서는 이러한 조작을 할 수 없다. 이러한 점에서 변화 중인 것들은 우리에게 골칫덩이이며, 이것들을 칭할 때 사용하는 단어들 – 실체가 없는, 비현실적인, 변덕스럽고 가벼운 – 은 이를 반영한다고 볼 수 있다.

그럼에도 불구하고 오늘날 경영이론에 있어서 "변화"를 다루는 합리적이고 객관적인 경영방법은 도처에 존재한다. 근래 화두가 되는 "지속적 개선"(continuous improvement), "구성원에 대한 권한위임"(worker empowerment), "프로세스 리엔지니어링"(process reengineering)과 같은 슬로건은 관리자로 하여금 경영혁신과 변화를 장려하는 논리적인 근거를 제공하고 있다. 특히, "프로세스 리엔지니어링"은 우리가 논하는 주제와 관련하여 특히 눈여겨볼

10) 이에 대해 숀(Schon)은 다음과 같은 의견을 내놓았다.

> "현재 우리가 변화에 대해 갖는 관점은 정확히 파르메니데스가 말한 그것과 동일한 것이다. 우리는 우리가 속해 있는 여러 구성조직들 – 국가, 종교, 기업체, 산업집단들 – 은 영속적인 것으로 인지하고 있다. 한편, 가치의 변화라는 것은 일탈적이며, 신뢰를 상실한 것으로 보고 있다. 왜냐하면, 가치라는 것은 확고하며 영속적인 것으로 간주되었기 때문이다. 그렇지만 우리가 역사적인 변화를 허용하는 범위 내에서 우리는 이것을 진보 과정의 모델 – 안정된 가치구조 내에서의 꾸준한 변화 과정 – 로 이해하고 있다"(Schon, 1967, xii).

필요가 있다.

대부분의 대중적인 경영혁신 모델은 대체적으로 빠르게 변화하고 있다. 이러한 현실은 변화라는 숙제를 경영자들에게 떠안겨 주지만 한편으로는 변화 과정으로부터 해방시켜 주는 일면을 갖기도 한다. 이러한 모델들은 르윈(Lewin)의 유명한 항진명제인 "기존 질서를 녹이는 과정(unfreeze) – 변화(change) – 새로운 질서를 재형성하는 과정(refreeze)"의 변주곡들이라고 할 수 있다.[11] 장인이 도구를 사용해서 작품을 만드는 것처럼 경영자는 조직을 변화시킨다. 도구는 재료를 변화시키는 것이지 장인을 변화시키는 것은 아니다. 이것이 함축하는 의미는 경영자는 조직을 안정적으로 유지시키는 것과 마찬가지로 조직을 변화시킬 수도 있다는 것이다. 이러한 면에서 변화는 기술적인 해결책을 요구하는 기술적인 문제로 보인다.

내가 생각하기에, 가장 결정적인 결함은 바로 기술적인 시스템과 그것을 유용하는 사람들 사이의 교차부분에 놓여 있다. 합리적 구조체계의 명백한 객관성은 조직의 근원을 변화시키는 사회적 역동성을 해칠 수 있으며, 운영 과정의 변화에 대한 관리자들의 무관심이야말로 변화를 위한 노력이 실패하는 주요 원인인 것이다.

이 책을 통해 나는 조직경영에 있어서 이와는 다른 종류의 합리성이 중요시되어야 함을 보여 주는 논리체계를 발전시켜 나가고자 한다. 그것은 바로 가치목적적 합리성(values-based rationality)이며, 이는 소정의 기술적인 목

11) 르윈 모델의 현대적 대응물의 좋은 예는 나들러(Nadler)의 변화가 일어나는 과정의 묘사에 다음과 같이 들어 있다. "그것의 가장 보편적인 명사로, 효율적인 변화 관리는 현재의 상태를 이해하는 것을 발전시키고(A), 미래에 희망하는 이미지를 개발하며(B), 조직을 A를 통해 B의 시기로 이전시키는 것이다"(Beckhard and Harris, 1977; Tushman and Moore, 1988, 722쪽).

일부 변화관리 전문가들은 르윈의 모델이 지금까지 널리 전해져 오고 있는 데 놀라움을 표시하며 그 이유를 다음과 같이 말한다. "이 모델은 경영자들이 전략을 계획하며 겪는 극히 복잡한 과정을 마치 아이들에게 가르치는 공식처럼 단순화시켰다."

그럼에도 불구하고 학계에서는 행위를 제한시키는 변화 모델 – 제약적 행동과 유사한 – 을 달가워하지 않는다. 이는 "능동적이며 낙관적인 전략구사의 모델"과는 대조적인 "수동적이며 비관적인 장기간에 걸친 진화 모델"로 묘사되어 왔기 때문이다(Kanter, Stein, and Jick, 1992. 10. 24).

적을 달성하고자 취하는 도구적인 행위가 아닌 본질적으로 가치 있는 행위를 일컫는다. 사실, 도구목적적 합리성(mean-end rationality)을 벗어난 이런 유형의 행위는 독창적인 발상을 가능하게 한다. 이는 두 종류의 합리성이 종종 긴장관계에 놓이는 점을 살펴볼 때 보다 명백히 드러난다.[12)]

책의 내용

여기서는 이 책의 구성, 그림과 표현방법, 각주를 개괄하여 살펴보도록

12) 베버는 이러한 두 종류의 합리성이 보여 주는 차이에 대해, zweckrational("기술적 사고"란 해석이 가능하다고 볼 수 있다. 이는 특별한 목표를 성취하는 수단들은 합리적인 과정에 의해 구현될 수 있다고 보는 관점이다)과 wertrational("가치근본적 합리성"으로 볼 수 있는 것으로 목표 실현을 위해, 비록 그 자체적으로는 비합리적일지라도, 가치를 추구하는 과정에서 본래적인 합리성을 중요시하는 관점이다)의 두 가지 관점을 소개하였는데, 전자는 기술적인 계산 및 예측을 바탕으로 가치중립적인 반면 후자는 가치목적적인 성격을 가진다.

브루베이커(Brubaker)는 베버의 관점을 다음과 같이 정리한다.

> "우선, 합리성은 사물에 본래 고유한 것으로서 있는 것은 아니지만 그 원인으로 간주한다. 둘째, 합리성은 상관관계에 있는 개념이다. 사물은 오로지 특정 관점에서만 합리적(또는 비합리적)일 수 있으며, 그것 자체로는 성립하지 않는다.
>
> 베버는 형식적 합리성과 실질적 합리성을 구분함으로써 합리성의 이러한 상관관계적 개념을 사회구조 분석에 적용한다. 형식적 합리성은 사실의 문제이며, 실질적 합리성은 가치의 문제이다. 형식적 합리성은 본래 수단과 방법의 계산 가능성을 나타내고, 실질적 합리성은 목적과 결과의 가치를 나타낸다. 행동의 계산 가능성을 극대화하는 전적으로 형식적 목적을 가진 관점에서 – 왜냐하면, 최대한 계산 가능한 행동은 끝없이 다양하게 가능한 실질적 목적에 맞추어질 수 있기 때문이다 – 자본주의, 과학, 기술 그리고 현대적인 법률과 행정 체계는 대단히 합리적이다. 그러나 그렇게 전적으로 형식적인 합리성은 (특정한 실질적 목적, 신념 또는 가치에 대한 헌신의 관점에서 합리성을 의미하는) 베버가 실질적 합리성이라 부르는 것과 끊임없는 긴장관계에 놓여 있다. 이러한 식으로 형식적 합리성과 실질적 합리성 간의 대립은 한편으로는 계산 가능성, 효율성 및 비인격성과 다른 한편으로는 박애, 평등, 사랑이란 상반되는 가치 사이의 긴장으로 해석될 수 있다"(Brubaker, 1984, 35~41쪽).

이러한 구별은 (실증과학의 비판에 근간한) 프랑크푸르트학파(Frankfurt School)에 의해 이루어졌다. 마르쿠제(Marcuse)의 현대 기술사회에 대한 공격과 하버마스(Habermas)의 작업과 상호작용 간의 구별은 합리성의 이중 차원에 근간한 것으로 보인다. 가치목적적 행동은 하버마스의 "의사소통행위"(communicative action) 개념과 마찬가지인 듯하다(Burrell and Morgan, 1979, 291~296쪽).

하겠다.

구성

이 책은 점점 심화되는 일련의 이야기들로 구성된다. 처음 제4장까지는 개념적 이론 모델을 정립시키기 위한 각각의 사례들을 다루고 있으며, 귀납적으로 구성되어 있다. 이후 제5장부터는 개념적 모델들이 연역적으로 다루어지고 있다. 이 책에서 다루어지는 이야기들은 실제 경영사례이다.

제1장에서는 내가 몇 년 전 사이언티픽 아메리칸(Scientific American)에서 접한 기사를 설명하였다. 기사는 칼라하리사막의 유목민인 부시맨(Bushman)이 수렵생활에서 정착 농경생활로 급격한 문화적 변혁을 겪고 있는 내용을 담고 있었다. 이 장에서는 각각의 사회적 유형을 지켜 나가는 자기조직화의 역학관계(self-organizing dynamics)와 기존 유형에서 다른 유형으로의 변형을 촉진시키는 요인을 명백히 탐구할 수 있다.

제2장에서는 한 기업의 창조적인 설립에서부터 성장하며 진화해 가는 모습을 살펴볼 것이다. 우리는 여기서 성장해 나가는 조직의 단계적인 실천 행동들을 따라가 볼 것이다. 나는 성장 과정에서 나타나는 특징적 요소들이 수렵유목민이 정착농경민으로 변모에 가는 과정의 특징적 요소들과 유사하다는 것을 보여 줄 것이다. 성과와 학습 간의 긴장관계는 정착농경생활과 수렵생활에서 나타나는 것과 유사하다. 이는 마치 신생 조직이 비공식적이고 비합리적인 모습으로 시작하였다 하더라도 조직이 성장하여 성공을 거두기 위해서는 공식적이고 합리적으로 변화할 필요가 있다는 것을 의미하는 것으로 보인다.

제3장에서는 자연진화 과정에서 나타나는 것을 역전시킬 수 있는 가능성에 대해 논의하려고 한다. 관료제 조직(정착 농경생활)이 기업가적 조직(수렵생활)으로 변형될 수 있는가? 이 논의에 대한 소재로 나는 1982년 극심한

경제침체기에 내가 몸담고 있었던 조직에서의 실제 경영사례를 이용할 것이다. 이를 통해 조직혁신을 성공적으로 이끄는 핵심적 요인을 정의하고 논의해 볼 것이다. 특히, 이전에 조직이 지녀 왔던 논리를 뒤흔들어 변화를 요구하는 위기의식의 역할에 대해 살펴보려 한다.

제4장에서는 갱신과 학습의 사회적 역동성을 보다 심도 있게, 그러나 이전과는 다른 차원으로 접근하여 다루고자 한다. 여기서는 갱신이 위기의식에서 시작된다는 것을 보여 주기 위해 시민전쟁과 그 직후에 일어난 영국의 산업혁명을 소재로 할 것이다. 나는 위기 상황을 맞이하여 국교반대자들인 퀘이커들이 엄청난 성공을 거둔 원인은 바로 "사냥꾼"의 사회적 역동성에 있다고 주장한다. 퀘이커들은 새로운 사회에 대한 비전과 솔직함의 가치를 추구하면서 생활하였고, 그 과정에서 결국 사회 전체를 변화시켰다. 나는 퀘이커들이 영국 산업혁명에 관여한 이야기들을 통해 조직변화의 모델을 설명할 것이다.

제5장에서는 이전 제4장에서 다룬 모델이 어떻게 생태순환주기(복합적인 자연적 시스템의 진화에 대한 연구)에서 반영되는지를 보여 주고자 한다. 이 모델이라는 것은 조직적 생태순환주기로서 많은 경영학 논문들에 소개되었던 개념들을 내포한다. 최근의 비선형 역학 및 혼돈 이론(chaos theory)들로부터의 아이디어를 기반으로 하여 성공가도에 있는 성숙한 조직이 외부 위기로부터 시스템적인 손상을 입기 얼마나 쉬운가에 대해 보여 줄 것이다. 또한 관리자들이 해야 하는 역할뿐만 아니라 실제로 하고 있는 역할에 대해서도 새로운 관점을 제시해 보았다.

제6장에서는 생태순환주기 모델로부터 경영학적 함의를 이끌어 내는데 초점을 둘 것이다. 이 장에서는 가장 논쟁적 여지가 많은 주제를 — 조직을 외부의 재앙으로부터 지켜 내기 위해서는 선제적으로 조직 내에 정교한 위기의식을 조성하여야 한다 — 가지고 이야기할 것이다. 위기가 어떻게 조직의 창조적 행동들과 연관되는지 다룰 것이며, 이 과정에서 일본 자동차산

업과 이에 대응하여 미국 자동차산업을 비교할 것이다.

마지막으로 제7장에서는 조직의 갱신을 위한 필요조건으로서 위기 창출에 대한 도덕적 의미에 대해 조명해 볼 것이다. 나는 이 부분에서 현상유지 상태를 무너뜨리는 요소를 다루는 한편, 미래에 대한 구성원의 공유된 가치로서 사회적 비전에 대해 소개하고자 한다. 그러나 과거의 구태의연한 관습이 굳어져 버린 성숙한 조직에서 실천적 행동이 얼마나 어려운 문제인가에 대해 생각해 보아야 할 것이다. 이 장은 조직 구성원과 조직이 스스로 자기조직화(self-organizing)할 수 있는 상황배경을 형성하여야 한다는 결론으로 마무리지었으며, 과거에도 이러한 모델이 원시 수렵유목부족과 퀘이커 같은 평등주의 집단의 사회적 역학관계에서 존재하였다는 점을 주장한다.

그림과 표현방법

하나의 그림은 수천 마디의 말보다 더 가치 있다고도 하지만, 많은 사람들은 왜 그러한지 잘 알지 못하는 것 같다. 내 견해로는 적절하게 표현된 그림은 언어적 표현으로 설명할 수 없는 그 이상의 것을 전달해 주기 때문이라고 생각한다. 구조적 형상을 한 번에 나타낼 뿐만 아니라 그 사이에서 벌어지는 역동성을 표현해 주며, 사용된 언어들을 유기적으로 통합시키기도 한다.[13] 나는 시각적 영상을 창조하고 인식하여 담아 내는 능력은 같은 내용을 언어로 표현하는 것보다 더욱 근본적인 정신적 과정이라고 믿는다. 이것이 바로 우리가 소위 직감이라고 부르는 부분이며, 이는 매우 복잡한 신경계의 네트워크 간 상호작용의 결과물인 것이다. 강력한 메시지를 구체화시켜 주는 훌륭한 그림이나 도표는 우리 내부에 잠재되어 있던 값진 아이디어들을 일깨워 냄으로써 의미 있는 의사교환을 가능하게 해 준다. 이것은

13) 지각의 우위성 이론(primacy of perception)은 Rudolph Arnheim(1969), 244쪽에 의해 강력하게 주장되어 왔다.

수천 개의 단어보다도 훨씬 더 많은 "정보"를 담고 있는 것이다.

그림만큼은 아니지만 이 책에서 유용하게 쓰이는 표현수단은 은유법이다.[14] 은유법은 의사전달의 강한 힘을 가지고 있는데, 그것은 그림과 같이 축소된 모델이기 때문이 아니라, 우회적인 방법으로 표현하기 때문이다. 은유는 마치 미지의 대륙의 지도를 만들어 나가듯이 그 의미를 파악하기 위해 우리의 생각들을 다시 한 번 되짚어 정리하도록 해 준다. 그러나 자칫 우리는 이를 미지의 영역 그 자체인 "추상"(abstraction)이라는 개념과 혼돈하기도 한다. 그러나 분명한 것은 우리는 이 은유를 피할 수 없으며, — 내 개인적 생각으로는 이는 창조적 경영을 위한 필수요소이다 — 이것이 가지는 힘에 대해 우리 모두 알아야 한다는 것이다.

각주

이 책은 12년 이상 계속되어 온 연구와 여러 자문서적들, 그리고 현장에서의 경험들이 함께 어우러져 일구어진 작품이다. 책 자체는 현업의 관리자들을 위해 쓰인 것이지만, 나는 주석을 통해 많은 가정들을 세우고 결론에 다다르는 시도를 해보았다. 가능한 한 재미있게 읽을 수 있도록 하였고, 각 장을 읽으면서 함께 볼 수 있도록 구성하였다. 이 책 전체를 숲으로 보고 각 장을 나무라 비유한다면 각주는 나무들이 잘 자랄 수 있도록 하는 최적의 조건을 만들어 주는 두터운 덤불이 되는 것이라 하겠다. 관리자들은 이 책을 접하면서 곧 이 책이 얼마나 도움을 줄 수 있는가를 충분히 알 수 있을 것이며, 그 가운데 각주들은 내가 이러한 아이디어를 어디서 어떻게 제공받았는지에 대해 알려 줄 것이다. 물론 학계에서는 이 책의 아이디어들이 이론으로서 역할을 할 수 있는지에 관심을 가질 것이다. 나는 그런 점에 있어서

14) 경영학에서 은유의 역할에 대한 간략한 소개는 Zimmerman and Hurst(1993), 335쪽을 참고하였다.

도 이 각주들이 도움이 될 수 있기를 바란다.

발걸음을 따라서

과거 예수회가 재탄생하고자 하였을 때, 그들은 어떻게 그들의 창립이념 및 가치를 현대의 맥락에서 이해하고 실현시킬 수 있는가에 대해 고민하였었다.[15] 오랜 고민 끝에 그들은 500년 전 성 이냐시오 로욜라(St. Ignatius of Loyola)가 도입한 "피정"(exercises)이것은 원래 그리스도교보다 더 오래전부터 있었으나 예수가 광야에서 40일 간 단식하며 기도하였던 일을 예수의 제자들이 본뜨면서 그리스도교 안에서 특별한 의미로 사용되었다. 피정이 공식적으로 소개된 것은 반(反)종교개혁 시대였는데, 성 이냐시오 로욜라는 그의 저서 『영신 수련』(*Exercitia spiritualia*)에서 실제적인 피정의 방법을 발전시켰다.이라는 수련을 행하게 되었다. "발걸음을 따라서"(walking the walk)라는 의미는 창립자의 옛 자취를 따라 실천한다는 의미로 조직 창립 당시의 행동과 마음가짐을 뒤따르는 것을 일컫는다. 이는 지적 차원의 행동들이 아니다. 여기에는 그 어떠한 논리구조, 즉 "지도"(map)라는 기준이 존재하지 않는다. 그러나 이러한 참여를 통해 얻게 되는 창립자에 대한 이해는 나침반의 바늘과 같은 역할을 하며, 나아갈 방향을 제시해 준다. 사실 이것은 모든 조직에 있어서 과거의 존재를 현재 속에서 구현시켜 주는 종교적인 의식과 같다고 볼 수 있다.

좋은 이야기 역시 같은 기능을 담당한다. 이것은 우리로 하여금 우리보다 앞서 경험하였던 사람의 처지에서 생각해 볼 수 있게 함으로써 그들의 눈으로 바라보았던 세계관을 현재의 우리에게 보여 줄 수 있는 것이다. 종종 다른 시대와 공간에서 벌어졌던 이야기들은 우리에게 지도 – 무엇을 해

15) Weick(1990).

야 하고, 무엇을 하지 말아야 하는가를 구체적으로 제시해 주는 목록 – 로서의 역할을 해 주지 않으며, 할 수도 없지만, 우리에게 일반적인 방향을 일러준다. 좋은 이야기들은 나침반과 같이 독자들에게 "나를 따르라"는 말을 하고 있는 것이다. 나는 이 책이 여러분에게 이와 같은 의미로 다가가기를 바란다.

Chapter 1

사냥꾼의 지혜

수렵-채집 문화의 특성

정착농 문화의 특성

문화적 변화에 따른 비극들

부시맨의 이야기는 바로 우리의 이야기

갱신의 사례

Chapter 1

사냥꾼의 지혜

조직의 행동 및 변화에 관한 첫 번째 이야기는 산족(San people) 또는 남서부 아프리카 칼라하리사막의 부시맨(Bushmen)[1]의 최근 역사로부터 시작된다. 실제로, 그것은 5만 명이 채 안 되는 사막부족의 문화를 빠르게 변화시켰으며, 이 책에 영감을 불어 넣은 것 중 하나이다.

부시맨의 이야기는 그들의 원시적 수렵채집 구조가 이제까지 가장 성공적인 사회적 적응(social adaptation) 중 하나이며, 인간과 그 후손들이 수백년 간 그러한 방식으로 훌륭하게 살아 왔다는 점에서 현대 관리자에게 대단히 흥미롭다. 수렵유목부족(nomadic hunting band)은 동적 안정성(dynamically stable)을 가지고 있다. 즉, 변화와 때때로 불리하기까지 한 환경에 결집력을 잃지 않고 적응하는 데 뛰어나다. 기술의 부재와 단순명료한 조직은 계층구조 없이도 조직을 결합시키는 사회적 "접착제"(glue) — 기초적인 사회적 역학관계(social dynamics) — 를 명쾌하게 보여 준다. 수렵부족은 또한 현재 관리자들이 현대 조직에 도입하고자 노력하는 바람직한 특성들(계층구조의 부재, 다기능화(multiskilling), 의사소통의 개방화, 상호 신뢰, 그리고 개별적 권한위임) 중

1) 산(San)은 남아프리카의 케이프 호텐토트(Cape Hottentot) 방언으로 "원주민"을 의미한다. 인류학자들 사이에서 부시맨이라는 용어에 대해 어떤 합의가 도출된 것은 아니지만, 다소 인종차별적인 어조를 띠고 있다고 받아들여지고 있다. 그러나 나는 이 책에서 부시맨이란 용어를 사용하는 것이 그러한 인종차별적 어조를 반영한다기보다는 오히려 산이나 코이산(khoisan) 방언인 쿵(!Kung)보다 쉽게 독자들에게 받아들여지리라고 생각하며, 이는 Sir Laurens Van der Post(1988)에서 따온 것이다.

상당수의 모델 역할을 하고 있다. 나아가 최근 부시맨의 수렵유목민에서 정착농경민으로의 변화는 성공적인 기업조직의 안정적이지만 때때로 경직된 관료제로의 낯익은 진화와 유사하다. 만약 우리가 이러한 최근의 변화과정을 보다 잘 이해할 수 있다면, 방향전환의 필수요인 – 즉, 확립된 조직을 새롭게 하는 방법 – 을 보다 쉽게 이해할 수 있을 것이다.

요컨대, 수렵부족은 그 생명력과 다양한 환경에 대한 대항력으로 인해 최초의 "학습(learning)"조직으로 여겨질 수 있다. 1만여 년 전까지는 우리 모두가 이러한 방식으로 살아갔다. 이것은 다른 세계의 문화가 지금보다 훨씬 더 서로 흡사하였던 때이다. 수렵생활은 이러한 점에서 여러 나라 문화의 공통된 뿌리이다. 그것은 근원적인 요람이며, 학습이라 불리는 창조적 과정의 본질이다. 나는 모든 조직이 새로워지고자 한다면, 여러 방면에서 되돌아가야 할 – 다시 찾아 가야 할(revisit) – 이 요람에 대해 논의하고자 한다.

수렵 – 채집 문화의 특성

수렵-채집 사회는 대략 6개 가량만이 현존해 있으며,[2)] 누구나 예측할 수 있듯이 그들은 상대적으로 접근이 어려운 지역에 위치해 있다. 칼라하리 사막에서 유목을 하는 부시맨들 또한 이러한 부류에 속하며, 그들 모두는 사냥 등을 통해 필요한 재화를 그때그때 얻어야 하는 즉각적 수익창출경제

2) 사냥꾼(hunter)이라는 용어는 사람들에게 긍정적인 감정과 부정적인 감정 모두를 불러일으킨다. 매력적으로 들리기도 하는 반면, 과도하게 "남자다움을 과시하는" 듯이 들리기도 한다. 마가렛 파워(Margaret Power)(personal communication: 개인적 직접적 의사소통)와 같은 전문가는 사냥꾼-채집자라는 표현보다는 남성/여성 채집자라는 표현을 선호한다. 실제로 원시인들은 사냥꾼이었다기보다는 부육(腐肉)을 먹는 자(scavenger)에 가까웠다는 증거가 있는데(Blumenschine and Cavallo, 1992), 그럼에도 불구하고, 사냥꾼이 보다 보편적인 용어이며, 정착농(herder)과 쉽게 대조를 이룬다. 또한 출판업자가 "부육을 먹는 자(scavenger)들의 지혜"라는 제목을 한 단원으로 가지고 있는 경영서적을 팔아야하는 문제에 직면한다면, 매우 딱한 노릇이 아니겠는가!

체제(immediate-return economic system) 속에서 살고 있다. 즉, 노동에 대한 대가가 직접적이고 즉각적인 것이다.[3)] 결과물을 얻기 위해서 투자 또는 준비조차도 필요하지 않은데, 사냥꾼들은 동물을 잡기 위해 정교한 덫을 놓거나 저장고를 만들 필요가 없다. 무기나 도구들도 단순하며, 제작에 다소 기술을 요구할지라도 구하기 쉬운 재료들을 이용한다. 노력의 결과물들은 사냥을 통해서 얻은 것이건 채집을 통해 얻은 것이건 간에 즉각 소비하며, 장시간 보관하지 않는다.

남부 아프리카의 남서부 지역에 위치한 칼라하리사막은 대략 22만 평방마일로 미국 남서부 지역의 치후아후안사막, 모자브사막, 소노란사막을 합한 것의 약 절반 크기이며, 세상에서 가장 끝없이 넓은 사막 지역 중 하나이다. 칼라하리사막은 육지로 둘러싸인 모래의 분시로서 남쪽으로는 거대한 오렌지강, 북쪽으로는 오카방고늪지 및 응가미호수와 닿아 있고, 동쪽으로는 보츠와나와 남아프리카공화국의 거대한 초원으로 연결되며, 서쪽으로는 나미비아의 니미인딕과 나마라언덕으로 이어지기 때문이다. 평균 3,000피트 높이에 있는 이 곳은 동쪽과 서쪽으로 경사져 있으며, 북쪽으로는 늪지대 및 호수로 떨어지는 구조로 되어 있다.

강우량이 연간 9인치도 안 되는 칼라하리사막은 모래가 물기를 흡수해 버리고, 표면에 물기가 남아 있더라도 태양열에 재빨리 증발해 버리기 때문에 물구덩이가 거의 없을 정도로 대단히 메말라 있다. 그렇지만 이 지역의 지질은 표면 아래 수분을 보유하고 있어 칼라하리사막에서 동식물이 광범위한 지역에 서식할 수 있게끔 하며, 결과적으로 인간의 생존 또한 가능하게 한다.

부시맨은 남부 아프리카의 최초 인간 거주자로 보이며, 지난 세기 중반까지 인도 등지로 광범위하게 퍼져 나갔다. 그들은 여기서 5만 년 이상 수렵

3) 즉각적 수익창출사회(immediate-return society)와 사후적 수익창출사회(delayed-return society) 간의 차이점은 Woodburn(1982)이 가장 명확하게 제시하고 있다.

유목생활을 해 온 것으로 여겨지는데, 이후 북쪽으로부터는 반투족, 남쪽으로부터는 유럽인들에게 그들의 사냥터전을 두 차례 침략당하면서 대다수가 말살되거나 노예로 끌려갔다. 생존자들은 동쪽의 보다 기름진 땅으로부터 서쪽의 사막지대로 차차 이주해 갔다. 최근까지도 척박한 칼라하리사막은 외부 세계로부터 불안을 야기시키는 접촉으로부터 보호하면서 이 부족문화의 마지막 피난처가 되어 왔다.

부시맨의 사회는 사냥활동에 있어 부족(bands)으로 알려진 개방적이고, 극단적으로 평등한 공동체(egalitarian communities)의 느슨한 연합체로 구성되어 있다. 부족의 일원으로서 자격은 가족, 친족, 친구 등의 유대관계에 따라 좌우되었으며, 어떠한 부족에서건 그 일원으로서의 자격에는 지속적인 변화가 있었다. 부족의 영역은 서로 중첩되기도 하였으나, 자원이 광범위하게 산재해 있고 계절에 따라 주기적이었기 때문에 각자의 영역을 방어하려 들지는 않았다. 따라서 한 장소에 장기간 머물러 있는 부족은 없었다.

사막을 떠돌아다니면서, 부시맨 부족은 여행의 동반자에 대한 선택의 폭이 상대적으로 큰 편이었다. 소유관계로부터 자유로웠기 때문에, 그들은 이동이 손쉬었으며, 덜 매력적인 부족으로부터 보다 많은 것을 제공해 줄 수 있는 부족으로 쉽게 이동할 수 있었는데, 환경요인이 이를 촉진시켰다. 사냥감인 야생동물들은 움직여 다녔고, 채소, 과일, 견과 등의 먹거리는 광범위하게 분포되어 있어 절기마다 수확할 수 있었다. 부시맨은 폭우로 물을 얻기 쉬워지는 흔치 않은 기간 동안 사막에 널리 흩어져서 새로운 자원을 탐색하였다. 반면, 겨울과 특히 5년 중 2년 꼴로 발생하는 건기에는 가족들이 메마르지 않은 물구덩이 근처를 벗어나지 않고 모두 모여 생활하였다.

계층구조의 부재

이러한 유연한 역학관계[4)]는 부시맨의 물리적 요구 사항과 부합하였으며, 물리적 환경에 제약받지 않았다. 이것의 주요 작용은 사람들 간에 계층적 관계가 형성되는 것을 방지하는 것이었다.[5] 부시맨 사냥꾼들은 계층적 권위주의를 품고 있는 자에 대하여 강한 적대심을 가졌다. 어떤 개인이 부나 권력에 대한 욕망을 품고 있다는 증거가 있으면 리더로서 고려대상에서 제외되었다. "그 누구도 오만하거나 제압적이거나 허세를 부려서는 안 되며, 그렇지 않은 경우 고립될 것이다. 부시맨의 격언에 따르면, 이러한 자질은 리더로서 절대적으로 부적합하며, 심지어 추방에 이르게 할 수도 있다."[6] 최후의 수단으로써, 그러한 사람과의 관계가 불편한 자는 그 부족을 떠나 새로운 부족에 들어갈 수 있다. 결국 상황을 손쉽게 벗어나는 것은 계층적 관계형성을 막아 준다. 계층적 관계를 꿈꾸는 리더들은 추종자들을 쉽사리 잃게 되는 것이다. 따라서 부족(bands)의 변화와 유동성은 권위주의를 타도하고 개인의 자율성을 유지하며 사회 내 부당한 공격의 가능성을 최소화한다. 또한 조직이 환경의 요구에 지속적이고 효과적으로 적응할 수 있게끔 보장해 준다.

즉각적인 전략

각 부족은 자율적이고 자급자족하였으며, 그 구성원 또한 사막에서 생존하기 위해 필요한 다양한 기술을 각자 습득하였다. 공동체가 산재한 자원

4) 소위 분열-융합의 역동성(Power, 1991)은 사회에서 3단계의 유동성을 거쳐 진행된다.
   ① 개인들이 다기능화(multiskilled)되어 있다. 그들은 자신이 어떠한 그룹에 속하든 간에 여러 가지 중요한 방법으로 이바지할 수 있다. 생존하기 위해서는 상당한 지식과 기술이 요구되며, 그것은 자유롭게 이용된다. 구성원들은 참여를 통해 또는 기술을 가진 자들의 행동을 거울삼아 배운다.
   ② 집단은 개방적이며, 접근에 제한을 두지 않는다. 개인은 자유로이 집단을 떠날 수도 있고, 다른 집단에 들어가는 것을 거절당하지도 않는다.
   ③ 영역은 개방적이고, 외부인이 들어갈 수 있으며 방어적이지 않다.

5) 인류학자인 콜린 턴불(Colin Turnbull)은 "변화의 작용은 생태학적 적응이 아니라 정치적 적응"이라고 첨언하였다(Lee and Devore, 1968, 137쪽에서 Turnbull 인용).

6) Lee(1979), 345쪽.

을 찾기 위해 흩어질 수 있었던 것은 이렇듯 다양한 기술을 가진 개인들로 구성된 소집단의 자치 덕분이었다. 이것은 효과적으로, 부시맨이 자원을 어디에서 찾든지 간에 성공을 이용할 수 있는 유연성을 잃지 않으면서 광범위한 영토를 다룰 수 있는 능력을 주었다. 현대 경영학의 개념을 빌리자면, 그들의 "전략"은 신중하고 계획적이라기보다는 기회주의적이며 임의적이라고 말할 수 있을 것이다. 만약 흩어져 있던 작은 부족에서 누군가가 (자원을 찾는 데) 성공하면, 단결이 쉽게 이루어지는 부시맨의 규율이 흩어진 일원들을 불러모아 보다 큰 집단을 이루도록 하였다. 전략은 그들에게 자원의 발견을 약속하는 이러한 행동들에 신속하게 대응함으로써 발전하였다.

공동의 가치

고기와 소유물 모두를 나누어야 한다는 덕목을 강조하는 가치가 유연한 부족체제를 보완하였다. 이것은 식량의 동등한 분배를 보장하는 것뿐만 아니라, 부족 밖 일가로 확장되어 이웃 부족 간에 즉각적인 대가관계가 아닌 상호 교환체제(system of delayed reciprocity)가 가능하도록 하였다. 가령 사냥꾼의 사냥물이 그와 그의 직계가족을 먹여 살리고도 남을 만큼 충분하다면, 그 고기는 이웃들이 비슷한 사냥물을 얻을 때까지 공유되었으며, 상호 교환체제를 이루었다. 분배는 독화살을 효과적으로 사냥감의 피부에 침투시킨 첫 번째 화살의 소유자에게 사냥물의 소유권과 그 고기를 분배할 권리를 부여하는 관습에 의해 시작되었다. 화살은 부족 구성원 사이에서 선물을 하든 빌려 주든 간에 자유롭게 교환되었는데, 이에 따라 고기의 소유자가 때로는 사냥부족의 일원이 아닐 수도 있었다.

이렇듯 복잡한 분배 시스템의 궁극적인 효과는 사냥의 대가가 부족에게 전체적으로 주어지는 데 있었다. 즉, 성공은 개인의 것이 아니라 팀의 것이었으며, 실제로 성공적인 사냥꾼들이라고 해서 다른 이들보다 높은 지위를 갖지 않았다. 고기가 비록 지루한 식단에 활력소가 되기는 하였지만, 부시맨은 식량의 90% 이상을 채집으로부터 얻어 부족의 생존이 사냥꾼에게 전적으로 달려 있는 것은 아니었기 때문이었다.

남자들은 보다 큰 사냥감을 잡는 일을 하고, 여자들은 먹을 것을 찾아다니는 일을 하였지만, 두 활동 간에 차별은 없었다. 남자와 여자는 평등하게 대우받았으며, 여자는 소유물이 아니었다. 이러한 평등주의는 결혼에까지 이어졌다. 여자는 보통 어른이 되면 스스로 결혼을 하였으나, 남자 친족에 의해 결혼을 하게 되는 경우에는 특정 부족을 거부할 권리가 있었으며, 결혼생활이 행복하지 않을 경우 먼저 이혼할 수도 있었다. 남자들은 여자들보다 우월한 사회적 힘이 전혀 없었으며, 여자들이 그들의 시중을 드는 일도 없었다. 오히려 결혼한 부부는 신부의 가족과 함께 사는데, 신랑은 그의 처가를 위해 사냥을 하는 것으로 소위 신부 서비스(bride service)를 하였다.

선물을 주는 관습은 부시맨 공동체에서 고기를 나누는 것 다음으로 중요하였다. 그들 사이에서 맞교환은 품위 없고 서로 간에 좋지 않은 감정을 만드는 것으로 여겨졌다. 따라서 모든 기구나 장식품은 구성원 상호간에 천천히 차례로 돌아갔다. 선물을 절대 거절할 수 없으며, 반드시 답례를 해야 하는 것은 설사 선물을 주고받는 기간이 수 주에서 수 년이 걸릴지라도 불문율이었다. 고기를 나누고 선물을 주는 행동을 통해서 부시맨 부족은 견고한 상호 신뢰의 망을 유지할 수 있었다. 어떤 시점에서든지 간에 사회 구성원 모두는 누군가의 은혜를 입고 있는 셈이었던 것이다.

개방적 의사소통

그림 1-1을 통해서 볼 수 있는 거주지 배치 상태는 수렵사회의 사회적 가치를 반영하고 있다. 부시맨의 임시 주거지는 목초로 만든 오두막으로 그 출입구가 중심을 향해 나 있었으며, 빈틈 없이 원형으로 정렬된 구조였기

| 그림 1-1 | 부시맨의 사냥캠프(1944년)

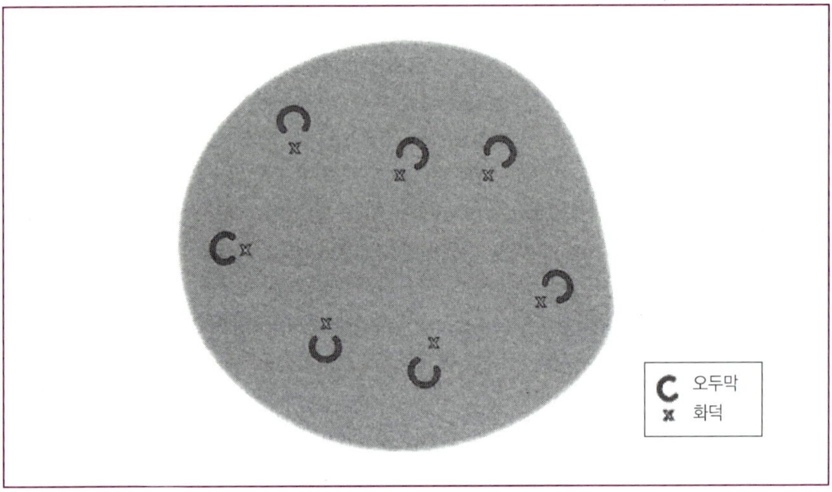

출처: Yellen(1990), 104쪽. 사이언티픽 아메리칸(Scientific American)의 승인을 받아 재인용함.

때문에 문가에서 작은 공동체 전체를 바라볼 수 있었다. 화덕은 오두막 바로 바깥에 위치해 있었다.

예측과 달리 부시맨의 생활에서는 식량을 찾기 위해 대부분의 시간을 쓸 필요가 없었다.[7] 사냥은 고작 며칠 동안 이루어지는 상대적으로 드문 행사였다. 보통 부시맨들은 하루에 몇 시간 정도만 식량이나 연료를 모으러 다녔기 때문에 이야기를 나누고 교제할 시간이 많았다.

부시맨의 "문호 개방"(open-door)적인 주거 배치는 개방성과 상호작용을 촉진하였으며, 대개 화덕 주변에서 발생하였다. 모두가 서로의 사정을 알 수 있었는데, 실제로 그들은 부족 전체를 볼 수 있는 위치에서 생활하였다.[8] 인류학자인 로나 마셜(Lorna Marshall)이 갈색의 집단 거주지와 그들 사

7) Lee and DeVore(1968)는 부시맨이 식량을 구하기 위해 한 주에 대략 12~19시간 가량을 소요하는 것으로 추정하였다.
8) 관찰자는 이에 대해 이러한 식으로 묘사하였다.

이에서 진행되는 활동을 처음 보았을 때, 그녀는 벌떼를 연상하였다.

> 부시맨은 내가 아는 한 가장 수다스러운 사람들이다. 거주지 내에서의 대화는 찢어지는 웃음소리가 없다면 끊임없이 흐르는 냇물소리와도 같다. 사람들은 낮에 작은 무리를 지어 이야기를 나누며, 동시에 수제품을 만든다. 밤에는 가족들끼리 그들의 어린아이들을 무릎에 앉히거나 바람이 불면 팔로 감싸안으면서 불가에 모여 늦게까지 이야기를 나눈다. …이야기할 거리는 항상 넘쳐 보인다. 사람들은 사건이 있으면 이에 대해 자세히 반복해서 말하고, 그들의 친척과 친구들이 오가는 것에 대해 이야기하며, 계획을 세운다. …그들의 생각이 사냥으로 전환되면, 다같이 백일몽을 꾸기라도 하듯이 사냥감이 어디에서 발견되었고 누가 잡았는지 이야기하면서 지난 사냥에 대해 조용히 담소를 나눈다. 그들은 지금 사냥감이 어디 있는지 궁금해하고, 얼마나 살찐 사슴을 잡고 싶은지 말하면서 실질적인 다음 사냥계획을 함께 세운다.[9)]

이렇듯 소규모 이야기 모임을 통해 열심히 대화를 나누는 것은 서구 문화에서 딱 맞는 예를 찾는 것이 그리 쉽지 않다. 부시맨들은 행동심리학자들의 표현을 빌리자면 "적극적인" 청취자들이었다. "화자들이 이야기하는 동안 청취자들은 말한 것을 반복하고 '에'하고 끼어들면서 활기차게 반응하였다. '에'하는 소리와 이야기 소리들이 겹쳤으며, 사람들이 워낙 동시에 이야기하는 통에 어떻게 화자가 말하는 것을 알아들을 수 있을지 의문이 들

"이러한 부시맨 주거지에 대해 친밀감, 고립감 등과 같은 감정을 전달하는 것은 쉽지 않다. 우리 서구인들은 (다섯 명 또는 그보다 더 적은 개인과 공유하는) 매우 사적인 가정생활과 수백, 수천 명의 이방인에게 매일같이 노출되는 생활을 함께 하고 있다. 쿵(!Kung)은 그들의 일상적인 생활을 삼사십 명의 친족, 친구들 모두를 바라볼 수 있는 곳에서 영위하고 있으며, 여기에 이방인이란 거의 없다" (Lee and DeVore, 1976, 200쪽).

9) 이것은 뒤이은 본문의 문단과 함께 Marshall(1976), 289~290쪽에서 인용한 것이다.

정도였다.” 합의를 도출하고, 긴급한 계획을 세우는 것은 별도의 논의로 하더라도 이러한 대화는 공동체의 유대관계를 유지시키고, 사회문제를 초기에 표면화시켰다. 협동은 사막에서 생존하는 데 필수적이었고, 핵가족 단독으로는 생존이 불가능하였기 때문에 부시맨은 직설적 논쟁이나 싸움을 벌이는 것을 두려워하였다. 그들은 부족에 속해야만 하였으며, 거절의 어떠한 암시라도 정확하게 알고 있었다. 고기나누기는 음식에 대한 걱정을 줄여 주었으며, 선물주기는 질투를 억제하고 관계를 형성해 주었다. 평화로운 사회관계의 유지는 무엇보다도 중요한 일이었는데, 직접적인 대화는 이를 유지시키는 데 결정적인 역할을 하였다. 마셜(Marshall)은, “말로 문제를 해결하는 것은 모두가 타인이 생각하고 느끼는 것과 지속적으로 접촉하게 하고, 긴장을 완화시키며, 그들이 공격적 행동을 터뜨릴 때까지 쌓아 놓는 긴장을 예방해 준다”고 하였다.

비전의 공유

이렇듯 친밀함을 촉진하는 거주 배치는 부시맨 공동체의 구성원 사이에서 소속감을 조성하는 데 더할 나위 없이 적합하였다. 그러나 부시맨의 이야기 모임은 여지껏 이야기하였던 물리적 · 사회적 유대활동 이상의 역할을 하였다. 비록 사건과 계획들이 기초적 수준에서 논의되고 전개되었을지라도 이러한 활동들은 부시맨의 일상적이고 반복적인 생활에 영향을 주는 방대하고 신화적인 배경에 근거해 있었다.

사냥꾼으로서 부시맨은 활동계획을 세우는 데 있어 현대인과 같은 과거와 미래 감각이 없었다. 그들은 2~3세대 이전 이상의 일은 알 수 없었으며, 절기 예측 이상의 미래에 대한 개념도 없었다. 그들은 전적으로 여기 현 시점에만 관련되어 있었으며, 그들의 존재를 인식하는 유일한 방법은 말 그대로 살아 있는 것뿐이었다. 많은 시간 동안 보다 큰 무리를 지어 가며 이야기를 나누면서, 부시맨들은 이야기, 노래, 춤을 만들어 내어 그들의 세계와 그 안에 있는 그들이 살고 있는 곳의 기원을 상기하였다.[10)]

부시맨에게는 사막의 서식 동물과 모든 필요한 요소들의 출처를 상세하게 알려 주는 신화가 풍부하였는데, 이는 그들의 역할과 서로의 관계를 설명해 주었다. 그들의 역할이 무엇이었는지 설명하고, 앞으로 무엇을 해야 할지를 지시해 주는 특별한 의미의 망에 부시맨들을 접하게 하는 것은 이러한 신화였으며, 이것은 비전을 공유시켰다. 그들이 하는 것 중에 하찮거나 중요하지 않은 것은 없었다. 모든 것들이 전체적 체계에서 제 역할을 하고 있는 것이었다. 결과적으로, 그들은 생활에서 일어나는 모든 것에 대단히 민감하게 반응하였으며, 예기치 않은 상황에 신속하게 반응할 수 있었다.

> 그 세계는 자율적으로 규제되는 하나의 거대한 생명유지체계이며, 이를 이루는 각각의 요소들인 하부 조직들 또한 일정 한도 내에서 자율적으로 규율히면시 집단 내의 농요를 바로잡도록 상호작용하였다. 부시맨은 그들의 문화를 유연하게 보았다. 새로운 발견이 있으면 낡은 지식을 교체하였다. 무언가를 하는 데 있어 한 가지 이상의 방법이 있었고, 문제를 해결하는 데 있어서도 한 가지 이상의 방법이 있었으며, 한 상황에서 한 가지 이상의 문제가 있었다. …새로운 방법은 똑같은 결과를 얻기 위해 발견될 수도 있었고, 전혀 새로운 결과를 얻기 위해 이용될 수도 있었다.[11)]

요컨대, 특별한 의미의 망과 정신적 구성체계로 짜여진 부시맨의 신화는 그들이 집이라 부르며 편안해하지만, 외부인들에게는 위험하고 예측할

10) 수렵-채집 사회에서 평등 상태를 유지하는 데 있어 사회적 "분열"이 필수적이었다면, 사회적 "융합"은 물리적으로 떨어져 있는 부족의 일원 상호간에 제휴하고 목적을 공유하는 데 필수적이었다. 다함께 모이고 공동활동을 할 기회가 없는 경우 공통집단이라는 감각은 손상되기 마련이다. "종교"(religion)의 글자 그대로의 의미는 "다시 묶는다"는 것이며, 부시맨들을 서로 "융합"시키는 의식들 또한 종교의식들의 특징을 가지고 있다.

11) Silberbauer(1981), 120~121쪽.

수 없어 보이는 환경을 이해하고, 헤쳐 나갈 수 있게끔 해 주는 것이다.

안정적 조직

부시맨의 수렵문화에서 가장 중요한 특징은 그들의 세계에 대한 "시스템 관점"(systems view)인데,[12] 이는 명백하게 그들의 사막터전의 자연적 리듬을 이용하고 따를 수 있게끔 하는 유연한 작용과 안정적 구조의 혼합체로 자연과 균형을 이루었다. 실제로 혹자는 부시맨들이 자연 안에 속해 있는 것이 아니라 자연의 일부라고 말할 수도 있으며, 그들은 자연과 거의 구분이 되지 않을 정도로 조화를 이루고 있다. 구조의 가장 두드러진 특징은 주거의 배치인데, 이는 공공연한 "의사결정" 과정을 거치지 않고도 문제를 구체화시켜 해결할 수 있게 하면서 사회작용을 촉진시킨다. 즉, 강력한 사회작용과 깊은 대화는 공동체의 구성원이 "문제"가 "결정"을 요구하기 이전에 효과적으로 제기하고 확인할 수 있게끔 한다.

바로 앞에서 다루어진 것보다는 덜 두드러졌으나, 부시맨의 수렵문화에서 두 번째 안정적 구조는 신화적 틀 내지 비전의 공유라고 할 수 있다. 현대 서구인들과 달리 부시맨은 그들의 신화를 역사적 사실과 대조되는 허구로 간주하지 않았으며, 오히려 언제나 작용하는 역할활동의 본질을 발췌해

12) 인류학자들은 이러한 의식구조가 시스템 사고와 얼마나 유사한지에 대해 주목해 왔다. 부시맨의 수렵-채집 생활양식에 있어 원인과 결과에 대한 단선적 구조는 보이지 않는다. 오히려 그들은 환경과의 관계에 상호 영향을 미치는 복합적인 체계를 보고 있었다. 그들이 살고 있는 시스템은 완전히 "개방적"이었는데, 다시 말해 환경과 지속적이고 자발적으로 영향을 주고받고 있었다. 이러한 상호작용은 어떠한 기술이나 추상적 개념으로 재단될 수 있는 것이 아니며, 부시맨은 그들의 역할에서 기능적 전문성에 대해 전혀 고려하지 않았다.

> "인과관계에 대한 설명구조는 단선적이지 않다. 하나의 원인으로 발생하는 각각의 사건은 차례로 관계를 형성해 서로 영향을 미친다. 인과관계의 그물이 존재한다. 요소들은 다양한 원인과 연계되고, 이들은 하나 또는 그 이상의 원인을 가진 다양한 사건들을 병합한다. …구조주의자들과 시스템 이론가들은 전체를 구성하는 부분들의 상호관계와 자기규제 및 변형 과정에 대해 공통된 관심을 가지고 있다. 개방 시스템하에서 발전과 동일성 부정 과정(entropy-negateing process)에 대한 시스템 이론의 개념은 부시맨 세계에서의 변천의 역사와 닮아 있다" (Silberbauer, 1981, 116쪽).

놓은 것으로 여겼다. 따라서 그들의 신화는 동물의 서식지나 식물의 특성과 같은 환경요소에 관한 유익한 정보를 제공하면서 그들의 일상생활에 대한 정보를 주었으며, 그들의 경험이 생활에 의미를 줄 수 있게끔 조화를 이루도록 도와 주었다. 노터롭 프라이(Norturop Frye)[13]는 신화가 초기 사회에서 사회 구성원 모두가 알아야만 하는 기본적 지침과 지식을 공유할 수 있게 하는 데 주도적인 역할을 한다고 지적하고 있다. 현재 시제에서 이러한 신화의 작용은 각각의 환경요소가 상호간에 어떻게 관계하고 있는지 보여 주고, 모든 활동에 의의를 고취시키면서 사회 구성원을 위한 의미를 부여하는 것이다.

학습조직으로서 수렵부족

지금까지 독자들은 어떠한 의미에서 부시맨들의 수렵부족 형태가 학습 소식인지 궁금하였을 것이다. 우리가 알고 있는 것과 같은 조직의 형태에 있어 부시맨들은 결국 아무런 진보도 이룩하지 못하였기 때문이다. 그들은 수천 년 동안 사회적인 진화에 있어서 동일한 단계에 머물러 왔으며, 기술이나 건축 양식의 발달도, 부의 축적도, 문학이나 예술 작품도 남기지 않았고, 단지 벽화와 이야기 정도만 전하고 있을 뿐이다. 간단히 말해서 부시맨들은 경제적인 잉여를 창출하지 못하였을 뿐만 아니라, 오늘날 거의 남아 있지도 않으며, 아마 사라져 버릴지도 모른다.

그러나 부시맨의 사냥 공동체는 급격한 기후 및 환경 변화 속에서도 자

13) 프라이는 다음과 같이 설명하고 있다.

> "초기 사회에서 신화는 사회적 작용 또한 전개한다. …그것은 지식 또는 지식이라 여겨지는 것들을 공유할 수 있게끔 하면서 사회를 규정하는 데 주도적 역할을 한다. 그것은 "이것은 진리이다"라든가 "이것은 반드시 알고 있어야만 하는 것이다"라는 정도의 선언적 의미만 가지고 있는 것이 아니다. 그러한 신화는 어느 누구라도 배우지 않을 수 없는 성경구절의 율법이나, 기본적인 가르침에 가깝다. 따라서 신화는 그 사회에서 반드시 지켜야 하는 근거, 신성 불가침의 영역과도 같은 구두의 약속을 만들어 내는 것이다"(Frye, 1990, 31쪽).

신들의 비전과 가치를 보존하면서 엄청나게 오랜 시간 동안 성공적으로 살아 남았다. 학습이라는 것이 최소한 생존능력을 의미하는 것이라면, 사냥꾼으로서의 부시맨들은 그러한 말을 들을 만한 자격이 충분한 것이다. 게다가 현대 사회의 조직들은 어떤 의미에서는 수렵생활로부터 진화해 온 것이며, 우리가 바로 그 후계자들이다. 결국 현대 조직에 있어서 같은 형태로 존재하면서도 조직을 진화시키고, 변화시키고, 부활시키고, 생존하게 하는 "그것"은 무엇인가? "그것"은 사람도, 재산도, 고객도, 생산자도 아니며, 물질적 혹은 법적 구조, 또는 생산품이나 기술 같은 것도 아니다. 이러한 것들은 변화할 것이고 또 변화할 수 있기 때문이다. "그것"은 바로 공유된 신념, 이야기, 기억, 비전, 가치 등과 같은 비(非)물질적인 것들을 의미한다. 그러한 까닭에 현대 사회와 그 조직들은 비전과 열정, 신화와 종교라는 형태로 우리의 선조라 할 수 있는 사냥꾼으로서의 부시맨들의 열린 자세를 가진 평등한 협력관계를 공유하고 있는 것이다.

정착농* 문화의 특성

수천 년 동안 안정적으로 이어져 온 부시맨의 유목사회는 지난 20~30년 동안 급격하게 변화하였다. 사냥을 위주로 유목생활을 하던 부시맨 사회는 대부분 낙농업과 농업을 하는 정착민 사회로 전환되었다. 오늘날 많은 부시맨들은 마을에 살면서 소, 당나귀, 염소, 닭 따위를 키우고 있으며, 더 이상 야생의 나무 뿌리나 줄기를 먹지 않고 옥수수 농사를 지어 식사를 해결한

* 원저에서는 "herder(방목자)"로 표현되어 있으나 내용에서 "herder and farmer"가 병용되어 있고, 본서에서 사냥꾼의 수렵채집생활에 보다 대조적으로 와닿는 표현은 정착농이어서 이 책에서는 "정착농"으로 통일함.

다. 어린 부시맨들은 사냥을 배우지 않으며, 활과 화살은 공예품으로 만들어 팔 상품에 불과하다.

역사적으로 많은 사회에서 다양한 종류의 문화적인 변화가 있어 왔으나, 문화인류학자들조차 왜 그러한 문화적 변화가 일어나는지 아직 정확한 이유를 알지 못한다. 과거에는 농사를 지어서 먹고 사는 것이 사냥을 해서 먹고 사는 것보다 영양섭취 면에서 유리하여 생존을 위해 보다 바람직하다고 믿어져 왔으나, 최근에는 오히려 사냥을 해서 먹고 사는 것이 농사를 짓는 것보다 균형 잡힌 영양을 섭취할 수 있다는 반대 의견이 강하게 제기되고 있다. 게다가 부시맨의 경우에는 수렵생활이 이상적이었다. 가뭄이 빈발하는 지역에서 많은 물을 필요로 하는 낙농업 및 농업을 하는 것은 불리하지만, 사냥을 하는 사냥꾼들은 언제든지 다른 지역으로 이동할 수 있기 때문이다. 부시맨들은 갖가지 일을 할 수 있는 제너럴리스트의 전략(generalist strategy)과 기술로 아무도 없는 곳에서 물을 찾을 수 있었고, 다양한 종류의 피충류와 식물을 먹으며 생활하기도 하였다.

소유

왜 이러한 문화적인 변화가 급속하게 일어났는가? 문화인류학자들은 부시맨들이 물질적인 부에 노출되면서 변화가 촉진되었다고 주장한다.[14) 칼라하리사막에 등장한 시장경제는 부시맨들에게 처음으로 부를 축적할 수 있게 하였다. 부의 축적은 부시맨들의 육체적인 운동성을 둔화시켰을 뿐만 아니라, 이보다 더 중요한 나눔의 미덕을 정면으로 거스르는 것이었다.

부시맨들이 물질적인 부를 축적하면서 그들은 자신의 재물을 다른 부시맨들과 나누는 것은 고사하고 보여 주는 것조차 꺼리게 되었다. 과거에

14) 소유를 통해 부시맨 사회에서 일어난 변화는 영화 「부시맨」("The Gods Must Be Crazy") (James Uys, 1984)의 좋은 소재가 되었다.

재화가 상대적으로 부족하였을 때에는 서로 선물을 주고받는 것처럼 공동체 내에서 재화의 사용이 이루어졌으나, 오히려 재화가 풍부해진 오늘날에는 자신의 것을 소유하려고만 하고 있다. 자연히 부시맨들은 부를 축적하기 시작하였고 다른 사람들과 재화를 나누지 않으려 하는 자신들을 부끄러워하며, 다른 부시맨들이 자신이 소유한 것을 볼 수 없도록 최대한 프라이버시를 존중하는 삶의 공간을 가지게 되었다. 그 결과로 부시맨들은 서로 얼굴을 마주보면서 열린 자세로 이야기할 수 없게 되었으며, 이러한 의사소통의 단절은 결국 부시맨 사회 전체를 바꾸어 버렸다.

의사소통의 단절

부시맨들의 문화적인 변화에 있어서 가장 눈에 띄는 점 중의 하나는 바로 주거 형태이다. 원형으로 생긴 사냥캠프의 주거 형태에서 직선의 박스 모양으로 이루어진 농장 마을의 주거 형태로 변화하였던 것이다. 그림 1-2는 1982년에 이르러 더욱 견고해진 부시맨의 목장 마을을 보여 준다. 사냥캠프보다 더 큰 이 목장 마을은 오두막들이 흩어져 있으며 현관문은 서로 바라볼 수 없도록 되어 있다. 요리를 하는 도구인 화덕은 대부분 집안에 놓거나 또는 특별한 공간으로 한꺼번에 가져다 놓았다(그림 1-2의 오른쪽 윗부분을 보라).

부시맨 마을에는 더 이상 전체 공동체를 위한 공간(central communal space)이 없다. 재화를 저장하는 구조물들은 마을 둘레에 위치해 있으며, 염소나 당나귀와 같은 가축들은 가시로 만든 울타리에 갇혀 있다. 그림의 아래에 있는 한 가족은 다른 집들과 멀리 떨어져서 자신들의 오두막을 가시로 만든 울타리로 둘러싸고 있다. 실제로 오늘날 많은 부시맨들은 현관문이 서로 보이지 않는 견고한 진흙 벽돌집에서 살고 있다.

또한 이 농장 마을은 서로 간의 친밀감보다는 프라이버시를 지키기 위

▌그림 1-2▐ 부시맨의 농장 마을(1982년)

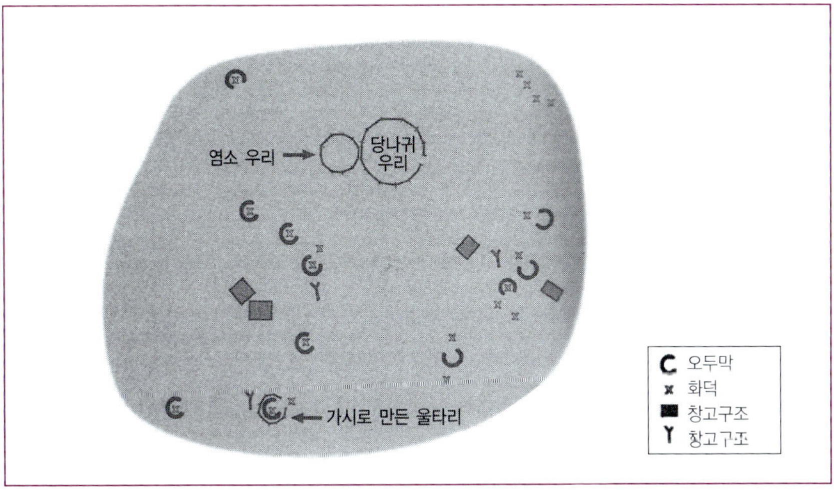

한 쪽으로 이루어져 있으며, 그 결과 부시맨들은 더 이상 불가에 둘러앉아 공동체의 제반 사안들을 논의하지 않는다. 물론 그러한 논의는 생존을 위해 필요하지도 않다. 이제 부시맨 개개인은 사냥 기술이 필요하지 않은 거대한 경제 시스템 속에서 자신들의 생존을 위해 일하고 있으며, 부시맨들 간에 협력하는 유대관계와 나눔의 미덕은 빠른 속도로 사라지고 있다. 부시맨 사회는 더 이상 사냥 기술을 필요로 하지 않으며, 그들에게는 염소고기만 있으면 되는 것이다.

계층의 등장

부시맨의 삶의 방식이 변화하면서 그들은 자신들 사이의 분쟁을 해결할 계층적 권위(hierarchical authority)를 필요로 하게 되었다. 보통은 그 지역의 반투족 우두머리에게 분쟁에 대한 해결방안을 문의하는데, 부시맨들은 계층적 리더십(hierarchical leadership)에 대한 경험이 없기 때문이다.

사막에서 사냥을 할 당시, 부시맨들에게 리더십이란 한 사람에게 권력이 집중된 특별한 지위를 나타내는 것이 아니었다. 그것은 사막에서 필요한 것들을 얻기 위해 최적의 환경을 만들기 위한 부시맨들의 전략과 같은 것이었다. 리더십이란 주어진 상황에 따라서 변화하는 것이어서, 모닥불 둘레에 모여 앉아 나누는 이야기를 통해 행동방안이 정해지면, 어떤 경우에는 최고의 사냥꾼이 부족을 이끌기도 하고, 또 다른 경우에는 수분이 있는 식물의 줄기를 찾기 위해 부녀자가 부족을 이끌기도 하는 그런 방식이었다. 부시맨들 각자가 가지고 있는 능력은 전체를 위해서 필요한 것이었기 때문에 그들 개개인은 아무런 부담 없이 때로는 리더가 되고 때로는 뒤에서 따라가는 역할을 하였다.

하지만 오늘날 부시맨들 사이에서 열린 사고를 토대로 한 의사소통이 사라지면서 공동체를 위한 합의에 도달하는 것은 어려워졌으며, 사회적 긴장이 참을 수 없을 정도로 높아질 수도 있는 상황에 이르렀다. 요리를 하면서 모닥불에 모여 앉아 대화를 나눌 기회가 없어지면서 부시맨들이 부딪히는 복잡하고 어려운 문제들은 점점 커지고 곪아 가면서 폭력마저 일상화되고 있다. 사냥하면서 생활할 당시 부시맨들 사이에서 일어나는 대인관계에 관한 문제들은 서로 다투는 당사자들이 한동안 멀리 떨어져 있음으로 인해서 자연스레 해결되었었다. 그러나 부시맨들의 새로운 정착문화(박스 안에 갇혀 사는)에서는 이와 같은 자연스러운 분쟁해결 방법이 있을 수 없다. 부시맨들은 이제 사냥이나 채집을 하기 위해 이동하지 않으며, 그러면서도 혼자서는 살아갈 수 없기 때문이다. 표준화된 양식에 따라 살아가면서 사람들 사이의 열린 의사소통 없이 최소한의 인간관계만 있으면 되는 정적인 사회에서는, 분쟁을 해결하고 질서를 유지하기 위해 공식적인 권위가 필요하게 되었다.

문화적 변화에 따른 비극들

예상대로, 이러한 문화적 변화는 부시맨들에게 참혹한 결과를 안겨 주었다. 사냥을 하면서 살아가는 문화는 거의 사라졌으며, 정착농으로서의 삶이 부시맨들이 당면한 최고의 문제가 되었다. 사냥을 하던 시절 부시맨들은 서로 간에 아무런 차이 없이 통합된 한 부족을 이루어 자급자족하면서 살아갔으나, 지금의 변화는 정반대의 것으로, 부시맨들은 이제 전체가 아닌 개개인이 각자의 수요를 충족하기 위해 거래를 하고 물물교환을 하며 생활해야 한다. 과거에는 이러한 거래들이 항상 불화를 야기시켰다. 법률과 권력자의 권위와 농업 기술이, 신화에서 오는 규율과 기후 및 환경의 자연적인 변화를 대체해 버린 사회에서 물질적인 부의 획득은 분명한 의미를 지니고 있다. 확실히 부시맨들의 위와 같은 발전은 물질적인 풍요로움을 가져다 주었지만, 그 대가 또한 분명히 존재하고 있다. 다른 이들의 위기에 대해 연민을 느끼지 않고 전체로서의 공동체 의식이 사라지는 것과는 별개로, 그들의 적응력 약화는 삶의 방식이 변화할 때 나타날 수 있는 위기 상황에서 제대로 대처할 수 없는 결과를 초래하고 만 것이다. 참으로 이것은 사회 전체가 붕괴할 수 있는 위험을 안고 있는 것이다.

농사를 짓고 모여 살기 시작하면서 부시맨 사냥꾼들은 사막에서는 결코 겪을 수 없는 많은 위험에 노출되었다. 천연두, 홍역, 백일해, 유행성 독감과 같은 질병들은 부시맨들에게 치명적이며, 때때로 전염까지 되기 때문이다. 이러한 질병들은 부시맨 공동체의 지식기반을 급격히 약화시킬 수 있으며, 문자로 된 기록이 없는 상태에서 부시맨들의 사냥 기술은 이미 회복할 수 없을 정도로 훼손되었을지도 모른다. 한 예로, 1950년대에 부시맨들 사이에서 유행하였던 천연두는 그들이 사막에서 생존하기 위해 필요한 많은 지식기반을 상실시켰다. 게다가 정착생활을 하기 시작하면서 부시맨 사회 역시 다른 문명화된 사회가 가지고 있는 모든 병폐들이 나타났으며, 부시맨들은 그만 삶의 의미를 상실해 버리고 말았다. 도시 한복판이나 북미의 인디언 사이에서 일어나는 것과 같은 정도로 마약중독, 범죄, 폭력 등의 발생 빈도가 높다. 칼라하리사막에서 이러한 일들이 벌어지고 있는 것은 북미에서와 마찬가지 이유 때문이며, 부시맨들의 이야기는 바로 우리의 이야기인 것이다.

부시맨의 이야기는 바로 우리의 이야기

윌라 케이서(Willa Cather)는 인간의 삶의 유형은 두 가지 또는 세 가지밖에 없으며, 인간들은 과거에 있었던 일들을 무던히도 계속 반복한다고 하였다.[15] 나는 이 책에서 부시맨의 이야기가 바로 우리의 이야기이며, 우리가 살아가는 조직과 사회에서 수없이 들어 왔던 이야기라는 점을 강조하고 싶다. 우리들 역시 처음에는 부시맨 사냥꾼들과 같이 작은 규모의 비정형적인 조직으로 구성되어 있었으며, 비록 많은 것을 알지는 못하였지만 매일매일 새로운 시도를 통해 배워 나가며 살고 있었다. 하지만 (사회가) 점점 발전함에 따라 보다 효율적인 방법을 찾아 가면서 우리는 부시맨 정착민들처럼 되어 갔다. 거대한 계층으로 이루어진 관료제 사회에 살면서 자신의 재산과 영역을 방어하는 우리의 모습은 농사를 지으며 정착해 사는 부시맨들의 모습인 것이다.

이러한 거대한 조직 형태는 사후적 수익창출경제체제(delayed-return economies)에서 번창하는데, 이러한 경제체제는 급부를 얻기 위해서 자본과

15) *O Pioneers*, Part II, Chapter 4로부터 Partnow(1993), 250쪽에서 인용함.

시간을 필요로 하기 때문이다. 삶의 많은 영역이 제도화될수록 조직구조는 새롭고 복잡한 과정을 단순하고 일상적인 작업으로 변화시키며, 평범한 보통사람이 하였던 일들은 전문가와 기술의 발달로 대체한다. 작고 정형화되지 못한 조직들은 엄격하게 정형화된 절차로 바뀌게 되고, 이러한 절차들은 관료제적 통제 시스템을 통해 공고화되어, 조직 구성원들은 정해진 행동양식 이외에 비공식적인 상호작용의 기회를 거의 갖지 못하며, 때로는 그러한 조직을 움직이는 복잡한 기술들이 그것을 운영하는 사람들 간의 사회적 상호작용을 방해하기도 한다.

모든 종류의 지식에 자유롭게 접근하던 시절이 있었으나, 지금은 복잡한 데이터 처리 시스템의 발달로 인해 정보에의 접근이 제한되어, 권한을 가진 사람들만이 해당 정보에 접근할 수 있게 되었다. 과거에 비해 데이터는 훨씬 많으나, 그것들을 통합할 능력이 없으면 아무런 의미가 없게 되어 버렸다. 정보에의 제한된 접근은 비밀을 만들어 내어 신뢰를 상실시켰으며, 이와 같은 기술발달의 논리는 함께 하는 나눔의 가치를 점점 잠식해 갔다.

이렇게 조직화되어 가는 과정 속에서 필수적인 역할을 수행하는 사람들은 물질적인 것은 물론 정신적인 측면에서도 많은 부를 축적하고, 정형화된 조직에서 자신의 지위와 힘을 강화시키며, 이러한 힘은 조직이 번창할수록 증대한다. 부의 축적과 성공의 결과물들은, 계획으로부터의 일탈을 방지하고 공식적인 전략을 수립하며 분쟁을 해결하는 방식 등을 통해 정적인 조직을 영속화시키려는 정형화된 계층 시스템 안에서 보호받는다.

정착농으로서의 부시맨 사회처럼 우리의 관료제 시스템은 문화적으로 동질적인 환경을 만들었으며, 그 안에서 생존하는 방식은 대단히 정형적이고 안정적이다. 그러나 이러한 시스템은 생존방식이 바뀌는 상황에서 완고하게 현상유지를 하려는 경향으로 인해 변화를 추구하는 능력을 약화시키는데, 위험한 점은 바로 여기에 있다. 즉, 정착농으로서의 부시맨들과 마찬가지로 우리 역시 급격하고 예측 불가능한 환경의 변화에 직면할 때, 생존을 위해 잃어버린 사냥 기술을 다시 더듬어 찾아야 하기 때문이다.

따라서 조직에 대한 우리의 연구는 지금은 사라져 버린 사냥꾼으로서의 부시맨들의 유연성 및 역동성을 재창조하고자 하는 목적을 가지고 있으며, 이것은 하나의 도전이다. 조직과 사회가 부를 축적하고 기술을 발달시키는 등 진보해 나가는 과정에서, 우리가 급박한 위기에 직면하여 변화해야 할 때 현재의 시스템은 대응력이 매우 떨어진다. 위기가 닥쳐오는 상황에서 사냥꾼으로서의 부시맨들과 같은 유연성과 역동성은 그 진가를 발휘하는 것이다.

갱신의 사례

부시맨의 경우를 보면, 그들은 현재의 정착민 사회에서 다시 과거의 사냥하는 사회로 돌아갈 수 있을까? 매일매일 사냥을 하지 않으면 사냥 기술은 곧 잊혀지게 된다. 칼라하리사막에서 살았던 부시맨들의 사냥 기술은 실제로 사냥을 하면서 얻게 되는 아주 세부적인 지식들이다. 동물들은 끊임없이 무리를 지어 이동하고, 여타 자원들도 항상 유동적인 상태에 있기 때문에, 이것들의 위치를 추상적인 지도에 담는 것은 불가능하다. 멈추어 있는 구조물들을 담아 내는 지도는 사냥을 하는 데에는 언제나 쓸모없는 구식 장비에 불과한 것이다.

모닥불 둘레에 모여 앉아 사회적 상호 교류를 하지 않는다면, 어린 부시맨들에게 사냥 기술과 사회적인 역동성 등을 가르치는 일련의 사회화 과정은 사라질 것이다.[16] 또한 부시맨 고유의 이야기와 노래, 춤이 없다면, 부시

16) 수렵사회에서 개개인은 상당한 정도로 자치적인 권한을 가지게 되며, 이러한 자기결정권은 어릴 때부터 배우게 되는 듯하다. 아이들은 자라면서부터 일찍이 이러한 자치적 권한을 학습하는 것으

맨 사회의 기원과 목적 또한 곧 잊혀질 것이다. 급격한 환경의 변화가 닥쳐왔을 때, 과거 사냥하던 시절의 나눔의 미덕을 기억할지는 몰라도 정착생활을 하면서 익숙해진 삶의 방식을 버리는 것은 쉬운 일이 아니다. 아울러 사회적 지위나 권력과 같은 정신적인 소유를 포기하는 것이 물질적인 소유를 포기하는 것보다 훨씬 더 어려워 보인다. 왜냐하면, 생태학적인 위기 상황에 직면해서도, 사회적으로 높은 지위를 차지하고 있는 소위 성공한 사람들은 자신들이 소유하고 있는 정보와 비밀에 여전히 매달려서 사회가 스스로 정리할 수 있다는 생각에 경멸의 눈길을 보내기 때문이다. 그들이 알고 싶은 것은 "누가 이러한 분쟁을 해결할 것인가?"뿐이며, 관료제적 계층이 없이도 잘 사는 사냥꾼들의 삶은 상상조차 할 수 없을지도 모른다.

결국 정착사회에서의 부시멘들은 자신들이 소유한 재물에 의해서 도리어 자신들이 소유될 수 있으며, 과거 급격한 환경의 변화에 적응하던 수렵

로 보인다. 그들의 관계에서는 권위나 의존에 대한 모델을 제공하는 것이 없으며, 공격적인 행동에 노출되는 일도 거의 없다. 아이들은 그들의 부모나 성인들로부터 음식과 자원을 받을 수는 있지만, 이러한 것들에 대한 접근에 있어 특별히 의존하지는 않는다. 모두로부터 보살핌을 받는 매우 긍정적인 사회적 풍토에서 그들은 관찰과 모방을 통해 스스로를 부양하는 것을 일찍부터 배우게 된다.

이러한 이유 중의 하나는 서구 관점에서 보기에는 아이들이 자라나는 환경이 특이한 데 있다. 아이들은 어른들과 많은 시간을 함께 보낸다. 아주 작은 캠프에서조차 아이들은 북미에서처럼 또래집단과 함께 자라는 것이 아니라 다양한 연령대의 무리와 함께 자라난다. 이것은 몇 가지 중요한 효과를 가지고 있다.

① 아직 어릴 때에 보다 나이가 많은 아이들은 더 어린 아이들을 돌보는 것을 배우게 되며, 이것은 그들 스스로를 어려서부터 돌보는 능력을 발전시킨다.
② 부모와의 상호작용으로부터 아이들과의 상호작용으로 유아기의 이행은 쉽다. 왜냐하면, 그 관계가 유사하기 때문이다.
③ 문화전달은 부모 대 아이에서보다 아이 대 아이에서 이루어진다. 이것은 멘토관계의 모델이다.
④ 또한 또래집단의 부재는 아이들 사이에서 경쟁심을 없애는 데 일조하며, 여기에는 팀 스포츠가 없다. 아이들은 놀이를 하면서 개개인이 자신의 기술을 완전하게 하는 데 집중할 뿐이다.

이러한 과정에서 개인들은 생존에 필요한 모든 기술을 능숙하게 익히게 된다. 그들 스스로를 충족시킬 뿐만 아니라 성인사회를 특징짓는 상호 의존관계의 기초 또한 형성한다. 이미 지적하였듯이 상호 의존관계 안에서 역할은 뒤바뀔 수도 있고, 이 때문에 다기능은 그 전제조건이 된다. 비슷한 이유로, 다기능은 전반적인 전략에 대해 집단이 합의에 도달하는 조건과 계층적인 지배구조보다는 상황적인 요구에 근간한 리더십의 출현을 창출한다(Lee and DeVore, 1976, 220쪽).

생활에서의 삶의 방식을 기억하지 못할 수도 있다. 신화와 전설 속에 구현되어 있던 수렵생활 당시의 생활양식이 보존되어 있지 않은 상태에서는, 모방할 수 있는 전통은 더 이상 남아 있지 않다. 혹독한 환경변화의 위기 상황에 직면해서 정착농으로서의 생활양식을 고수하고 있다면, 그 사회는 변화에 적응하지 못하고 사라질 가능성이 크다. 이러한 처참한 운명을 피하기 위해 사회와 조직은 과연 변화할 수 있을까?

부시맨들의 상황을 가지고 갱신의 사례를 설명하는 것이 다소 극단적으로 보일 수는 있어도, 나는 그들의 사례가 자기자신을 변화시키고 싶어하는 모든 조직에 적용될 수 있다고 믿는다. 부시맨들의 사례는 우리가 관료제 조직의 경직성을 변화시키고 보다 환경의 변화에 적응력이 뛰어난 조직을 만들기 위한 실마리를 제공한다. 현대 조직들이 직면하고 있는 문제들은 부시맨의 경우보다 더 복잡한데, 급변하는 환경의 변화에 대응하여 현대 조직의 관리자(manager)들은 가치 창출을 할 수 있는 핵심적인 "농업 기술"의 경쟁력을 유지해야 하는 반면, 새로운 기회를 찾아 나서는 것은 조직에서 주변부라고 생각되는 "사냥 기술"이라고 할 수 있다. 이러한 기회들은 칼라하리사막에서 움직이는 동물의 무리들과 같아서 정적인 지도에는 나타나지 않으며, 끊임없는 탐구와 개발만이 기회를 얻을 수 있는 유일한 방법이다. 즉, 사냥을 하는 삶의 방식을 유지할 때만이 기회를 얻을 수 있는 것이다.

나는 앞에서 부시맨의 이야기가 바로 우리들의 이야기라고 하였다. 이에 대해 아마도 많은 독자들이 내 의견에 이의를 제기할지도 모른다. 그러나 다음 장에서 나는 현대 사회에서 조직의 변화와 부시맨 사회에서 생활양식의 변화 사이의 유사점들을 증명할 것이다.

동시에 나의 의견은 다소간의 불안감을 야기할 수도 있는데, 부시맨의 이야기를 현대 사회에 적용할 경우 관리자들의 행동방식에 대해 이 이야기가 대단히 중요한 함축적인 의미를 담고 있기 때문이다. "의사결정"을 예로 들면, 북미의 경영이론에서 “의사결정”은 관리자가 수행해야 하는 고유한 역할이며 이것은 거의 경영의 정의가 되다시피 하였고, 이러한 이론은 조직에서 나타나는 여러 가지 문제가 외부 환경으로부터 발생한다는 생각을 바탕으로 한 것이다. 그러나 부시맨의 이야기가 시사하는 바와 같이, 사실 조직에서의 문제는 조직과 외부 환경의 상호작용에서 발생하는 것뿐만 아니라 조직 자체의 내부 시스템에서도 종종 발생하고 있다. 사냥하면서 생활하는 부시맨들에게 있어서 오늘날의 “의사결정”은 필요 없는 것이었다. 구체적인 행동방안은 추상적인 생각이 아닌 현실적인 필요에 의해서 정해졌으며, 모닥불에 둘러앉아 나누는 대화를 통해 철저히 검토되었다. 부시맨들이 사냥하면서 생활할 당시 조직의 작동원리는 정착생활을 하면서 계층적인 권위에 의사결정을 전적으로 일임하는 오늘날의 시스템과는 완전히 다르다.

현대사회의 조직에서 명확한 예를 들자면, 경영 컨설턴트들이 주장하는 것처럼 조직에서 발생하는 문제들의 주된 원인 중의 하나는 조직 구성원들이 정직하게 열린 마음으로 대화하지 않는다는 것이다. 조직 구성원들이 만든 여러 가지 상황들은 실제로 어려운 문제에 부딪쳤을 때 이를 해결하기 위한 진지한 대화를 가로막는다. 그러한 조직들은 문제에 대한 해답은 알고 있으나 문제해결을 위한 지식에 초점을 맞출 뿐 이를 적극적으로 활용하는 능력은 떨어져 보인다. 유능한 컨설턴트들은 조직 구성원들 사이에 필요한 상호작용이 일어나도록 유도하는 역할을 수행하며, 조직 구성원들이 스스로 열린 대화를 가로막는 여러 장벽들을 없애도록 도와 준다. 그것은 논리의 문제가 아니라 과정의 문제인 것이다. 따라서 만약 어떤 조직이 관리자의 “의사결정”에 계속하여 의존하는 시스템으로 운영되고 있다면, 그 조직은 당면한 문제를 해결할 조직적인 능력이 없다고 볼 수 있으며, 얼마 지나지 않아 여러 가지 문제가 불거져서 컨설턴트를 부르게 될지 모른다. 결국 경영에 있어서 논리의 역할은 분명한 한계를 가지며, 그것은 단지 조직 구성원들이 자신들을 이해하기 위해 만든 물질적이고 정신적인 여러 상황 안에서 의미를 가질 뿐이다.

다음 장에서는 현대 기업조직에서, “사냥꾼”들의 조직운영 방식을 “정착농”들의 조직운영 방식에 접목할 때 발생하는 조직의 변화 과정을 보여줄 것이다.

Chapter 2

학습과 성과

조직의 구성요소

조직 구성요소의 상호작용: 미션의 등장

사냥꾼에서 정착농으로: 미션의 전략화

초라한 천막에서 화려한 궁전까지: 성과가 성공으로 이끌다

성과 대 학습

Chapter 2

학습과 성과

이번 장에서는 성공적인 현대 비즈니스 조직의 출현, 성장 그리고 성숙에 대해서 다루어 본다. 북미의 경우 우리의 선조가 유목생활을 하며 사냥을 하던 시절로부터 최소한 1만 년은 경과한 시대에 살고 있음에도 불구하고 우리 사회의 본질은 그때와 달라진 것이 거의 없어 보인다. 왜냐하면, 현대 사회의 조직들은 그 기원과 발전에 있어서 앞 장에서 논의된 것과 매우 유사한 사회적 역학관계를 보여 주고 있기 때문이다.

규모가 작고 격식에 그다지 얽매이지 않는 초창기에는 현대 조직들 역시 사냥꾼 문화와 같은 사회적 역동성을 가지고 있다는 것이 나의 지론이다. 초창기 조직은 고도의 기술을 습득하고, 소비자의 다양한 욕구에 부응하며, 초기 사업에 필요한 자금을 확보하는 등 모든 종류의 것들을 활발히 학습한다는 특징을 가지고 있다. 이러한 학습에는 많은 시행착오가 따르며, 때때로 급박한 환경 속에서의 시행착오는 대단히 치명적이어서 시작 단계에서 많은 조직이 무너지기도 한다. 여기서 "사냥꾼"과 같은 사람들은 보다 성공한 다른 조직에 합류하거나 자기자신의 사업을 새로 시작한다. 그러나 초창기의 어려움을 극복하고 살아 남은 조직들은 곧 "정착농"들처럼 되어 가는데, 조직의 무게 중심이 학습(learning)에서 성과(performance)로, 기계적 절차의 개발에서 단순반복으로 이동하게 된다. 이러한 조직에서도 학습요인은 여전히 존재한다. 그러나 생산품과 생산 기술 그리고 판매시장이 이미 정해진 상태에서는 사업을 새로이 시작하는 경우에도 점차 기존의 틀에 얽매이게 된다.

가장 명확하게 표현한다면, 초창기의 조직은 격식을 따지지 않는 학습조직(learning organizations)이지만 어느 정도 성공을 거두게 되면 그 조직은 형식을 중요시하는 성과조직(performance organizations)으로 변해 간다.[1] 따라서 학습과 성과는 하나의 연속체의 양 끝으로 생각하는 것이 이해하기 쉬우며, 신생 조직은 시간이 흐를수록 "학습"에서 "성과"로 이동하게 된다. 끊임없이 학습한다는 것은 얼마간의 성과를 포함하기 마련이어서, 신생 조직도 성과에 대한 대가를 지불해야 한다. 아울러 항상 성과를 낸다는 것 역시 얼마간의 학습을 수반하므로 이미 성장한 회사들도 계속해서 자신들의 시스템과 기술을 발전시킨다. 학습과 성과는 저울 위의 두 접시와 같아서, 성과조직에서도 학습이 가능하기는 하나, 그것은 성과를 내기 위해 조직이 만들어 놓은 기존의 틀 안에서 가능한 것이기 때문에 제한적이며, 학습은 기존의 틀 안에서는 잘 이루어지지 않는다.

조직의 변천 과정과 혁신의 필요성을 잘 이해하기 위해서는 "사냥꾼"으로부터 "정착농"으로, "학습 위주"로부터 "성과 위주"로 이동하는 조직의 변화 과정을 전체적으로 살펴보는 것이 중요하다. 나는 여기서 하나의 개념적인 모델을 사용하여 무너지기 쉬운 초창기의 조직이 성공적인 조직으로 변해 가는 과정을 다룰 것이다. 그러한 모델은 조직의 다양한 요소들을 이해하는 데 도움을 줄 것이며, 아울러 "나이키"(Nike)의 사례를 통해 이러한 개념을 현실에 적용해 볼 것이다.[2]

(나이키와 같은 성공적인 기업을 예로 들어 설명할 때에는, 그러한 조직에서 수

1) 어떤 이들은 학습조직(learning organization)이라는 말이 모순이라고 주장한다. 왜냐하면, 현재 존재하는 조직은 이미 무언가를 학습한 것이기 때문이다. "조직"(organization)이라는 말은 "학습하다"(learn)라는 말의 과거형일지 모른다.

2) 나는 Strasser and Becklund(1991), Christensen and Rikert(1985a, 1985b), Christensen, Rikert, and Roberts(1985), Katz(1993, 1994) 및 여타 다른 출판물로부터 나이키에 관한 정보를 얻었으며, 1992년에는 제한적이나마 나이키에서 일을 하였었다.

행하고 있는 일이 바람직한 것이며, 다른 조직에서도 경영자들이 벤치마킹할 수 있는 사례를 소개하는 것이 보통이나, 나는 그러한 의도로 나이키의 사례를 설명하는 것이 아니다. 나이키의 사례는 독자들에게 각자 몸담고 있는 조직에서의 상황을 다시 상기시켜 주고, 이전에 간과하였던 측면들을 일깨워 주기 위함이다.)

조직의 구성요소

조직의 발전과정을 이해하기 위해서 사용하는 개념적인 모델을 통해 조직 내부에서 상호작용하는 다섯 가지 요소를 알 수 있는데, ① 조직 구성원, ② 조직 구성원이 수행하는 역할과 과업, ③ 구조적인 제도, ④ 정보의 원천, ⑤ 조직을 통합하는 보상 시스템이 그것이다.

조직 구성원

새로운 조직들은 "거대한 기회의 바다에서 한낱 작은 물결에 불과한" 우연한 기회를 잡기 위해 모여든 사람들로 인해 생겨난다. 그러한 기회는 어디에서든지 올 수 있는데, 그것은 인구변화와 같은 외부 환경적 요인의 변화로 인한 소비자의 잠재적 욕구나 수요일 수도 있고, 과학 기술의 발전이나 정부정책의 주도로 나타나는 결과일 수도 있으며, 아니면 문자 그대로 지구상 어딘가에 있는 아직 개발되지 않은 물질적인 자원일 수도 있다. 어떠한 기회이든지 간에 그 주변에 최초로 모인 사람들은 "광물을 캐는 시굴자"가 될 가능성이 높다. 그런 사람들은 특별한 기술, 경험, 열정을 가지고 아직 미개발 상태에 있는 여러 가지 기회들을 찾아 나서는데, 칼라하리사막에서처럼 거기에는 푯말도 지도도 없다. 그들은 아무런 이정표 없이 스스로 길을 찾아야 한다. 새로운 기회를 찾는 방법을 설명할 때면, 우리는 종종 성공하는 기업가에게는 기회를 "냄새 맡는" 특별한 능력이 있는 것처럼 이야기하곤 하는데, 그것은 신기하게도 부시맨 사냥꾼들이 사막에서 물을 찾기 위해 냄새를 맡는 것과 같다.

나이키의 사례에서 처음에 등장하였던 두 사람은 오레곤주립대학의 육상선수 필 나이트(Phil Knight)와 그의 코치 빌 바워만(Bill Bowerman)이었는데, 그들은 톱 클래스 운동선수들의 능력을 향상시키는 데 골몰해 있었으며, 러닝화에 엄청난 불만을 가지고 있었다. 1960년대 중반에 있었던 조깅 운동(the jogging movement)[3]의 창시자 중 한 명인 바워만은 운동능력에 관한 몽상가였다. 그는 어설프게나마 러닝화의 디자인과 제작에 지속적인 관심을 가졌으며, 심지어는 러닝화 제작에 새로운 소재를 사용하기도 하였다. 부엌에서 실험적인 고무합성물을 만들어서 주방용구로 이것을 본뜨려고 하였던 것은 유명한 일화이다. 나이트는 후에 바워만을 반은 천재이고 반은 광인으로 묘사하며, 자신이 만난 최고의 코치였다고 말하곤 하였다.[4] 한편, 훌륭한 중거리 육상선수였던 나이트는 운동능력 향상에 대한 자신의 노력을 공인회계사 자격증 및 MBA 학위와 결합시켰다. 그는 품질 좋은 러닝화가 독일에서 만들어지는 이유를 이해하지 못하였는데, 독일의 경우 고임금 구조를 가지고 있었기 때문이다. 그의 관점에서는 다른 상품들과 마찬가지로 러닝화 역시 극동 지역(한국, 중국, 일본 등)에서 만들어지는 것이 바람직하다고 보았다.

이렇게 해서 보잘 것 없는 운동화에 첨단 기술과 대량생산체제 그리고 세심한 마케팅 기법이 적용되기 시작하였다. 그러나 그것은 정확한 계산에 의한 작업이 아니었으며, 오히려 마음에 맞는 사람들이 팀을 이루어 개척자

3) 빌 바워만은 1967년 두 명의 동료와 함께 조깅에 관한 책을 펴냈는데, 책 제목은 *Run for Your Life*였으며 100만 부가 팔렸다.
4) Katz(1993), 61쪽.

정신을 가지고 헌신적으로 노력해야 하는 일이었다. 나이트는 후에 다음과 같이 회상하였다. “조직의 상층부에 있는 사람들만이 목표를 결정하고 수행할 지식과 능력이 있다고 보는 것은 정말 어리석은 생각이다. 그들이 여타의 조직 구성원들과 달리 특별한 역할을 하는 것은 아니며, 실제로 조직 구성원 전체의 노력이 조직을 움직인다. 나는 이것을 일찍이 깨달았는데, 독일산 운동화와 경쟁하기 위해 일본에서 운동화를 가져오려는 나의 훌륭한 아이디어는 내가 만약 제프 존슨(Jeff Johnson)을 만나지 못하였다면 실행될 수 없었을 것이다. 그는 실제로 그 일을 해냈고, 그 역시 다른 사람들의 도움으로 일을 진행해 나갔다. 나는 이러한 방식으로 일을 해나가는 것이 굉장히 중요하며, 회사가 계속해서 성공하였던 이유가 바로 이것이라고 생각한다.”[5)]

제프 존슨은 나이키에서 채용한 최초의 직원이었는데, 몇 년이 지난 후에야 성공적인 비즈니스를 위한 제반 요소들을 통합하는 데 중추적인 역할을 수행하였다. 실제로 조직 구성원 전체가 하나로 융합되기까지는 7년이 넘게 걸렸다. 나이키는 회사가 발전해 가는 단계마다 핵심 역할을 하는 사람들이 마법처럼 등장하였다. 예를 들면, 나이트와 바워만이 1964년에 회사를 처음 설립하였을 당시 회사 이름은 “블루리본스포츠”(Blue Ribbon Sports: BRS)였으며, 그들은 이 이름을 7년 이상 사용하였다. 그런데 제프 존슨이 1972년 자신의 꿈에서 “나이키”(Nike)라는 이름을 보게 되면서, 그 유명한 날아가는 모양의 나이키 로고가 탄생하였는데, 로고의 디자인 역시 디자인을 전공하는 대학원생에게 단돈 35달러를 주고 만든 것이었다. 그러나 당시만 해도 제프 존슨을 제외하고는 아무도 새로운 회사 이름과 로고에 대해 별다른 관심을 보이지 않았으며, 나이트는 회사 로고를 처음 보았을 때, “나는 그 로고를 좋아하지는 않지만 점점 익숙해질 것 같다”고 말하

5) 필 나이트는 원저에서 강조하였으며, Christensen and Rikert(1985b), 5쪽에서 인용하였다.

였다고 한다.[6)]

조직에서의 역할

나이키의 초창기 모습은 신생 조직의 형성 과정에서 또 다른 측면을 보여 준다. 어떠한 기회를 잡게 된 사람들은 대개 자신이 "바로 그때, 그 장소에 있었기 때문에"라고 설명을 하며, 자신이 기회를 얻게 된 이유를 자기도 모르는 경우가 많다. 그러나 사실 그들의 기술과 그들이 수행하는 역할은 조직 구성원들 사이에서 상호작용을 하면서 새로운 기회를 찾아 나가는 활동인 것이다. 사람들은 새로운 기회를 찾기 전에는 자신들 안에 이러한 능력이 있는지 인식하지 못하는 경우가 많다. 그들의 능력은 필요에 의해 나타나고 상황에 의해 발휘된다. 그들이 기회를 만들기도 하고, 기회가 그들을 만들기도 하면서, 주어진 상황과 구성원들 사이의 상호작용은 사업 전체에 활력을 가져다 주는 것이다.

새로운 상품이나 서비스가 막 나오기 시작하는 단계에서는, 구체적인 실행을 위한 주요 과업이나 기술을 제대로 인식하기가 어려우며 대부분 명확하지도 않다. 블루리본스포츠 역시 초창기에는 사업 목표를 달성하기 위해 어떠한 기술이 필요한지를 아는 이가 전혀 없었다. 나이트와 바워만의 초창기 회사는, 운동화를 새로 디자인해서 운동장 트랙에서 테스트해 본 뒤에 달리기 동호회 등에 물건을 파는 정도에 불과한, 주먹구구식으로 운영되는 조직이었다. 이러한 방식으로 얻어진 정보들을 통해 개개인은 스스로 "미지의 광산의 시굴자"가 될 수 있었으며, 새로운 기회에 다가갈 수 있었다.

앞에서 살펴본 바와 같이 여기에는 누군가를 선택하는 조직이 없다. 네트워크의 상호작용을 통해 사람들은 자신을 선택한다. 초창기 조직은 새로

6) Strasser and Becklund(1991), 126쪽에서 인용하였다.

운 참여자들이 계속하여 공헌할 때, 점점 성공적인 조직으로 변해 가며 외부인들에게도 더욱 큰 기회로 인식된다. 조직과 그 외부 환경을 나누는 명확한 기준은 없으며, 조직과 외부 환경은 함께 발전해 간다.

팀

아직 제대로 업무체계가 잡혀 있지 않은 신생 조직에서는 구성원들 역시 최소한의 조직체계 안에서 일을 해나간다. 당연히 여기에는 격식을 따지지 않고 아무 일이나 다 해낼 수 있는 팀들이 필요하다. 부시맨 사냥무리처럼 그러한 팀들은 잠깐 사이에 생겨났다가 또 사라지곤 한다. 신생 조직이 초창기에 직면하는 수많은 문제들에 제대로 대처하기 위해서는 이러한 유연한 방식의 조직구성이 반드시 필요하며, 개개의 팀들은 자유로운 의사소통과 상호작용을 통해 복잡하고 "해결하기 정말 어려운 문제들"(wicked problems)[7]을 처리해 나간다. 이러한 문제들은 독특해서 유형화하기도 어렵다. 또한 맞고 틀리는 정답이 없음에도 불구하고 대답은 실시간으로 이루어져야 하며, 언제 어떠한 문제가 나타날지 예측할 수도 없다. 따라서 신생 조직은 문제를 해결하기 위해 적재적소에 바로바로 인력과 자원을 투입하는 경향을 보인다.

초창기 조직의 사회적 역학관계는 부시맨 사냥꾼들의 모습과 닮아 있다. 거기에는 정형적인 구조가 없으며 단지 많은 과정만이 존재한다. 신생 조직이 부딪히는 수많은 긴급 상황들에 대처하기 위해서는 계층적이거나 정형적인 방식을 거칠 시간이 없다. 누구든지 당면한 문제를 해결할 능력을 가지고 있는 사람이 바로바로 직무를 수행해야 한다. 아무 데서도 문제해결을 위한 조직 구성원들이 오지 않는 것처럼 보이며, 그들은 왔던 것만큼 빨

7) Rittel and Webber(1973)가 소위 "사악한 문제들"(wicked problems)이라고 명명한 "해결하기 정말 어려운 문제들"은 사회적인 조직에서 나타나는 하나의 특징이라고 하였다.

리 사라진다.[8)]

이때가 조직의 내부 구성원들에게는 매우 흥분되는 시기이다. 나이키가 후에 안정적인 조직이 되었을 때, 초창기 구성원들은 긴급 상황에 급박하게 대처하였던 시절을 향수에 젖어 회상하였었다.

> 한 번은 신발을 배에 실으면서 문제가 있었다. 주문량이 우리가 배에 실은 양보다 더 많았기 때문에 우리는 밤에 신발을 찾아 창고를 뒤져야 하였다. 어려운 상황이었음에도 기분은 좋았고, 그 당시 우리는 문제를 해결하기 위해 무언가를 하고 있었던 것이다. 결국 몇 개의 신발을 더 찾아 냈으며, 재미있었던 기억으로 남아 있다. 당시 우리의 이러한 모습은 다른 이들에게 무언가를 느끼게 하였을 것으로 생각된다.[9)]

네트워크

조직은 개인들 사이에서 상대적으로 안정된 거래관계의 구성물이라고 생각될 수도 있다. 이런 안정된 거래관계는 규모는 작지만 단단하게 연결되어 있다. 이것은 훨씬 더 크고 느슨하게 연결되어 있는 개인들 사이의 네트워크로부터 등장할 수 있는 수많은 가능성 중의 하나로서 "태어난다."[10)] 우리는 전체로서의 가장 큰 네트워크를 사회라고 부른다. 물론 사회는 획일적인 구조가 아니며, 다양한 정도로 느슨하게 또는 단단하게 연결된 복잡한 형태를 가진 일련의 관계이다. 어떻게 사회로부터 하나의 조직이 단단하게

8) 이러한 행동양식은 모든 종류의 긴급 상황 직후에 나타나게 되는데, 특히 지진과 같은 자연재해에서 그러하다(Lanzara, 1983).

9) 밥 우델이 하였던 말이며(Christensen and Rikert, 1985a, 6쪽), 나이키의 또 다른 초창기 멤버인 델 헤이즈(Del Hayes) 역시 "우리는 궂은 일을 마다하지 않는 사람을 좋아한다"고 말하였다(Christensen and Rikert, 1985a, 6쪽).

10) 사회학에서는 "약하게 연결된"(weakly connected)이라는 용어를 사용하지만(Granovetter, 1973), 여기서 나는 "약하게"(weak)라는 말의 부정적 의미를 피하기 위해 "느슨하게"(loosely)라는 용어를 사용하였다.

결합되어 나타나는가? 조직이 등장하려면 주기적인 모임이 있어야 하는데, 네트워크의 참여자들이 서로의 교류를 강력히 원할 때 이러한 조직이 나타나는 것으로 보인다. 조직은 일정 기간의 "융합"(fusion)을 통해 느슨한 연결고리가 단단하게 맺어지면서 등장한다.

인간이 살아가는 시스템에서는 결합 또는 재결합을 위한 수많은 기회가 있다. 우리는 앞 장에서 부시맨들이 수렵생활을 하면서 어떻게 제사의식을 거행하고 비전과 신화를 공유하는지 살펴보았다. 블루리본스포츠의 경우를 보면, 운동을 하면서 일어나는 여러 가지 일들이 자연스럽게 사회적인 융합과 비슷한 상황을 제공해 주었다. 경기를 하기 위해 전국에서 모인 선수들은 운동에 관한 지식과 정보를 교환한다. 지식과 정보를 나누고자 하는 사람들 사이에서의 대화는 굉장히 친밀하고 열정적이다. 이러한 융합은 제한된 시간 내에서 이루어지지만 참가자들 사이의 네트워크를 확장시킨다. 이와 같이 나중에 나이키에 없어서는 안 될 조직 구성원이 된 사람들 중 상당수가 운동경기를 통한 네트워크를 통해 나이키에 합류하게 되었다.

신생 조직이 소위 잘 나가기 시작할 때, 정답이 없는(equivocality)[11] 여러 가지 확립되지 않은 쟁점들에 대한 해결책을 찾기 위해 조직의 팀들과 구성원들은 발생하는 모든 사건들에 관한 정보를 교환하는 등 조직의 안팎에서 훨씬 더 긴밀한 네트워크를 구축해야 한다. 융합이 이루어지면 이루어질수록 조직의 역학도 변해 가며, 조직 구성원들은 점점 더 많은 시간을 함께 보내게 된다. 다양한 해석이 가능한 정보와 모호한 여러 가지 상황 등을 접하면서 어느 것이 상대적으로 중요한가를 분류할 명확한 기준이 아직 없는 신생 조직에서는 기밀이나 비밀이 거의 없다. 조직 구성원들은 열린 대화의

11) "불확실성"(uncertainty)이라는 말과 달리, "'다의성'(equivocality)이라 함은 일종의 모호함을 의미하는데, 조직의 상황에 대한 다양하고 대립되는 해석이 가능한 경우를 말한다. '다의성'이 높다는 것은 이해하기가 어렵고, '예' 또는 '아니오'로 답할 수 있는 질문을 하는 것이 불가능하다는 의미이다. 즉, 무슨 질문을 해야 할지가 확실하지 않으며, 만약 질문을 한다면 주어진 상황이 핵심으로부터 벗어나 명확한 답변이 나올 수 없게 된다"(Daft and Lengel, 1986, 556~557쪽).

장에서 개개인의 의견과 관점을 자유롭게 개진할 수 있다. 부시맨들이 캠프파이어 둘레에 모여 대화를 하는 것처럼, 신생 조직의 열린 대화는 조직 구성원들의 감정과 관심과 열정을 모두 담아 낸다.

초창기의 나이키는 조직 구성원들의 의사소통이 정말 자유로웠다. "옛날에는 저녁 5시가 넘으면 사람들이 모여 그 날 있었던 일에 대해 이야기하곤 하였다. 그때만큼은 모두가 최고경영자의 위치에 있었으며, 사람들은 자연히 다른 이들이 하고 있는 일에 대해서도 모두 알 수 있었다. 나이키가 작은 회사였던 당시에는 회사 복도나, 집에 가는 길에 들르는 술집이나, 심지어 농구경기장에서도 회의가 이루어졌으며, 언제나 열린 대화의 장이 마련되었다."[12)]

정신적 보상

초창기의 조직은 보통 자금난에 시달리기 마련이다. 이때 조직 구성원들을 하나로 묶는 보상 시스템은 돈이 아니라 주관적이고 심리적인 만족감이며, 규모는 작지만 새로운 일을 하기 위해 자기 스스로 모인 사람들에게 이것은 어찌 보면 당연한 것이다. 나이키의 사례에서 보는 바와 같이 그들은 공통의 관심사로 인해 함께 모여 일하는 것이고, 여기서의 보상이란 조직 내부에서 각자의 역할을 하며 상호간에 얻게 되는 내적 보상과 새로운 기회를 찾아 나서며 얻게 되는 외적 보상이 있게 된다. 그들은 정말로 자신들이 하고 싶은 일을 하고 있으며, 몇몇 이들은 보수를 받는 것을 별로 바라지 않을 정도이고, 많은 이들이 야간에 부업을 하거나 아르바이트를 통해 생계를 해결한다.

나이키는 이미 오래전에 재정적으로 자립하였으나, 자금난을 겪을 때

12) David Chang and Rich Werschkul(Christensen and Rikert, 1985a, 22~23쪽).

마다 초창기 시절을 강조하곤 하였다. 바워만과 나이트는 1964년 나이키의 전신인 블루리본스포츠를 설립하였으며, 나이트의 경우 1969년까지도 이곳에서 풀타임으로 일하지 않았다. 초창기 시절 블루리본스포츠는 운동선수들에게 운동화를 파는 운동선수들로 구성된 조직이었다. 이 당시 조직의 보상 시스템은 금전적인 것이 분명 아니었으며, 공통의 관심사를 가지고 최고의 성과를 내겠다고 모인 사람들 사이의 강한 유대감과 뜨거운 동료애가 바로 보상이었다.

조직 구성요소의 상호작용: 미션(mission)의 등장

앞에서 나는 신생 조직의 구성요소들이 발전하는 과정을 차례로 설명하였다. 그러나 실제로 모든 구성요소들은 함께 발전하며, 보다 정확히 말하자면 서로 상호작용을 하면서 함께 진보한다. 동시에 조직은 외부 환경과도 더불어 발전하는데, 조직과 환경은 명확한 경계가 생기기 전까지는 구별하기가 어렵기 때문이다. 아울러 조직과 환경 사이의 경계 그 자체도 발전한다.

그림 2-1은 신생 학습조직을 구성하고 있는 요소인 조직 구성원, 조직에서의 역할, 팀, 네트워크, 정신적 보상이 어떻게 견고한 하나의 조직을 형성하는가를 보여 준다.

신생 조직의 초기 발전에 있어서 가장 필요한 것 중의 하나는 개개인의 야망을 초월한 공통의 목표를 설정하는 것이다. 미션에 대한 공통의 인식은 개개의 구성원들을 조직으로 통합하는 중심적인 가치가 되며, 실제로 이를 통해 조직 구성원들은 공식적인 통제 없이도 조화를 이루어 협력하게 된다. 필 나이트는 "한 팀이 업무를 수행하고 있을 때, 전체 구성원이 속도를 높이

▌그림 2-1▐ 학습조직

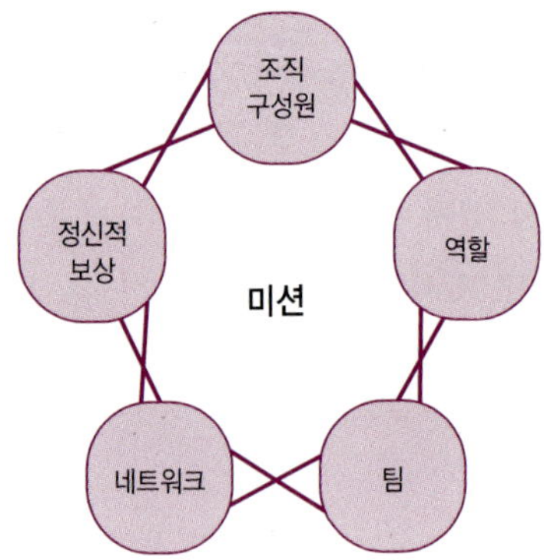

게 되고, 결국 하나의 과정 속에 있게 된다"고 말하곤 하였다.[13] 신생 조직의 개척자들은 서로 보고 실제로 행동하는 것에 의해서 공동체로서의 가치를 배우며, 곧 이러한 행동양식은 이야기로 만들어져 회사 전체로 퍼져 나간다. 부시맨의 신화처럼 이러한 이야기들은 과거에 행하였던 경험들의 진수를 담고 있는 동시에 조직이 구성원들에게 제공해야 하는 최상의 것이 무엇인지를 말해 준다. 부시맨의 경우와 마찬가지로 그러한 이야기들은 조직 구성원들로 하여금 자신들의 행동과 경험을 공유하면서 자신들의 삶에 의미를 가져다 주는 것이다.

미션에 대한 공통의 인식은 종종 창업자가 가지고 있는 미래의 비전에 의해 강화되기도 한다. 비전은 일반적으로 초월적이고 거대한 목표라고 일컬어진다. 예를 들어, 초창기 나이키의 미션에 대한 공통의 인식, 즉 비전은 "스포츠를 통한 삶의 질 향상"이었다. 다소 추상적으로 들릴지도 모르겠지만, 나이키의 이러한 비전은 "진정성"(authenticity)에 대한 헌신적인 노력 및

13) Katz(1994), 307쪽.

의식 있는 스포츠 스타들에 대한 애정과 조화를 이루었다. 일리 나스타세(Ilie Nastase), 안드레 아가시(Andre Agassi), 존 맥켄로(John McEnroe)와 같은 테니스선수들이 바로 "나이키 사람들"이며, 특히 맥켄로의 반엘리트주의적이고 반체제적인 태도는 나이키의 진정성의 추구와 컨트리 클럽(country club)에 대한 적대감을 잘 나타내 주었다. 초창기부터 나이키는 고객들의 가슴에 남아 있는 선수들을 후원하기 위한 "선수들을 위한 회사"였으며, 1977년에 처음 공식적으로 등장한 나이키의 비전은 문자 그대로 "끝은 없다"(There is no finish line)였다.

사냥꾼에서 정착농으로: 미션의 전략화

많은 독자들은 구성원 간의 신뢰가 신생 조직에서 대단히 중요한 위치를 차지하고 있으며, 미션 또한 마찬가지라는 데 동의할 것이다. 그러나 대부분의 사람들은 어떤 조직에서건 전략은 자동적으로 발생한다기보다 외부적으로 형성되고 부여되는 것이라고 생각할 것이다. 실제로 대다수의 북미 경영대학원에서 지난 30년 간 이렇게 가르쳐 왔다. 표면적으로는 나이키 사례에서도 이를 뒷받침해 주는 증거를 찾을 수 있다. 여하튼 운동화는 독일보다 극동 지역에서 생산해야 한다고 제시하는 필 나이트의 논문이 1962년에 스탠퍼드대학에서 나온 이래 나이키에 대해 다룬 많은 논문들이 쏟아져 나왔다. 하버드의 사례 연구 또한 "나이키의 경우는 대학원 논문에 불과한 것을 기업으로 일구어 단숨에 10억 달러를 벌어들인 신화적인 창업의 성공 사례"라고 하면서, 전략은 외부에서 주어지는 것이라는 것을 다시 한 번 강조하였다.[14)]

14) Christensen and Rikert(1985b), 1쪽. 경영학 논문에서 기업가적 성공의 원인을 합리적 사고 과정

그러나 이렇듯 논문에서 설명하고 있는 통찰력은 전략이 아니며, 그것은 대개 미래의 비전을 만들어 주는 동향을 인식하게 해 주는 것이었다. 확실히, 논문은 앞으로 어떻게 나아가야 할지에 대한 지침을 제공해 주지는 않지만, 통찰력을 제시함으로써 많은 사람들에게 의미가 있었다. 나이키의 연속되는 성공에서 논문의 역할은 회사에서 무슨 일이 일어났는지 외부인들에게 설명해 주는 의사소통 장치로서 회사가 하고 있는 일을 합리화시키는 것이었다. 그것은 나이키의 계속되는 성공을 설명하는 논리가 되었으며, 이를 통해 거래은행이나 부품 제조업자들을 설득할 수 있었다.

하지만 이 책은 학습조직에서는 전략이 출현한다는 사례를 다룰 것이다.[15] 조직이 공유하고자 하는 목적, 즉 미션을 정립하고 명확히함으로써 조직의 응집된 행동은 체계적 기반을 갖추게 되며, 원인과 결과에 대한 지식을 습득하면서 조직에서의 행동은 합리화된다. 사람들은 자신들의 행동을 정당화하기 위한 논리구조를 찾아 호소하기 시작하며, 지속적으로 성공한 행동양식을 되풀이한다. 이처럼 조직의 행동이 응집되면서 개념화된 양식들은 전략이라 이름 붙여지고, 확인되는 것이다.

신생 조직의 초기 전략은 이미 성공적인 것으로 증명된 행동들을 확인하고 명확화하기 위해 되돌아보는 과정 속에서 형성된다.[16] 전략은 미션과

에서 찾으려는 노력은 만연되어 있다. 피터 드러커(Peter Drucker, 1955)는 이러한 관점을 반대한 사람 중 크게 영향을 끼친 학자였다. 그는 거의 40년 전 시어스(Sears)의 소매업 진출을 분석하면서, 시어스의 결정을 우드(Rober E. Wood)의 소매업 진출 이론을 통해 설명하는 방식으로 반대 관점을 드러냈다. 물론, 우드의 미국 인구센서스 데이터에 관한 이슈를 이해하려는 노력(그리고 1910년대의 파나마 인구센서스에 대한 동일한 기회를 가졌던 것)은 시어스의 소매사업 진출 결정을 합리적으로 설명하는 데 도움이 되기는 하였으나, 시어스(및 우드가 당시 연구하였던 또 다른 업체인 Wards)는 1920년대 대공황 당시 현금유동성 위기를 겪으면서 최초 소매업 진출을 결정하게 되었다는 증거 또한 존재한다. 창고에 재고가 늘어나자, 거리에 가판대를 세우고 필사적으로 재고를 줄이고자 하였다는 것이다(Worthy, 1984).

15) 전략의 등장방식에 대해서는 나의 견해와 Nadler and Tushman(1988)의 견해 사이에 차이가 있는데, 나는 조직이 발전해 가는 과정에서 비공식적인 조직의 현저한 역할 증대와 함께 전략이 등장한다고 보는 반면, 그들은 전략이 조직에 앞서서 존재하며 비공식적인 조직은 조직화의 과정 속에서 등장하고 그 결과 변화에 있어서 이성적인 행동과 안정성이 중요하다고 한다.

16) Weick(1979), 31쪽. "회상적 의미 형성"(retrospective sensemaking)이라는 개념은 본래 와익이 사용한 것이다. 본래 이 개념은 내가 본문에서 제시하였던 개념보다 훨씬 복잡한 것이며, 와익의

엄연하게 대응을 이루며, 미션이 제대로 힘을 발휘할 수 있게 해 준다. 미션과 그것이 반영하고 있는 가치가 "나침반"과 같다면, 전략은 "지도"인 셈이다. 나침반은 미지의 지역에서 전반적인 방향감각을 제공해 주며, 지도는 그 지역에서 실제 맞닥뜨릴 것들과 중요하다고 여겨지는 것들을 알려 준다. 그래서 전략은 새로운 방향으로 시도되지 못하고, 과거로 거슬러 올라가 그것을 합리화시키는 데 머문다. 합리화 과정은 사람들 간의 이동을 제한하고 조직의 모든 요소에 한계를 둠으로써 완성되는데, 이러한 제한들은 성공을 영속시키고 일상적인 수행 과정을 보다 효과적으로 만들어 준다는 더할 나위 없는 이유로 뒷받침된다. 조직의 학습에 기초한 이러한 제한들로 인해 신생 학습조직은 성과조직으로 전환된다. 즉, 사냥꾼의 사회적 역학관계가 정착농 스타일로 바뀌기 시작하는 것이다.

전략의 등장과 함께, 학습조직에서 많은 시행착오를 겪으면서 얻은 교훈들은 계층적인 구조 안에서 반드시 따라야만 하는 규정과 같이 되어 버린다.[17] 사람들은 이제 공유된 비전이나 미션에 따라 미래로 나아가는 것이 아니라, 조직과 전략이란 추진력으로 성공적인 과거를 거울삼아 나아가고 있다. 이 장의 앞부분에서 밝혔듯이 학습조직에서 개인이 겪은 다양하고 역동적인 경험은 정형화된 지침으로 확고해지기 시작한다.

설명에 의하면 본 개념은 다음과 같다.

> "전경-배경 배치(Figure-ground arrangement)에서 애매하게 보이도록 의도된 상을 본다고 생각해 보아라. 특정한 형상으로 선택하여 인지되는 과정은 '그림 뒷배경에서 해석 가능한 일군의 형상을 끌어내는 과정'('애매하게 보이는 상'의 정의는 여러 가지로 해석 가능하다)과 '합리적 수준의 명확성을 주면서도 지속적으로 그렇게 보이는 일련의 형상과 배경들의 조합들을 안정화'시키는 두 가지 과정이 포함된다. …어떤 지도들은 심리적 지도(mental maps)가 애매함을 감소시키는 데 도움이 되는 것들도 있는 반면, 오히려 애매함을 증가시키는 경우도 있다. 그러므로 도움이 되는 지도들은 선택이 되고, 그렇지 않은 지도들은 제거된다"(Weick, 1979, 131쪽).

17) Argyris and Schon(1978)은 "코드화"(encoding)의 개념으로 제시하였다.

역할에서 과업으로

신생 조직의 구성원에 의해 일단 정해진 역할은 이제 직무 설명과 표준화된 작업 과정에 의해 규정되는 과업이 된다. 필요한 기술들은 더욱더 잘 받아들여지고, 성과는 확립된 기준으로 측정될 수 있다. 사람들은 직무에 따라 정밀하게 선별 가능해졌으며, 조직 사이를 이동할 경우 그들이 있던 자리는 비슷한 능력을 가진 사람들로 대체되었다. 초창기에 사람들은 조직의 미션에 대한 열정적 신념을 가지고 있다는 이유만으로 고용될 수도 있었으며, 기술적 능력은 부차적 고려 사항이었다. 이제 그들은 특정한 기능을 수행하고, 지정된 업무를 달성하기 위한 도구적 이유로 고용된다. 조직이 확실한 성과를 얻는 데 필요한 기계적 절차와 기술에 몰두하면서 이상은 부차적 고려 사항이 되어 버리고, 마침내 설립자들의 최초의 열정은 퇴색하기 시작하는 것이다.

초기 나이키(당시 블루리본스포츠)는 전문가를 채용할 만한 여유가 없었다. 좌우지간 당시 전통 산업계는 전문적 지식이나 기술을 가진 사람을 별도로 고용하기보다는 단지 그 업계에 관심이 있으며, 다방면의 지식을 가지고 갖가지 일을 해낼 수 있는 사람을 고용하였다. 그러나 사업이 번창할수록 작업들은 보다 전문화되고, 효율성이 주된 관심사가 되어 버렸다. 필 나이트는 "열정만으로 덮을 수 있는 잘못은 많지 않다"고 하였는데, 나이키는 특정한 기술과 전문지식을 갖춘 경영자를 고용해야만 하였다.[18)]

팀에서 구조로

성공을 거둔 조직이 성숙하여 기계적 절차들이 규정되고 각 요소들이

18) Christensen and Rikert(1985a), 3쪽.

분석되면 과업 자체와 그 성과에 대한 책임은 세분화되어 과업의 반복을 보장하기 위해 고안된 공식적이고 계층적인 구조에 파묻혀 버린다. 참여적이고 다양한 기능을 가진 팀들은 점차 규율, 절차, 공식적 계획수립 과정 또는 계층구조에 따른 관리로 그 활동이 조정되는 전문화된 부서로 바뀐다. 이러한 계층구조는 공식적 조직구조에서뿐만 아니라 기술에서도 역력하게 드러났는데, 기계적 절차가 제조 과정에 묻혀 버렸고, 데이터 처리 시스템이나 설비시설의 형태로 구체화되었다. 모든 복잡한 조직은 그 생존을 위해 (관료제와 구분되는) 계층구조를 필수적으로 수반한다. 이는 조직 운영을 위해 매일 자동적으로 일어나는 다양한 활동들을 잠재의식 속에서 기계적 절차로 단순하시키고 점진적으로 통제하는 것을 반영한다. 이러한 활동들을 잠재의식 속에 묻어 놓지 않는다면, 경영은 조직 내에서 발생하는 일탈행동들을 발견하고도 어쩔 도리가 없을 것이다. 요컨대, 복잡한 시스템 속에서 계층구조가 성공적인 조직의 필수요소라는 것은 역사적으로 증명되었으며, 현대 조직 또한 계층구조를 갖지 않고 성공하는 것은 불가능하다.[19)]

성숙한 조직의 노화 과정(aging process)에서 가장 중요한 결과는 계층구조의 출현일 것이다. 계층구조는 조직에서 사람들이 유용한 재화와 서비스를 생산할 수 있도록 생산과정과 기술을 통제하는 데 기본적인 요소인 동시에 생산 과정, 기술, 재화 및 서비스를 쉽게 바꾸지 못하게 하는 결정적인 제약요소로 작용하기도 한다. 나이키의 창립자가 조직이 공식 구조화되는 것을 막기 위해 고군분투한 것은 그들의 성장과 성공이 점차 그것을 피할 수 없게 되었다는 것을 보여 준다.

> 초창기에 우리의 특성은 조직화되어 있지 않다는 데 있었으며, 이것은 당

19) 여기서 말하는 "계층구조"(hierarchy)란 톰 피터스(Tom Peters)가 말하였던 그것과는 다르다. 내가 이해하기로는 그는 "계층구조"와 "관료제"를 동일한 개념으로 설명하고 있다. 그러나 나는 그것을 시스템의 관점으로 이해하고 있다. 본 관점에서 보자면, 복잡한 조직은 "계층구조"라는 시스템 없이는 존재할 수 없다(Simon, 1969).

시 굉장한 접근방법이었다. 우리는 훌륭한 "관리자"보다는 뛰어난 팀 구성원 내지 임무 수행자를 필요로 하였다. …그러나 모든 것이 변해 버렸다. 이제 사업은 너무나도 크고 복잡해져서 필 나이트뿐만 아니라 그 어느 누구라도 예전과 똑같은 역할을 할 수 없게 되었다. 우리는 사업에 대한 손끝 감각을 잃고 말았지만, 그럼에도 불구하고 일들을 정형화시키지 않았다. 우리는 우리에게 구조와 시스템이 없으며, 우리가 전처럼 효율적이지 못하다는 것을 알게 되었다.[20)]

네트워크가 시스템으로

조직이 성숙할수록, 풍부한 정보를 만들어 내는 기능을 하였던 신생 조직의 촘촘한 네트워크가 점차 약화되고, 획일적인 정보를 생산해 내는 시스템으로 대체된다.[21)] 비공식적인 "소문"(grapevine)들은 본래 학습 네트워크의 유물로서 살아 남겠지만, 그 기능은 직접적인 의사소통 기회의 부재로 제한될 것이다. 완전한 공식 조직에서는 공식적 계층구조의 구성원들이 소문의

20) Christensen, Rikert, and Roberts(1985), 3쪽.
21) 북미에서 "경영정보"는 "정보이론"과 "이를 컴퓨터상으로 구현하는 것"이라는 개념이 지배적이었다. 그 결과 우리는 정보(information)와 의미(meaning)를 명확히 구별하지 않게 되었다. 노나카(Nonaka)는 구문적 정보(syntactic information)와 의미적 정보(semantic information)로 구분하는 의미 있는 구분법을 내놓았다.

> "구문적 정보란 정보에 어떠한 내재적 의미도 부여하지 않는 양적인 형태의 정보를 말한다. 섀넌(Shannon)의 의사소통 이론은 이러한 형태를 띠는 정보의 기본적 속성을 비트로 측정되어지는 '상징적 정보'(signal information)로 정의하고 있다. 전화요금 고지서는 대화의 내용(의미)이 아니라 대화가 일어난 시간의 길이로 요금을 부과한다. 이러한 정보처리체계에서는 주로 정보의 양적 측면을 다룬다. …반면에 의미적 정보는 실질적 의미 측면을 연구한다. 실질적인 측정이 불가능하다 하더라도 우리의 인식과 의미결합 과정을 변화시키는 것은 정보의 정성적인 측면이기 때문이다. …새로운 의미는 사건을 해석하는 새로운 관점을 제공한다. …정보를 조직하고 해석하는 새로운 측면 …구문적 정보와 의미적 정보를 완벽하게 분리할 수는 없다. 대부분의 구문적 정보는 …일상적 정보로 인식될 수 있으나, 어떤 특정 단계를 넘어서게 되면 정보의 새로운 측면들에 관한 실마리를 제공하기도 한다. 일단 일상적이고 의미적 정보로 인식이 된 후, 해당 정보는 구문적 정보가 된다. 이러한 단계를 거쳐 구문적 정보는 점차 기계화되고 인간은 더 많은 노력을 비일상적 정보를 받아들이는 데 사용할 수 있게 된다"(Nonaka, 1990a, 78쪽).

내용과 경로를 "뜬소문 내지 술책" 정도로 흘려 버릴 수도 있다. 즉, 소문은 이미 확고하게 정립된 조직의 정체성을 위협하는 것으로 여겨질 것이다. 광범위하고 흩어져 있는 구성원 사이에서 초창기의 친밀하던 동료의식을 찾는 것은 더 이상 쉬운 일이 아니다. 비록 초창기 설립자들이 남아 있을지라도 구성원들이 흩어질수록 구성원 간에 서로 덜 만나게 되는 것은 필연적인 것이다. 정보는 점차 미리 설정한 목적과 기준으로부터 일탈하는 행동을 발견하기 위한 통제의 목적으로 이용된다.

조직과 환경은 이제 명백하게 분리되어 있다. 조직은 뒤범벅되어 있는 의미를 정리하기 위한 일련의 방식을 구축해 가면서 환경의 어떠한 측면에 관심을 가져야 하며 어떠한 측면을 무시해도 좋을지에 대해 학습해 왔다.[22)] 이와 같은 인식구조, 즉 "현실"의 해석은 대부분 전략 또는 "우리가 몸담고 있는 사업"의 정의 등을 가장하여 조직의 정체성에 편입되기 시작하는데, 인식구조를 무효화시킬 수 있는 명백한 증거에 직면하더라도 조직의 자기참조 과정(self-referring process)은 이를 유지하려는 경향을 갖게 된다. 이러한 일은 1980년대 초반에 에어로빅 체조용품 시장에 리복(Reebok)이 진입하면서 공격을 받은 나이키에서도 발생하였다. 나이키는 시장의 잠재력을 완전히 잘못 판단하여 무경쟁시장으로 단정지어 버렸다. 그것의 남성적이고 운동선수 같은 이미지와 진정함에 대한 열망은 "나이키는 에어로빅 따위나 하는 하급생들의 운동화는 절대로 만들지 않을 것이다"라는 실수를 하는 데 결정적인 역할을 하였다.[23)] 1981년부터 1987년 사이에 리복의 판매는 거의 1,000배 가까이 증가하였는데, 나이키가 이를 따라잡고 선두를 다시 차지하

22) Kelly(1963), 8~9쪽. 켈리는 "인간 개인"의 측면에서 이를 다음과 같이 해석하였다.

> "인간은 자신만의 투명한 패턴이나 템플릿을 통하여 세상을 바라보고, 그 패턴이나 템플릿에 '맞추어' 현실을 바라보고자 한다. 그러나 그 '맞춤'의 과정이 언제나 적절한 것은 아니다. 그러나 패턴 없이는 인간이 바라보는 세상은 아무 의미도 발견할 수 없는, 다른 것과 구별되지 않는 것이기에, 잘못된 패턴이라도 가지고 있는 것이 전혀 없는 것보다 더 도움이 된다고 할 수 있다"(Kelly, 1963, 8~9쪽).

23) Katz(1994), 106쪽.

는 데까지는 수 년 간 엄청난 노력을 들여야만 하였다.

정신적 보상에서 물질적 보상으로

조직의 물질적 성공이 점차 커질수록, 초기에는 비공식적이고 심리적인 보상이 증대되다가 마침내 공식적이고 객관적인 보상 시스템에 따른 금전적 보상이 이를 전부 대체하게 된다. 과업은 완전히 규정되고, 일련의 기술들은 명확해지며, 목표를 향한 절차들이 부여된다. 공식적 직무평가 절차는 공식적 계층구조의 모든 단계에 도입된다. 그리고 경력 경로 또는 경력 계획 수립이 가능해진다. 또한 성공적인 조직의 구성원들은 성공을 좇는 가시적인 장치들을 만들어 축적하기 시작한다. 고참(old-timers)들은 신참(newcomers)들과 구분되기를 원하는데, 이는 보상 배분을 위한 공식 절차의 진전을 가속화시키고, 미묘한 차이에 새로운 순서를 추가할 것이다.

1982년 나이트가 회장으로 취임하였을 때, 회사의 무질서한 관행들을 정형화하고자 시도한 적이 있다. 그간 구성원들이 대우받던 방식에서 새로이 나타나는 모순들을 가려 내기 위해 정책 및 절차 수립을 위한 위원회가 구성되었다. 가장 말이 많았던 문제는 급여정책이었는데, 이는 "임금은 직무가 아닌 개인에 따라 지급해야 한다"(pay the person not the job)는 사고에 기반을 두고 있었다. 이것은 기업과 산업이 발전해 갈수록 구성원들의 동요는 별론으로 하더라도 시스템 전반에 걸쳐 불공평한 상황을 만연시켰으며, 경쟁사들이 나이키 근로자들을 "낚아채도록" 만들었다. 물론, 경쟁사들의 진입은 성숙기 산업에서 나타나는 특성이기 때문에 초창기에는 문제가 되지 않았다. 마침내 나이키는 이러한 문제점들을 해결하기 위해 헤이 시스템(Hay system)1951년 미국의 Hay Group에서 다양한 직무의 가치를 일관성 있고 공정하게 평가하고 그에 따른 임금을 설계하기 위해 고안한 직무평가기법과 같은 공식적인 시스템을 도입하기로 결정하였다. 여유로운 분위기가 억눌리기 시작한 것이다.

구성원의 변화

이 장의 도입부에서 조직의 구성요소에 관해 논의할 때 나는 구성원으로부터 출발하였다. 왜냐하면, 조직을 활발하게 움직이게 하는 맨 첫 단계는 구성원들이 아직 개척하지 않은 기회를 포착하여 활용하기 위해 함께 부딪히는 것이기 때문이다. 이제 미션이 전략화되어 가는 변화에 관해 이야기하면서, 나는 또다시 구성원으로 마무리를 짓고자 한다. 왜냐하면, 구성원은 조직의 변화에 있어 가장 최후에, 가장 더디게 변화하는 요소이기 때문이다. 시작부터 조직에 머물러 온 구성원들에게 변화라는 것은 과거에 그들이 사용하던 방식이 아닌, 단지 수많은 지침들에 불과한 것이다. 자기들이 만들어 낸 기계적 절차에 염증을 느끼고 돈도 어느 정도 번 설립 멤버들은 종종 여유를 찾아 떠나기로 결정하는데, 그들의 자리는 대개 전문적 관리자들이 차지하게 된다. 이제 구성원은 조직의 동일성에 아무런 영향을 미치지 않고서도 심지어 최상위층에서조차 대체 가능해졌다.

그러나 전문적 관리자의 출현에도 불구하고 조직은 대개 "사라진다." 새로운 관리자들은 이제 막 조직에 발을 디딘 상태에서 강력한 야심과 목적의식을 외부적 맥락에서 전개시킨다. 그들은 통상 조직문화에 대해서는 둔감한 편인데, 경영대학원에서 배웠거나 다른 조직에서 경험한 훌륭한 기술을 장식 삼아 효율성과 성과에 초점을 강하게 둔다. 조직의 새로운 구성원 사이에서는 과거에 대해 그 어떤 공유된 기억도 없으므로 기억에 대한 본래의 의미에 다가가는 것은 불가능하다. 제도화된 질서, 즉 가치보다 지식에 중요성을 두는 작용을 설명하고, 그 정당성을 증명하기 위해서는 합법화 과정이 필요하다.[24] 또한 조직의 비전과 가치, 더 나아가 상급자의 경영이나 관리에 관한 문제는 묵시적이며, 더 이상 논의의 대상이 아니게 되어 미션

24) 이러한 과정은 Berger and Luckmann(1980)에서 잘 나타나 있다.

의 공유가 전과 같이 생생하지 않게 되었다. 이제는 성과가 모든 활동의 근본적인 초점이 되어 버린 것이다.

나이키가 이러한 현상으로부터 영향을 받지 않은 것은 아니다. 설립 당시 멤버였던 제프 존슨은 1982년 나이키를 떠나면서 이렇게 말하였다. "나는 내가 더 이상 도움이 되지 못한다고 생각한다. 나는 관리자가 아니다. 지금 조직에서 원하는 것은 관리자이다."[25] 1988년까지 1981년에 회사와 함께 해 오던 모든 부회장들이 떠났다. 몇몇은 나이키가 상장되면서 팔아 버린 주식 덕분에 부유하게 은퇴하였지만, 몇몇은 주식 분배 또는 다른 사람들이 획득한 이익의 액수에 불만을 느꼈을 때 떠났다. 부시맨과 같이 그들이 아무 것도 갖고 있지 않았을 때에는 모든 것을 나누어 가졌다. 오히려 풍요로운 시기를 맞이하자, 불공평은 상처가 되어 곪아 터지고 그들을 분열시켰다.

초라한 천막에서 화려한 궁전까지: 성과가 성공으로 이끌다

그림 2-2를 보면 전략을 구성하는 모든 요소[26] – 조직 구성원, 과업, 구조, 시스템, 보상체계 – 가 각각 성과를 유인으로 상호관계를 이루게 되는데, 이는 학습을 유인으로 상호관계를 형성하는 학습조직과 매우 유사하다.[27]

이제 조직은 스스로를 복제할 수 있다는 맥락에서 성숙하다고 볼 수 있는데, 조직은 그 자체를 복제할 수 있는 비법을 가지고 있다. 주어진 조건을

25) Strasser and Becklund(1991), 491쪽.
26) 성과 모델은 Galbraith(1977)에서 연유하며, 학습 모델은 성과 모델을 구성하는 요소들과 상대되는 각각의 요소를 찾아 내는 과정에서 연구되었다.
27) "초라한 천막에서 화려한 궁전까지"(From tents to palaces)란 말은 Hedberg, Nystrom, and Starbuck(1976)이 집필한 기사에서 유래되었다.

그림 2-2 성과조직

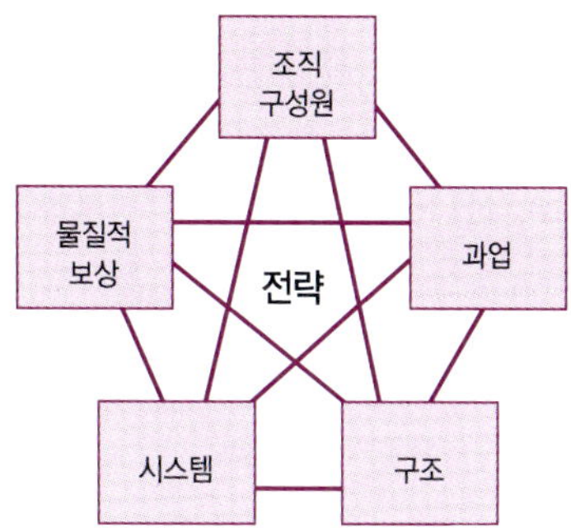

충족한다면 성과조직은 지리적인 확장을 통해 상당한 성장을 할 것이다. 이 과정에서 조직은 사회의 보수적인 기관들과 심하게 부딪히며 점차 뒤엉키게 될 것이다. 이 조직은 곧 주식시장에 상장되고 그럼으로써 지역사회의 주요 세력으로 자리하게 될 것이다. 그렇게 되면 조직의 최고관리자들은 지역 사회단체 위원회의 일원으로 발탁될 것이다. 이어서, 벌어지게 되는 일련의 사건들을 겪어 나가면서 조직은 이를 둘러싼 사회가 요구하는 지위에 부응하기 위해 점점 사회화될 것이다. 사회화의 길로 접어든 가장 결정적인 요인은 조직이 주식의 발행이라는 직접금융의 길을 택하기 시작하였기 때문이다. 성장을 위해 보다 다양하고 확실하게 자금을 조달하는 것은 조직의 외형을 키우는 데 필수불가결한 요소이며, 이것은 얼마만큼의 새로운 주주를 확보할 수 있는지에 따라 결정되기 때문이다.

이사회, 명료한 전략들, 분기별 수익, 그리고 연간보고서 및 법률 규정 등은 모두 이전에는 단 한 번도 요구되지 않았던 것들이었지만 이제는 없어서는 안 될 중요한 요소로 다루어지게 된다. 한편, 주고받는 관례에 따라 외부 기관의 관리자 가운데 일부에게 이사회 자리를 내주게 되는데, 이는 그들이 조직에 가져다 줄 수 있는 외부적 자원의 지원이 필요하며 그 영향력의 중요성을 보여 준다.

과거 신생 조직에 불과하였던 기업이 일어서게 되면 동시에 그 산업 전체가 성장하게 된다. 이는 우리에게 친숙한 세계적인 기업 나이키의 경우를 보면 알 수 있다. 1970년대 후반까지 나이키는 스포츠용품 산업의 붐을 일으켰다. 나이키에 함께 있던 동료가 아비아(Avia)와 같은 경쟁회사를 차렸고, 그들 기업은 서로 경쟁자가 되어 스포츠용품 산업을 일으켰다. 이 과정에서 한때 독점적이었던 기술들과 독창적인 것들은 점차 산업의 표준이 되어 갔다. 그리고 새로이 기업에 속하게 되는 사람들은 그들의 일과 직접적으로 관련성이 있는 경험을 가진 사람들로 구성되었다. 그들은 혁신과 창조를 위해 그 곳에 존재하는 것이 아니라 다만 주어진 일을 수행할 뿐이다. 이제 조직은 더 이상 독립적인 역할을 하기가 어려워진다. 마치 거대한 패턴을 그리는 태피스트리(tapestry: 벽걸이 융단)의 실들이 한 올 한 올 촘촘히 짜여지는 것과 같이 사회 전체적 흐름에 맞추어 그 기능을 하는 것과 같아진다.

조직이 얼마나 성장하고 있는가를 가장 명백하게 보여 주는 것 중 한 가지는 조직이 지리적인 위치를 옮기게 되는 것이다. 이는 조직 구성원들의 복리후생의 질이 향상되는 문제라 할 수 있다. 새장처럼 빼곡히 들어서 있는 낙후된 인근의 임시 거처로부터 그들은 벗어나게 되는 것이다. 조직을 위해 돈을 벌어들이고 주주들과 금융기관에 실적을 보고하며 변호사들과 회계사로부터 자문을 얻음으로써 조직을 운영하는 주체들이 가장 먼저 이러한 이동에 대한 논의를 시작한다. 조직은 이제 시장경제의 일부이며 이익 창출이라는 목표 아래 불특정 다수의 경제주체와의 무한 경쟁을 해야만 한다. 그렇기 때문에 조직이 갖는 외적 이미지는 호시탐탐 기회를 노리는 투자자들의 눈을 끌기 위한 중요한 요소로 부각되며 사회적 도덕성 및 합법성 또한 기업을 계속하기 위한 필수요건이 된다. "우리를 위한 것이 아닙니다. 당신이 생각하듯이 그들을 위한 것입니다." 따라서 이와 같은 문구를 만드는 것이 조직의 이미지 및 사회적 위상을 세우는 데 도움이 될 것이며, 여하튼 부동산이라는 좋은 투자대상의 취득으로 유용한 분산투자를 시도한다는 점에서 의미가 있는 일이라고 할 수 있다. 이렇듯 조직은 이동을 시도하게 된다.

나는 이 책의 후반에서 조직의 전형적인 부서 및 사무실의 자리배치가 조직의 개방된 의사소통을 막는 주요한 장애요인이 될 수 있다는 것을 살펴볼 것이다. 흔히 이 문제가 갖는 영향력은 전적으로 과소평가되거나 무시되고 있다. 일례로 조직의 최고 관리부서는 위치상 궤도의 극점 – 바깥으로부터 멀리 떨어진 안쪽 – 에 위치하게 되는데, 이는 관리부서가 조직의 관례를 벗어나는 색다른 그 어떤 무엇과도 접촉할 수 없음을 말해 주는 것처럼 보인다.

1990년대 초반, 나이키는 오레곤주 비버톤 전역에 흩어져 있던 많은 지사들을 한데 모아 자그마치 74에이커(약 90,576평)나 되는 곳에 장엄한 나이키 월드 캠퍼스(Nike World Campus)를 세웠다. 건물들은 모두 훌륭하였으며, 각각의 건물은 나이키의 주요 인사들의 이름을 따라 명명되었다. 이는 사옥이라기보다는 그들을 기리는 신전과 같았다. 건물에는 그들의 동상이 세워지고, 그들의 이력과 생전에 일구어 낸 자취들을 새겨 넣었다. 여기서 사회적 역학관계가 어떻게 작용하는지 의문으로 남는다(과연 이러한 배치(setting)가 사냥꾼들의 개방된 원형주거 형태 또는 정착농들의 구획지어진 방어적 농장주거 형태를 조성할 것인가?). 무어라 말하기에는 너무 이르지만, 회사가 알아차릴 때쯤이면 이미 너무 늦어 버린다. 지난 날에 대한 향수가 새록새록하다. 중세 기사들이 "지난 날이 매우 그립구나…"라고 탄식하는 것처럼 말이다. "솔직히, 초창기 기업가였을 때… 훨씬 더 해볼 만하였다. …우리는 당시 속박 없이 제멋대로 할 수 있는 여지가 있었던 것이다."[28)]

28) Katz(1994), 106쪽.

그렇지만 외부 사람들에게, 호화로운 "궁전"으로 옮겨 가기 전까지 나이키와 같은 조직들은 "성공비결"을 보여 주고자 노력해 왔을 것이다. 또한 이때가 바로 학계에서나 컨설턴트들로부터 성공적인 모델로 인정받게 되고 "더할 나위 없이 훌륭한" 기업으로 선언되는 때이기도 하다. 만약 여기서 나타나는 조직의 진화 단계가 옳은 것이라면 외부에서 관심 있게 지켜 보는 것은 과거 조직의 자취를 담아 낸 화석과 같은 잔재라고 하겠다. 유연성과 융통성을 잃은 조직구조와 기계적 절차들이 굳어져 버린 조직이 갖는 특징적인 행위양식들은 조직이 생성되었던 초기 시절 익혔던 성공적인 전략들의 방향을 알려 주기 힘들다. 살점이 뼈로부터 떨어진 지 너무 오래되어 버린 것이다.

성과 대 학습

독자들은 이제 명백히 알 수 있을 것이다. 만약 성공적인 조직이 진화해 가는 모습이 확실히 설명된다면, 이것은 앞 장을 통해 소개하였던 사냥꾼 집단이 정착농 집단으로 옮겨 가는 것에서 관찰되는 것과 일맥상통하는 점을 찾을 수 있다는 것을 말이다. 극단적으로 말해 학습조직이 성과조직으로 진화해 가지만 이 두 가지 과정은 서로 상충되는 경향이 있다. 학습조직의 역학관계에서는 성과라는 정형화된 일상을 거부하며 성과조직의 요소들을 가로막는 한편, 성과주의 조직은 제도화라는 수단을 통해 학습이 가지고 있는 요소들을 차단시키려 한다. 통제의 범주 또한 각각의 경우마다 다르다. 학습조직에서는 그것이 형성되는 과정을 통해 내부적으로 통제된다. 이는 조직의 비전과 창립이념의 가치를 공유함으로써 가능하다. 한편, 성과조직은 외부적으로 통제되고 성장해 감에 따라 제한되는 범주가 커진다.

투자자들은 아마도 창립주로부터 전문관리자로 경영체제가 이전되는 것에 대해 박수를 치며 환영하겠지만, 여기에는 다음과 같은 위험이 있다. 성과주의 조직구조에서는 기존의 체제를 영속시키려는 관리자가 외부 환경의 미묘한 변화에 바로바로 대응할 수 없게 만든다. 단기적인 성과는 아마도 우수하겠지만 성공의 열매 속에는 실패라는 불행의 씨앗이 숨겨져 있다고 할 수 있다. 그 이유에 대해서는 제5장에서 살펴볼 것이다.

실제 일선에서 이러한 학습과 성과 간의 상호 간섭과 충돌은 경제 전반의 모든 변수들로 인해 훨씬 더 악화되고 있다. 이상적으로 학습의 산물 및 전략은 성과조직에서 받아들여져야 하고, 그러한 성과의 결과들은 학습조직으로 피드백되어 흡수되어야 한다. 그림 2-3은 이를 보여 준다.

최적의 학습효과는 행위와 결과 사이의 시간과 공간상의 격차가 가능한 짧을 때 나타난다. 이는 원인과 결과를 쉽게 관련지어 판단할 수 있기 때문인데, 따라서 시행착오에 유연하게 대처할 수 있다. 그러나 실제 현장에서는 이러한 선순환은 경기의 상승 · 침체 국면에 따라 달라지는 외부 조건에 의해 흐름이 깨지기 일쑤다. 전반적으로 경기가 상승 국면에 접어들었을

그림 2-3 이론상 학습과 성과의 관계

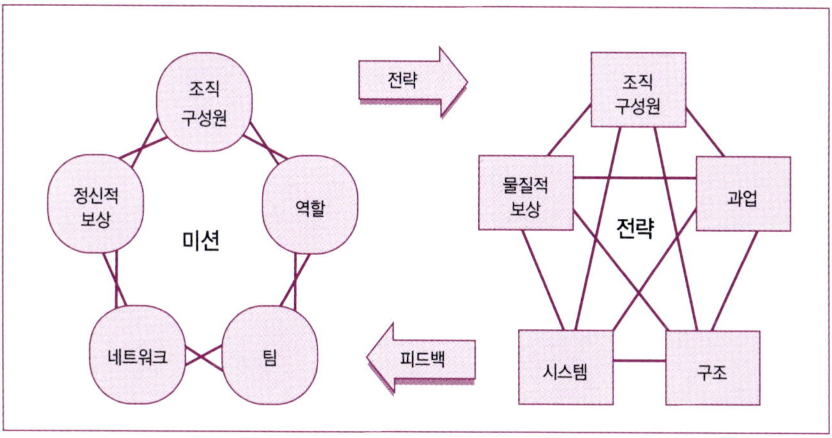

때에는 – 그것이 주기적이든 지속되는 것이든, 경제 전반에 영향을 미치든 일부 산업에 국한된 것이든 – 관리자는 물론 그 밖에 누구이든지 간에 실적이 나타내는 호황의 이유가 경기 상승에 기인한 것인지, 아니면 조직이 가진 경쟁우위에 따른 것인지 판단하는 데 어려움을 겪게 된다. 이는 흔히 경제지의 이슈로 등장하는 것으로 조직 전체의 성공과 실패를 개인의 책임에 의해 결정되는 것으로 일축하는 편향된 귀인 습성성공이나 실패에 대해 자신의 행동에 대한 원인을 귀속시키는 경향을 지적해 낼 수 있는 통찰력을 주는 대목이다. 호황기에 관리자들은 자연스럽게 그들 조직의 우수한 성과에 대해 그들의 능력을 인정받는다. 보상체계가 정상적으로 작용하고, 투자자들로부터 신뢰를 얻게 되면서 그들은 스스로의 능력에 보다 확신을 갖게 된다. 그들이 구사한 전략의 탁월함은 확증되는 것이다.

결과적으로 경기상승기에서는 전략의 유효성 여부를 공정하게 평가하기가 사실상 어렵기 때문에 성과에서 학습으로의 피드백이 작용하지 못한다고 볼 수 있다. 다소 회의적이지만, 관리상의 능력은 계량적 지표에 의해서만 측정될 뿐이다. 이는 재무적 지표가 최우선시되는 조직에서 특히 더 그러하다.[29)]

경기침체기에는 앞서 말한 경우가 단지 반대로 적용될 뿐이다. 이제 조직은 긴 상승 국면에서 취하였던 모든 행동들로부터의 피드백에 따라 지배되고 있을 것이다. 침체 상황이 갑자기 닥치면, 조직은 이를 헤쳐 나갈 수 있는 정보의 부재로 공황 상태에 빠진 채 기존 전략만을 고수하려 든다. 관리자들은 학습 과정을 통해 순환주기를 받아들이는 대신 그들이 할 수 있는 한 최선을 다하기 위해 정신 없이 서둘러 시도를 하게 된다. 물론, 호황기에 달성한 재무적 수치들을 유지하려 한다면 성과를 내기 위한 결단들은 보다

29) "우리가 재무적 지표에만 초점을 맞춤으로써 빠지게 되는 가장 큰 함정 중의 하나는 관리자들로 하여금 자신들이 목표 수치를 충족시키고 있는 한 여타 의견을 일축해 버릴 수 있다고 생각하게 만든다는 점이다"(Eccles and Nohria, 1992, 160쪽).

▌그림 2-4▐ 현실에서의 학습과 성과

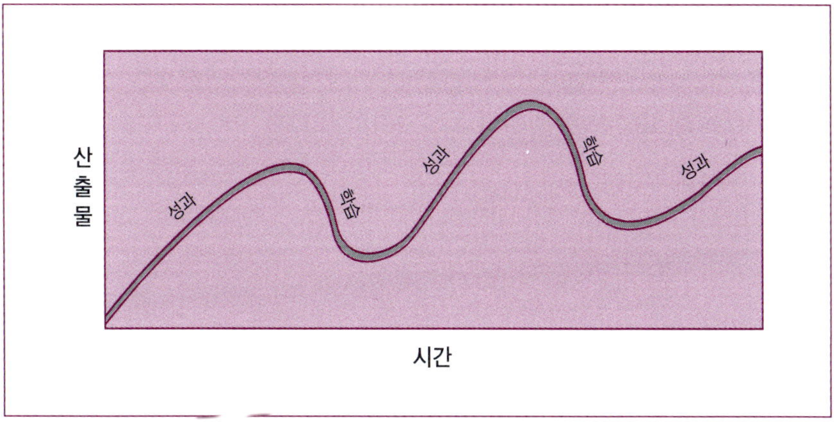

너 급박하게 내려질 것이다.

행위와 결과 사이의 격차가 길고 쉽게 변하는 주기는, 흔히 제조업의 경기순환에서 볼 수 있는, 학습을 효과적으로 달성할 수 있는 유리한 여건이라 할 수 없다. 장기간에 걸쳐 연구된 결과에 따르면 많은 조직들에서 가파른 하강 국면 뒤에는 현저한 상승이 뒤따르는 양상이 명백하게 관찰된다고 한다(그림 2-4). 성과를 유지시키기 위한 관리상의 도전적 행위가 이러한 변덕스러운 진행 형태를 그려 낸 것이다. 여기서 제기되는 핵심적 논의는 이러한 도전적 행위가 단방향적이며 진화적인 과정을 반대로 전환시킬 수 있는가의 문제이다. 즉, 갱신이 가능한 것일까? 정착농이 사냥꾼과 같이 행동하는 것을 다시 배울 수 있을까? 어떻게 하면 가치를 배가시킴과 동시에 이를 이루어 낼 수 있을까? 그리고 현대 상황의 맥락에서 어떻게 접근할 수 있는 것일까?

이러한 주제들은 이어지는 이야기들을 통해 논의될 것이다. 다음 장의 주제는 나이키와는 매우 거리가 먼 사업의 조직갱신에 관한 것이다. 평범한 소비재 상품을 판매하는 성숙한 조직의 이야기가 소재가 될 것이다. 아이러니하게도 훗날 내가 이런 글을 쓰게 됨에 있어, 갑작스럽게 닥친 위기 속에 내던져진 조직에서 일한 경험을 가질 수 있었던 것은 참으로 운이 좋았던 것 같다. 이제 우리의 사업과 생계를 구하기 위해 재탄생을 위한 좁은 길을 찾아 나서야 하였던 나의 이야기를 소개하고자 한다.

Chapter 3

박스와 버블

- 당시 우리는 …
- 찾아온 위기
- 변화
- 새로운 기업문화의 정당화
- 조직변화의 모델

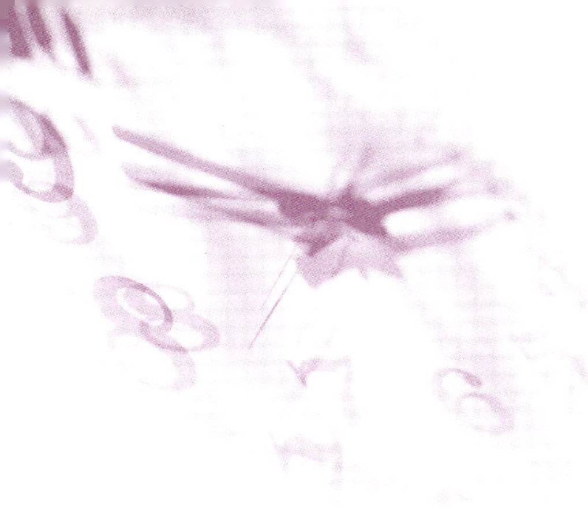

Chapter 3

박스와 버블

이 장에서 다루어지는 사례는 극심한 변화를 겪고 있는 성숙한 조직에서 관리자 그룹의 일원으로 경험하였던 나의 개인적인 회고로부터 시작된다.* 그때 겪었던 경험들을 소재로 하여 이 책을 집필하게 되었다. 여기서 말하는 사건들이 경과하는 동안 나는 우리 조직에서 무엇이 일어났는지 이해하기 위해 당시에 그런 생각의 기회조차 제공되지 않은 채 정신 없이 벌어진 활동들로부터 의미를 찾아 내려고 끊임없이 매달려 왔다. 나는 제2장에서 소개하였던 성과조직과 학습조직의 모델을 가지고 이야기를 전개하고자 한다. 왜냐하면, 그때 우리 조직이 겪었던 일련의 변화된 모습은 어떻게 성과조직이 학습조직으로(최소한 부분적인 측면에서나마) 옮겨 가는가를 보여 주기 때문이다. 이러한 변화를 유발하고 촉진한 계기는 회사가 처한 사업 전반의 심각한 위기 상황이었다. 내가 말하고자 하는 이야기의 구조는 그림 3-1에서 도식화하여 나타냈다.

* 이 장의 내용은 1984년 *Harvard Business Review*(Hurst)에 등재되었던 논문을 완전히 개정하여 재구성한 것으로서, 논문 등재 이후 10여 년 간 새롭게 해석되는 부분들을 되짚어 가감하였고 이 책의 전체적인 맥락과 조화를 이룰 수 있도록 수정하였다.

그림 3-1 성과조직에서 학습조직으로

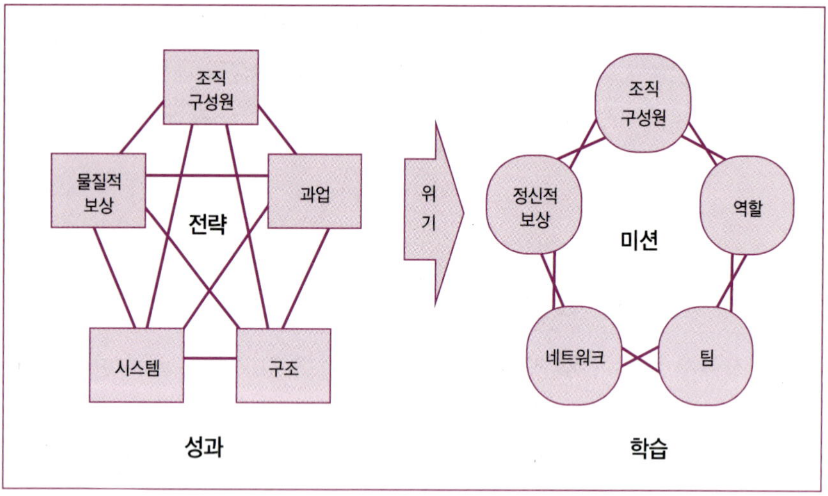

당시 우리는…

1979년, 내가 휴러셀(Hugh Russel Inc.)에 합류하였을 당시 회사는 캐나다계 중소규모의 철강산업재 유통업체였다. 매출규모는 5억 3,500만 캐나다달러였고, 3,000여 명의 직원이 종사하고 있었으며, 16%의 소유지분을 가진 아치 러셀(Archie Russel)이 회장으로 있었다. 사업은 크게 4개 부문 – 러셀철강(Russelsteel)으로 불리던 철강배급사업, 산업재 베어링 밸브 배급사업, 철물도매업 체인사업, 소규모의 제조사업 – 으로 구성되어 있었다.

이 중 철강배급사업은 원래 18~19세기 캐나다로 이주한 여러 스코틀랜드 가문들이 본국과 그들이 이주해 온 특정 지역과의 무역거래가 기원이었다. 이후, 이러한 무역거래가 철강 및 철물을 위주로 하는 전국적인 유통사업으로 확장된 것이었다.

러셀(Russel) 가문 또한 1936년, 한 일가가 몬트리올에 소규모의 철강 공급업체를 설립하기 전까지는 100여 년이 넘는 세월 동안 무역거래를 해 왔던 가문 중 하나였다. 1962년, 회사가 주식시장에 상장될 때 조직은 그야말로 형성 초기의 단순함 그 자체였다. 형제였던 가이(Guy)와 아치(Archie)는 두 명의 관리자와 한 명의 작업통솔자와 함께 경영팀을 결성하였다. 당시 회사는 몬트리올의 작고 허름한 오래된 건물의 한 층에 자리하고 있었다.

그때를 기억하는 사람들이야말로 생성 초기 조직의 모습을 말해 줄 수 있는 진정한 산 증인이었다. 그들은 종종 향수에 젖어 익살스러운 말투로 그들이 얼마나 적은 임금을 받았으며, 얼마나 힘들고 많은 일들을 하였는지 당시의 이야기들을 늘어놓았다. 내게 그들의 이야기는 사회적 역동성을 지닌 사냥꾼인 부시맨 소식을 떠올리게 하였다. 거기에는 어떠한 계층제도 존재하지 않았다. 만약 누군가가 서열을 매기려 한다면, 조직 전체가 이러한 미묘한 변화를 문제삼아 결코 미묘하지 않은 직접적인 방법으로 이의를 제기하여 대응하였다. 모든 조직 구성원 간에는 어떠한 비밀도, 그것이 개인적인 것이든 조직 전체에 관한 것이든, 오랫동안 남아 있을 수 없었다. 당시 러셀철강은 산업에 막 뛰어든 조그만 업체였지만, 직원들은 스스로를 작지만 공격적이며 물불을 가리지 않는 자세로 언제라도 관료적인 덩치 큰 회사를 넘어뜨릴 수 있는 최고의 세일즈맨들이 모인 정예집단이라고 자부하였다. 한 마디로 초창기 러셀철강은 학습조직이 갖는 모든 특성을 그대로 가지고 있었다.

이후 3년 동안 아치 러셀은 온통 사업의 확장과 다각화에 여념이 없었다. 그 결과 회사는 가이 러셀의 지분을 매각하여 실질적으로 아치 러셀이 전보다 더 큰 목소리를 낼 수 있게 되었다. 1965년, 가이 러셀이 일선에서 물러나게 되면서 아치 러셀은 피터 포스터(Peter Foster)를 새로이 경영지도부에 합류시킬 것을 주장하였다. 하버드 경영대학원(Harvard Business School)을 졸업한 항공기술자였던 포스터는 개인 소유의 작은 업체를 경영하기 전까지

피앤지(Procter & Gamble: P&G)에서 15년 동안 근무하였었다. 그는 휴러셀에 부임하여 사업의 다각화를 추진하였다.

회사는 이후 몇 년에 걸쳐 외형적인 성장을 거두었고, 점차 몇 개의 부서로 구성된 관료제 조직으로 변화해 가면서 여러 번의 재조직화(reorganization)가 이루어졌다. 1975년까지 회사는 철강그룹 자체가 여러 부문으로 분리되는 한편, 모기업의 시스템을 모방한 몇 개의 사업부로 나뉘면서 완전히 분리되었다.

회사는 성과지향적 조직으로 구조화되었는데, 앞서 제2장에서 살펴보았던 성과 모델의 전형이라 할 수 있었다. 경영관리는 보다 전문적이고 관료적인 체계를 지향하게 되었다. 각 사업부의 관리자는 통제 범위 내에서 관리하고, 그 내용을 사업부의 최고관리자였던 포스터에게 보고해야 하였다. 직무마다 직무내용을 설명하는 업무매뉴얼이 작성되었으며, 관리방식 및 지침 또한 표준화된 절차에 의해 구체적으로 명시되어 있었다. 회계처리 기준부터 직원의 휴가 사용에 대한 규정에 이르기까지 조직의 모든 업무처리 및 정책을 담은 세 권 분량의 내규편람이 만들어졌다. 관리자는 모든 항목을 통괄하는 회계처리 및 정보처리 시스템을 통해 근로자 개개인이 행하는 업무를 예산 및 계획과 대비하여 평가할 수 있게 하여 실질적인 실적 관리가 가능하도록 하였다. 보상은 철저히 성과 – 순자산수익률(Return on Net Asset: RONA)로 측정 – 에 따라 결정되었으며, 해당 목표실적을 달성하는 개인에게는 기본급의 최고 100%에 달하는 상여금을 지급하였다.

고위 경영자급에서 조직문화는 예의바르지만 엄격한 격식을 요구하였다. 이사회는 아치의 지인들과 조직 내부 간부들로 구성되었다. 아치와 포스터는 그들이 마치 최대주주인 것처럼 조직을 운영해 나갔다. 그들이 본부 외의 관리진과 교류하는 것은 이따금씩 있는 현장답사에 국한되었다. 본부에서는 매해 5개년 중기 경영계획 및 예산편성에 대한 회의가 열렸는데, 이를 통해 각 사업본부에서부터 그 하위에 걸친 내부 부서 및 팀 간의 재무적 목표실적이 조정되었다. 조직의 성과 측정과 성장은 이 회의에서 단연 중요하게 다루어지는 주제였다. 5년에 걸친 중기 경영계획은 사업의 성장 기회, 우선사항 및 성과 달성을 위한 상세한 사업계획(action plan)을 보여 주는 전략적 체계 안에서 수립해야 하였다. 이러한 의사결정 과정은 꽤 합리적이라고 인정되었지만, 관련된 모두에게는 심리적 압박감을 상당히 주었다. 그러다보니 부서 단위의 관리자들은 지나치게 높은 수준의 실적 목표를 잡게 되었고, 이를 달성하다 보면 필연적으로 제품과 서비스의 질이 떨어질 수밖에 없게 되는 악순환으로 이어졌다. 단언하건대, 내가 합류하게 된 1979년에는 조직이 사냥꾼 집단에서 정착농 집단으로 전이하여 자리잡은 지 이미 오래였다. 구성원들은 조직이 현재의 위치를 유지하면서 점진적인 성장을 해나길 수 있도록 선념하고 있었다. 우리 조직과 같은 사업영역에서는 성장이 미미한 수준으로 나타난다. 왜냐하면, (다수의 시장참여자들로 인한) 경쟁과 캐나다 경제의 공업 분야가 성숙 단계에 진입한 속성상 성장이 제약받기 때문이다. 따라서 관리자들은 목표 성장 수준에 다다르기 위해 다른 "정착농"의 사업영역을 공격하여 빼앗는 수밖에 없게 된다. 이를 통해 일단 하나의 사업영역을 차지하게 되면, 대부분 기존에 가지고 있던 사업 가운데 이와 업무기능이 가장 유사한 부문과의 통합을 시도하였다. 규모의 경제를 달성하여 효율성을 보다 높이기 위해서였다.

그러나 그들은 머지않아 초기 투자의 합리적 근거로 내세웠던 규모의 경제가 현실에서 그리 만만하게 달성될 수 있는 것이 아니라는 사실을 깨닫게 되었다. 그럼에도 불구하고 회사는 1960년부터 1970년대 초까지 지속되었던 경제 전반의 호황 기조에 힘입어 외적 규모의 성장은 물론 놀라울 만한 재무적 성과를 기록하며, 그 동안의 모든 경영전략들을 정당화하는 것처럼 보였다. 지금은 일선의 유지운용업무에서 없어졌으나, 당시의 최고경영진은 그들의 그러한 전략이 기본적으로 옳았으며, 관건은 전략의 실행과 관리에 있다고 믿었다.

찾아온 위기

내가 재무부서 기획담당자로 휴러셀에 합류한 지 9개월 만에 우리는 적대적 인수자의 등장으로 풍전등화 신세가 되었고, 맹렬한 입찰전쟁 끝에 인수되고 말았다. 우리의 인수자는 역대 전설적인 부와 능력을 과시하였던 한 기업가의 장남이 경영하는 사기업이었는데, 당시 우리는 마치 롤러코스터를 타듯이 우리의 앞날에 대해 전혀 짐작할 수가 없었다. 뒤늦게 알았지만 당시 사업을 맡은 장남은 아버지의 지원 없이 벤처산업에 뛰어들었을 뿐만 아니라, 회사 지분을 공동으로 소유하고 있었던 다른 두 형제의 어떠한 조언이나 참여도 무시해 버리고 있었다. 그가 이 인수로 인해 오히려 3억 달러의 빚을 지자, 다른 두 형제는 각각 1억 달러의 개인 보증채무를 떠안게 되었다. 그들이 얼마나 불쾌해 하였었는지는 그 당시 있었던 사람들 모두가 알고도 남을 정도였다.

계약 체결 후 며칠 동안 우리는 몰려드는 컨설턴트들과 변호사, 그리고 회계사들로 인해 좀처럼 정신을 차릴 수가 없었다. 개인 주주들이 그들을 위한 조언자를 찾아 나섰기 때문이었다. 6주간의 강도 높은 실사 끝에 내려진 결론은 매각가격이 너무 높게 책정되었으며, 거래 자체도 과도한 차입자본에 의해 이루어졌다는 것이었다. 거래가 이루어졌던 초기, 상대측은 우리와 거래를 하던 은행을 찾아가 자신들의 계획을 보여 주고, 자금을 융통해 줄 것을 요구하였다. 은행에서는 손실 가능성을 생각하지 못한 바는 아니었지만, 거래만 성공적으로 성사된다면 인수자 배후에 있는 막강한 그룹과 끈이 닿을 수 있다는 기대로 고심 끝에 초기의 자금 융통에 조력하였다. 그러나 이후에 나타난 실망스러운 재무수치들과 주주들 사이에서 커가는 이견을 보고 지원을 끊었으며, 자금의 상환을 요구하였다. 그 과정에서 우리는 3억 달러라는 거액의 자금을 급하게 조달해야만 하였다.

단 한 가지 반가웠던 사실은 인수된 후에도 경영에 관한 한 우리가 일익을 담당하고 있었다는 것이었다. 인수사 측은 철저하게 독재적인 시스템으로 경영해 오고 있었는데, 단적인 예로 700명이나 되는 조직원들이 오직 한 명의 관리자에게 업무보고를 하고 있었다. 우리는 아마도 구조조정을 피할 수 없었을지 모르나, 인수조직에서 경영관리팀을 가지고 있지 않았기 때문에 잔류할 수 있었다. 이것이 유일한 희소식이었는데, 왜냐하면 시장이자율은 점점 상승하기 시작하였고, 오래지 않아 캐나다 경제는 곧 깊은 침체의 늪으로 빠져들었기 때문이다.

변화

한 번의 인수를 겪은 후 연이은 또 한 번의 합병 – 우리의 새 주인이 소유하고 있던 다 쓰러져 가는 철강가공 사업부가 휴러셀로 합병되는 – 으로 우리의 의제는 전면 수정되었다. 우리는 치솟는 이자율로 인한 금융 비용, 급락해 버린 매출 수요 앞에서 새로이 주주들과 주거래은행 그리고 신규 사업영역을 찾아 나서야 하였다. 거의 하룻밤 사이에 성장지향적이고 당기순이익 위주의 운영에서 현금에 굶주려 필사적으로 생존하려는 것으로 바뀌었다. 구조조정, 인력 감축, 적극적인 다운사이징(downsizing), 관리계층의 단순화(delayering), 사업별 CEO가 중간 과정 없이 최고경영자에게 직접 보고하도록 하여 업무 효율성을 높이는 것 무수익 자산의 매각, 그리고 기업의 합리화(rationalization)가 이제 우리의 새로운 우선사항이 되었다.

앞 장에서 나이키 사례를 통해 우리는 학습조직에서 성과조직으로 전환되는 과정에서 조직의 구성요소들이 각각 어떻게 변화해 가는지를 살펴보았다. 즉, 역할에서 과업으로, 팀에서 구조로, 네트워크가 시스템으로, 정신적 보상에서 물질적 보상으로, 마지막으로 인적 자원이 변화하는 모습을 구체적으로 살펴보았다. 이어지는 단락에서는 휴러셀의 이와 같은 구성요소들이 어떠한 변화 과정을 거쳐 갔는지를 따라가 볼 것이다. 그러면 나이키와는 반대로 성과조직에서 벗어나 학습조직으로, 다시금 모험적인 전환을 시도하였던 휴러셀을 차례로 살펴보도록 하겠다.

과업에서 역할로

먼저 본부에서 직무를 더 이상 명확하게 구분하지 않았다. 나는 업무분장상 회사의 재무실적 전망과 직접 금융업무 – 주식발행업무를 통한 자본조달 – 를 담당하였으나, 당시 회사의 재무 여건하에서 이 업무를 탁월하게 해내기란 힘들었다. 개인적으로든 조직 전체로든 파산 상황에 직면하였던 우리 모두에게 미래는 위협요소들만 가득한 것 같아 어둡고 희미하게 보였다.

위기를 맞은 분위기 속에서 새로이 최고경영자로 취임한 웨인 망(Wayne Mang)은 – 아치 러셀(Archie Russel)과 피터 포스터(Peter Foster)는 인수계약이 성사되고 나서 회사를 떠났다 – 이러한 상황을 수습하기 위한 대책을 논의하고자 관리자들을 소집하였다. 웨인 망은 철강사업 사업부에서 여러 해 동안 근무하였으며, 휴러셀의 신임을 받던 관리자였다. 정규 교육을 받은 회계사로서 그는 스스로를 "인사관리자"(personnel manager)라 칭하였는데, 인적 자원인 구성원이 조직의 차별화를 이끌어 낼 수 있으며, 이것은 라인 관리(line management)가 얼마나 효과적으로 뒷받침해 줄 수 있는가에 달려 있다는 강한 믿음을 가지고 있기 때문이었다. 갑작스럽게 소집된 회의장에는 조직 내에서 웨인의 신망을 받고 있던 직원들이 모두 모였다. 이들은 전통적 계층제의 직위와는 상관없이 선택된 사람들이었다. 이 날 열렸던 회의에서는 뜻밖의 새로운 사실들이 여러 가지 드러났다. 사실 그 날 소집된 직원들은 예산 심의를 받는 것 외에 다른 목적으로 본부에 부름을 받은 적이 없었다. 그러나 이 날, 그들은 회사가 처한 처절한 상황을 구체적으로 보고받았으며, 처음으로 마치 그들이 조직을 위해 무엇인가 도움을 줄 만한 것이 있는 것처럼 대우받았다. 웨인은 그들에게 간곡하게 도움을 요청하였다.

회의가 진행되는 가운데 우리는 조직이 처한 19가지 주요 이슈들을 나열하였다. 그 중 어느 하나도 단순히 한 분야에만 속하는 문제점이 있는 것이 아니었다. 우리는 이 문제들을 위해 스스로 전담반(Task Force Team: TFT)을 구성하기로 결정하고, 알아서 각 팀의 전담위원을 맡기로 하였다. 나는 여기서 "우리 스스로 팀을 구성하였다"라는 점을 강조하고 싶다. 또한 개인 모두는 어떠한 강압이나 명령이 없는 가운데 자신이 관심을 갖는 분야나 기술적 적성과 연관 있는 팀을 선택할 수 있도록 하였다. 그리고 회의에 참석하지는 못하였지만 도움이 될 수 있다고 생각하는 다른 구성원들을 추천할 수 있도록 하였다. 다만 각 팀의 리더로 하여금 팀 내에서 진행되는 사항을 본부에 보고할 수 있게 하였고, 해당 업무 과정이 허락하는 범위 내에서는 팀 간에 구성원들이 대체 가능하도록 하였다.

그렇게 처음 소집된 회의는 새벽 2시가 되어서야 끝이 났다. 점차 상황이 진전됨에 따라 우리 모두는 각각의 팀에서 회의를 통해 논의되었던 뚜렷한 역할을 맡아 수행하기 시작하였다. 나는 조직의 네트워크를 형성하고, 기능과 조직이 원활하도록 이끄는 역할(facilitator-networker-framemaker)을 맡았다. 나는 여러 차례 회의를 통해 상황의 진척 정도를 파악하고 이에 따른 계획 실행의 시나리오를 세워 나갔다. 그리고 이를 기초로 한 그래픽 자료를 만들어 은행과 부품업체 및 주주들 앞에서 발표하기 위한 정기적인 회의를 주최하였고, 더불어 언론과의 접촉도 수행하였다.

관리자들은 점차 자신들이 여러 가지 일들을 수행해 나갈 수 있는 능력을 가졌다는 사실을 발견하게 되었다. 영업활동 분야에서 온화한 성품의 거인(gentle giant)이었던 알 슈쿳(Al Shkut)은 우리 계획안의 실행에서 탁월한 역량을 발휘하여 그야말로 수많은 사안에서 활동들을 종결하고 축소하고 합리화하였다. 그는 우리의 조직자이며 집행자(organizer-operator-executor)가 되었다. 그의 팀이 알에게 직면한 문제에 대한 일반적인 방향을 제시해 주면 그는 최종기한을 정하는 동시에 책무를 부과하면서 이 모든 것들이 완벽하게 이루어지도록 하는 실행계획을 내놓았다.

웨인은 경영자이자 조정자인 동시에 영감을 불어넣는(entrepreneur-negotiator-inspirer) 역할을 하였다. 그는 1960년대 은행과의 마찰로 불화가 끊이지 않았던 이전 회사에서 겪은 유사한 경험을 통해 예기치 못한 일들이 닥칠 수 있다는 것을 충분히 예상하고 있었다. 한편에는 서로 싸움을 벌이지만 상상이든 실제로든 가족에 대한 외부의 위협에 대항해서는 언제라도 결합할 수 있는 주주와 (그들의) 가족들이 있었다. 다른 한편에는 자신들의 대출이 결코 안전하지 않다는 것을 서서히 깨달아 가고 있는 새로운 은행들이 있었다. 웨인은 카멜레온과도 같은 위기대처 능력을 가지고 있었다. 마치 상대로 하여금 자신이 그 편에 있다는 것을 느끼도록 하는 능력을 말이다. 나는 그의 이러한 경이로운 능력을 회의를 통해, 즉 일명 "다방면을 두루 고려한"(multidimensional)이라 칭하게 된 그의 연설을 듣고 나서 감지할 수 있었다. 그의 연설은 이를 듣고 있는 모든 사람 — 부품업체, 주주 그리고 거래은행 — 편에 선 열변이었다. 연설은 여러 청중이 모두 자신의 관점에 맞추어 이해할 수 있게끔 하기에 충분하였으며, 이러한 느낌은 그들 각각이 내세우는 입장을 이해하고 그 논리를 충족시켜 주고 있음을 보여 주었다. 이는 일종의 속임수와 같이 그들에게 선사하는 미완의 선물이라 할 수 있겠지만, 때때로 우리가 여러 다른 이해관계가 상충되는 정치적 영역에서 합의를 도출해 내어 하루라도 빨리 행동을 취하게 할 수 있는 최선임을 알아야 한다.

제2장을 통해 고찰한 학습 · 성과 조직의 측면에서 보면, 일상적인 틀을 깨뜨리고 직무의 한계를 넘어섬으로써, 우리는 자신이 생각하는 가장 적합한 자리에서 자신의 역할을 찾아 수행할 수 있었다. 또한 최고경영자와 중간관리자들이 보여 준 혁신을 시작으로 하여 전통적인 조직의 관료제가 흩

어지고 각각의 영업을 넘나드는 팀별 조직이 형성되었다. 일부 팀에서는 상위 관리자가 하위 관리자의 지휘를 따르기도 하였다. 부시맨들이 보여 준 수렵부족 모델에서와 같이 현재 조직에서의 리더십이라는 것은 조직이 처한 상황과 이를 해결하기 위해 요구되는 기술의 성격에 의해 보다 광범위하게 적용되고 있었던 것이다.

구조가 팀으로

이제 본사는 새로운 기업정신을 조직화하기 위한 방법으로 교차기능적 프로젝트팀(cross-functional project team)을 활용하기 시작하였다. 낡고 정형화된 조직은 사실상 사라진 것이다. 팀은 시시각각 변화하는 문제들을 처리하기 위해 즉각 만들어지기도 하고, 기능을 다하자마자 해체되기도 하였다. 예를 들어, 우리는 공식 회의를 굳이 열지 않더라도 상호간에 비공식적인 대화를 하는 데 많은 시간을 할애하고 있다는 것을 알았다. 사무실에서 두 사람이 모여 이야기를 나누기 시작하면, 다른 사람들도 오가는 중에 금새 소규모 이야기 집단을 형성하게 되는 것이었다. 후에 우리는 이것을 "버블"(bubbles)[거품이 일어 오르는 것]이라 지칭하였는데, 이는 부시맨이 모닥불 둘레에 모여 앉아 도란도란 이야기를 나누는 풍습과 같은 것으로 볼 수 있다.

버블은 극소주의(minimalist)[가능한 한 적은 수의 단순한 요소들을 통해 최대의 효과를 추구] 조직이다. 여기에는 내부를 외부와 구별시키는 투명한 경계(transparent boundary)가 있다. 버블은 일시적이고, 알기 쉬우며, 유연하고, 대개는 웃고 떠드는 분위기의 구조인데, 손쉽게 같은 편을 만들기도 하고 편을 나누기도 한다. 즉, 이전의 "박스"와는 모든 것이 판이하게 다르다.

나는 웨인이 부회장이 되었을 때, 일부러 사무실을 함께 사용함으로써 다른 사람들이 근무시간에 무엇을 하는지 서로 들으면서 자연적으로 "버블"이 형성될 수 있는 환경을 만들었다. 사람들이 열린 문을 지나갈 때면 손을 흔들어 불러서 이야기를 나누었고, 그 뒤의 사람들이 또 합류하였다. 이러한 활동의 내용은 언제나 우리에게 닥친 난관—회사에 관한 것이든, 개인적인 것이든 간에—을 어떻게 해야 하는지에 있었다. 그것은 진지한 내용이었지만, 분위기는 경쾌하고 열려 있었다. 회사의 운명은 잠재적으로 부정적이었지만, 우리 모두는 적어도 이 사실을 공유하고 있었다. 당시 관련자들 모두는 그때만큼 많이 웃었던 적이 없다고 기억한다. 우리는 우리 자신에 대해서뿐만 아니라 당시 절망적인 상황에 대해서도 웃었다. 엉망으로 자금을 지원하는 거래은행의 어리석음이나 사이가 좋지 않은 주주들의 이해할 수 없는 행동에 대해서도 웃어 댔는데, 그들의 무례한 언행을 완전히 흉내 낼 수 있을 정도였다.

나는 이러한 비공식적인 활동으로부터 만들어진 분위기가 구성원 사이에서뿐만 아니라 거래은행, 부품업자 등 우리가 접촉하는 모든 대상과의 상호작용에 점차 스며들었다고 생각한다. 물론 팽팽한 긴장으로 가득한 고된 회의도 종종 있었지만, 회의 후에는 항상 스스럼없이 논평하면서 "자기 힘으로" 감정을 원상회복할 수 있었다.

웨인이 고함을 치면서 거래은행의 중역과 전화로 열띤 한 판을 벌였던 사건이 있었다. 상대방은 대출 상환을 청구하겠다고 으름장을 놓았던 것 같다. 30여 분 동안 언쟁이 계속되었으며, 열린 문을 통해 웨인의 목소리가 사무실 전체에 메아리쳤다. 대결의 강도가 거세질수록 모두의 긴장감도 높아져만 갔다. 그러나 웨인이 수화기를 박살내듯 내려놓는 순간, 동료 두 명이 스케이트나 체조 경기에서 사용할 법한 커다란 점수카드를 준비해서 기술 부문에서는 "3점"밖에 줄 수 없지만, 예술 부문에서는 "6점"을 주겠다고 하였다. 우리 모두는 박장대소하고 말았다.

우리는 우리가 만든 수많은 전담반에 대한 구성원들의 반응에 깜짝 놀랐다. 처음에는 조직 구성원들이 회사의 자금 형편에 대해 듣게 되면, 대규모로 사표를 내지 않을까 우려하였었다. 그러나 그들은 오히려 전에 없던 열정으로 자신이 맡은 프로젝트에 달려들었다. 우리는 잃고 싶지 않았던 구성원을 한 사람도 잃지 않았다. 과거에는 전략적 계획이 “보안”으로 날인되어 배포도 금지되어 있었다. 그러나 우리는 이제 이러한 방식이 대단히 비생산적이라는 것을 깨달았다. 전담반은 모든 것을 알고 있어야만 하였다. 비밀은 신뢰의 적이다. 구성원들의 반응은 우리가 의사소통의 네트워크를 더욱 널리 펼칠 수 있게끔 고무시켰다.

과거 부서들은 본부를 (합당한 이유로 인해) 전혀 신뢰하지 않았으며, 거리를 두는 것을 오히려 편하게 생각하였다. 이러한 태도는 우리가 걸어 다니면서 구성원들을 설득하고, 그들이 말하는 것을 경청하며, 그들이 중요하게 여기는 것들을 회사의 계획으로 구체화시킴으로써 상당히 완화되었다. 부서원들은 처음으로 자신들이 어떤 안건의 한 항목에 불과한 존재가 아니라고 느꼈다. 담당 부서의 낡은 경계가 흐트러지기 시작하였다.

구조가 변화하고, 조직 내 경계가 흐려진 것을 보여 주는 최고의 예는 아마도 거래은행과의 관계변화일 것이다. 대출이자를 착실하게 납부하고 있던 초창기 거래은행과의 관계는 예의를 다하며, 거리를 유지하는 것이었다. 의사소통은 공식적이었다. 거래은행이 대출금 회수가 어려울지도 모른다는 사실을 깨달으면서 – 이러한 상태까지 오는 데에는 대략 18개월 가량 걸렸다 – 관계는 점차 적대적으로 변해 갔다. 거래은행에서는 우리가 문제를 해결하지 않을 경우 취할 법적 조치에 대해 설명하면서 위협하였는데, 이러한 적대감은 거래은행이 사기 가능성에 대한 조사를 실시하면서 절정에 달하였다(이러한 조사는 은행이 상당한 손해에 직면하는 경우 일반적으로 밟는 절차이다).

우리가 이렇게 어려움을 겪는 중에 거래은행의 담당자는 몇 개월 남짓한 기간 동안 수 차례 바뀌었다. 새로운 담당자를 만날 때마다 우리의 상황을 알리기 위해 노력한 결과, 우리는 은행 내에서 상당한 네트워크를 형성하여 많은 정보와 의견을 공유할 수 있었다. 조사 결과, 사기의 가능성이 불식되고 나서 은행에서는 그들이 어떻게 해야 할지 여론을 모았다. 우리 구성원 모두는 회사가 어떻게 돌아가고 있는지 알고 있었기 때문에 은행에 시종일관 우리의 전망을 제시하였으며, 이에 대해 은행 관계자들과 광범위하게 공유하고 있었다. 이는 은행 내 여론수렴 과정에 절대적 영향을 미쳤으며, 결과적으로 우리와 은행이 함께 풀어 내야 할 문제를 다루는 기업-금융연합(joint company-bank)이 탄생하게 되었다. 외부 관찰자의 입장에서는 이제 기업과 은행 사이의 경계선이 보이지 않게 되었다. 어디까지가 기업의 끝이고, 어디서부터가 은행의 시작인지 모호해진 것이다.

조직화를 위한 기본적 매개체로 비공식적 팀을 활용하는 것은 우리에게 과거 관료제하에서는 얻을 수 없었던 유연성을 안겨 주었다. 구성원들은 당장에 소집하거나 이동할 수 있었다. 모두가 신속하게 움직이기 위해서는 정보를 광범위하게 공유하되 보고는 최소화할 필요가 있었다. 한 팀에서 어떠한 유형의 문제를 경험하였던 구성원은 손쉽게 다른 팀으로 이동할 수 있었다. 구성원 상호간의 대체 가능성은 팀 프로젝트가 진행되고 다양하게 요구되는 기술들이 변화하면서 필수적인 요소로 자리잡아 갔다. 사실상 우리는 수렵유목부족과 같은 기능을 하기 시작하였다. 성과를 향한 팀 앞에 펼쳐진 풍경 속에서 구성원 중 누구라도 쓸 만한 자원을 발견하게 되면, 다른 이들에게 알리고 각자는 지체 없이 제 기능을 하게 된 것이다.

시스템이 네트워크로

우리 조직에는 규정에 근간한 감시를 위한 공식적인 보고체계가 광범위하게 있었다. 경영상 변화를 겪으면서 이러한 시스템 또한 실질적인 변화의 필요성이 생겼다. 예를 들어, 우리는 주 단위로 현금 시재를 파악해야만 하였는데, 이해관계자들은 모두 각자 고유의 형식을 갖춘 정보를 원하는 것처럼 보였으며, 무엇보다도 현금 보유에 관한 사항은 우리의 최우선적 관심사였다. 가령 단기차입금 관리는 현금 회수를 능률적으로 하는 복잡한 결제 과정을 점점 확대해서 봄으로써 그 자체로 과학이 되었다. 그러나 정보 사용에 있어 가장 획기적인 변화는 우리가 전에는 직접 대면한 적이 없었던 이해관계자들에게 설명할 필요성이 생긴 데 있었다.

이것의 주된 원인은 주식거래소에서 계속 매매되고 있는 회사의 우선주 때문이었다. 우리는 주주들로부터 우선주를 다시 사려고 노력하였지만 전부를 되찾을 수는 없었다. 그 결과로 매주 200만 달러 가량의 손해를 보고 있는 때에 매 분기마다 실적 발표를 해야만 하였다. 우리는 부품업자들에게 미리 정보를 제공하지 않는 한 그들이 당황하여 신용거래를 거절하리라는 것을 알고 있었다. 그들의 성급한 움직임은 사업에 치명적인 결과를 안겨 줄 수 있었다.

나아가, 캐나다와 미국 전역에 걸쳐 있는 공장을 폐쇄하기로 결정하면서 우리는 노동조합과 정부기관을 상대로 전혀 다른 방식의 교섭을 해야 하였다. 우리는 사건이 벌어지기 전에 이러한 이해관계자들을 상대하는 것 외에 다른 선택의 여지가 없다는 것을 깨달았다.

나는 앞서 열린 의사소통의 결과로 거래은행과의 관계를 얼마나 변화시켰는지 이야기한 바 있다. 우리는 새로운 이해관계자들에게도 똑같은 효과를 발견하였다. 처음에 주요 부품업자들은 우리가 아직 발생하지도 않은 문제에 대해 그들에게 설명하는 것을 이해하지 못하였다. 그러나 우리는 회사의 생존을 위해 그들의 적극적인 협력이 필요하다는 식으로 계속 입장을 전달하였다. 위기 상황이 되자 우리는 그들의 전폭적인 지원을 받을 수 있었다. 이와 유사하게 대부분의 정부기관이나 노동조합들은 공식적인 발표가 난 뒤에는 그들이 돕기 위해서 거슬러 올라가 살펴보아야 하기 때문에 이러한 공식적인 발표가 있기 전의 과정에 참여하는 것에 만족스러워하였다. 우리는 거래은행과의 사례에서처럼 이러한 외부 기관들과 공유하고 있는 문제를 해결하기 위해 합동전담반(joint task forces)을 만들었다. 수준 높은 내부 의사소통이 이러한 일들을 모두 훌륭히 해낼 수 있는 능력을 배양시키는 데 큰 역할을 하였다. 모든 팀 구성원들은 시시각각 어떤 일이 일어나고 있는지를 완전히 알고 있었다. 외부 기관에서 팀의 누구에게 묻더라도 그들은 같은 이야기를 들을 수 있었다. 이러한 식으로 우리는 장래에 우리에게 큰 힘이 되어 주는 영역에서 특별한 기술과 경험을 가진 많은 사람들과 접촉하면서 강력한 네트워크를 형성하였다.

정보 시스템에 복합적인 네트워크를 추가함으로써 우리는 정보를 수집하고 확산하는 능력을 배가하였다. 얼굴을 마주하는 직접적인 대화를 토대로 하는 비공식적이고 공개적인 네트워크는 부시맨들이 화덕에 둘러앉아 이야기를 나누는 것과 닮아 있었다. 우리는 주주, 부품업자, 거래은행, 심지어 고객의 일부에서라도 다소 적대적인 움직임이 보인다거나 감정이 상하였다는 여지를 탐지할 수 있는 조기경보 시스템을 가지고 있었다. 이러한 정보는 문제의 발생을 피할 수 있도록 도와 주었다. 네트워크는 또한 공식적인 발표를 하기 전에 우리의 계획과 행동들을 시험해 볼 수 있는 예비방송과도 같은 기능을 하였다. 이러한 식으로 우리는 개선을 위한 훌륭한 방안들을 얻었을 뿐만 아니라 구체적인 행동이 취해지기 전에 모두가 상담자 역할을 하고 있다고 느끼게 되었다.

구성원의 변화

협력체제에서 나타난 변화 중 가장 눈에 띄는 특성은 구성원들의 태도 변화였는데, 이러한 변화가 조직의 내부와 외부 모두에서 일어나고 있었다. 우리는 이러한 사실을 위니펙(Winnipeg)의 한 공장에서 우리의 심각한 재정 상태를 보고하는 대규모 회의에서 처음으로 확신하게 되었다. 약 15분 정도의 회의를 마치고 나자 웨인 망에게 창고의 감독자 한 사람이 다가와서 이렇게 제안하였다. "이봐요, 창고 담당자들과 같이 이야기를 해 보았는데, 우리 월급을 10% 정도 내리면 회사에 도움이 되지 않겠소?" 이러한 제안은 논리적인 경로를 통해 도출된 것은 아니었다. 우리가 필요로 하는 자금의 총액에 비한다면, 이러한 절약은 아주 소소한 것에 불과하였다. 그러나 이것은 우리 구성원들이 회사에 얼마나 몰입하고 있는지를 증명해 주는 것이었다. 그러한 행동은 논리보다는 공유하는 가치를 토대로 한다. 이 이야기에 대한 소문은 전 조직 구성원들 사이에 "자발적인" 정신을 불어넣으면서 조직 내에 산불처럼 번져 나갔다. 회사가 곤경에 처해 있고 도움이 절실하다는 상황이 오히려 조직에 새로운 협력의 분위기를 만들어 내는 것처럼 보였다.

우리는 주주와 거래은행을 위해 철강사업 지분을 새로운 경영권자에게 넘기려는 거래를 마치려고 하던 1983년도의 정신 없었던 반 년 동안 외부 그룹들과 이와 유사한 경험을 한 적이 있다. 당사자인 그룹은 수많은 변호사와 회계사의 비서들로 구성되어 있었다. 사실 많은 전문가들이 그들의 시간을 직접 관리하지 않는다. 그들은 서류들을 읽고 작성하며, 법률상 논점과 주상들을 찾아 내고, 고객들에게 설명하는 등 전문적인 업무를 수행하지만, 실제 시간 배분에서 우선적으로 해야 할 일들을 결정하지는 않는다. 이것은 비서들의 몫이며, 사건이 발생하였을 때 만나야 할 사람이라든가 살펴보아야 할 서류 등을 결정하는 데 결정적인 역할을 한다.

우리는 이러한 비서들을 네트워크에 편입시켜 문제가 터지기 이전에 상황을 알려 주고, 무엇이 왜 필요한지 설명하며, 거래진행 과정에 맞추어 최신 정보를 제공하였다. 우리는 우리가 받은 협력에 놀라고 말았는데, 필요한 통화는 곧장 이루어졌고, 메시지에 대한 답변도 즉각 받을 수 있었으며, 검토 견해나 초안 등도 적시에 제공받을 수 있었다. 결과적으로 9개월 이상 소요되는 복잡한 거래를 단지 3개월 만에 마칠 수 있었다. 이 모든 것은 기대 이상으로 역할을 해 준 보통사람들이 만들어 낸 것이었다.

우리가 구성원의 행동에서 관찰한 변화는 그들의 특수한 기능 안에서 그들을 고립시켜 버리는 경계선인 "박스"를 부수어 버리는 데 대한 그들의 반응이었다. 부시맨 사냥꾼들처럼 여러 팀에서 다양한 활동에 참여하게 되면서 구성원들은 다른 이들로부터 배우고 새로운 기술을 연마할 수 있는 기회를 갖게 되었다. 그리고 이를 통해 다양한 기술과 리더십을 배양할 수 있었다. 그들은 직장을 다니면서 처음으로 그들을 진정 필요로 하는 조직에 실질적인 일익을 담당하게 되었다고 느낄 수 있었다. 우리는 구성원들에게 전력을 다해 심사숙고해 줄 것을 요청하였고, 그들은 열정적으로 반응하였다.

물질적 보상에서 정신적 보상으로

회사의 공식적 보상체계는 성과에 기반을 둔 것으로, 순자산수익률(RONA) 개선이라는 목적을 달성하면 상당한 상여금을 지급하는 식이었다. 기본급은 공식적인 연말 실적에 따라 조정되었다. 이러한 보상체계는 급속하게 무너졌다. 회사가 침체기에 접어들어 실적 부진을 합리화시키면서 상여금 지급 가능성이 사라졌다. 성과 평가는 중단되었으며, 기본급은 동결되다 못해 삭감되는 경우도 생겼다. 그러나 조직은 풍비박산나지 않았으며, 오히려 사기가 진작되었다.

팀은 임금 동결이나 인하를 이행하는 문제에 대해 걱정스럽게 논의하였었다. 그런 식으로 절약되는 돈은 회사의 생존에 미치는 영향이 작은 반면, 사람들의 의욕만 감소시킬 뿐이라는 우려에서였다. 그럼에도 불구하고, 우리는 거래은행이나 주주들에게 우리가 심각한 상황에 처해 있고 임금 인하를 단행하고 있다는 메시지를 전해야만 하였다.

임원진 사이에서 이미 임금이 동결되거나 삭감되어 있었기 때문에 아마도 다같이 기여하겠다는 생각이 있었던 것 같다. 나는 조직 내에서 모든 문제를 야기한 것은 상대적 보상체계라는 사실을 모든 관리자들이 깨닫게 된다고 생각한다. 당신이 회사의 구성원에게 그들이 받고 있는 임금의 40%

만을 주더라도 그들은 이를 받아들일 것이다. 그러나 그룹 내 일원이 매년 1,000달러를 더 벌고 있다는 것이 알려지면, 이러한 사실은 조직 전체를 좀먹게 된다. 우리가 조성한 함께 하는 희생정신은 실질적인 금전적 손실을 완화시켜 주었다.

다소 별난 면이 없지 않지만, 회사는 이제 재미있는 일터가 되었다. 우리들 대부분은 우리가 보거나 하고 있는 모든 일들이 잠재적으로 의미가 있는 것이며, 우리는 흥미진진한 모험을 하고 있다고 생각하게 되었다. 심지어 매일 이야기가 전개되면서 뒤따르는 급진전하는 상황을 기다리기까지 하였다. 이것은 특별한 시기였고 우리는 개인으로서든 조직으로서든 배워 나가고 있다는 인식을 공유하고 있었다.

임원진의 임금 동결이 호의적인 효과를 낳은 것은 역경이 닥치면 함께 나누고자 하는 본능 덕분이었다. 그리고 이러한 사실은 우리가 부시맨처럼 서로 의지하고 있다는 것을 말해 주고 있었다. 우리는 운명공동체였다. 과거에는 계층구조의 상층부는 고생과 거리가 멀다고 여겨졌지만, 이제 어려운 시기에 고통에서 면제되는 자는 아무도 없다는 것이 분명해졌다. 우리는 그 어느 때보다도 훨씬 평등한 공동체가 되었으며, 이렇듯 새로운 기조는 우리의 행동이 뒷받침되어 나날이 굳건해졌다.

전략의 출현

우리는 경고 없이 위기 상황에 내던져졌으며, 초창기의 행동들은 거의 전부가 우리에게 부과된 문제들에 대한 반응에 불과하였을 따름이었다. 그러나 전담반을 만들어 그럭저럭 진행해 나가면서 우리는 예기치 않은 원인들이 진행되고 있는 일들에 영향을 미친다는 사실을 발견하기 시작하였다. 거래은행과의 관계를 변화시킨 것은 이것을 단적으로 보여 준다. 당시 상황에서 우리는 아무런 공식적인 힘도 가지고 있지 않았지만, 곤궁에 처해 혼란스러운 상태를 조리 있게 재정비함으로써 네트워크를 통해 거래은행의 결정에 영향을 미칠 수 있다는 것을 깨달았다. 부품업자들과의 관계에서도 똑같이 적용될 수 있었는데, 우리는 문제가 터지기 이전에 브리핑을 하고, 개선방안에 대한 합리적인 시나리오를 제시함으로써 그들의 결정에 영향을 미칠 수 있었다.

우리는 공식적으로 아무런 힘이 없더라도 우리 내부의 응집력과 더불어 네트워크를 활용하면, 필요로 하는 것을 얻을 수 있다는 사실을 서서히 깨달았다. 관련자들이 모두 모여 논의하면서 전략이 도출되기 시작하였다. 복잡한 재무구조는 거래은행에 맡겨 그 손실을 알아서 처리하게끔 하였으며, 이를 통해 주주들 개개인에 대해 보증을 서는 일도 막을 수 있었다. 이러한 과정 중에 철강업의 재무구조는 정비되고 새로운 소유주를 찾을 수 있었다. 주주들 사이에서 벌어진 논쟁은 해결될 수 있었으며, 각자가 원하는 길을 갈 수 있게 되었다. 이 모든 것은 철강사업의 매수인을 포함하여 모든 이해관계인들을 하나로 묶어 주었으며, 이것이 추구해야 할 최선책이라는 데 동의하게 하였다. 우리는 우리 자신이 새로 발견한 기술을 활용하여 그것을 용케 얻어 낼 수 있었던 것이다.

긴장되는 순간이 없었던 것은 아니다. 마지막 순간에 이르러 주주들이 거래에 반대 의사를 표명하였다. 오직 은행만이 그들로 하여금 매도하게 할 수 있었지만, 그들은 제소당할 수도 있다는 두려움에 그렇게 하기를 꺼렸다. 우리는 은행 이사회의 구성원이기도 한 주요 부품업자들에게 조심스럽게 전화를 해서 다음과 같은 술책을 써서 이야기하였다. "이 사업체는 새 주인을 만나 자본 구성을 새로이 할 필요가 있습니다. 거래가 성사되지 못하면, 당신의 신용공여 한도가 줄어들 수도 있습니다." 거래는 성공적으로 이루어졌다. 1983년도 말, 업계가 전반적으로 회복되어 그 수혜를 입을 수 있는 적시에 우리는 새로운 소유주를 맞이하게 된 것이다. 잠시 동안의 시련은 끝났다.

변화를 일으키는 조건들

휴러셀이 1982년부터 1983년까지 경험하였던 일들은 조직의 변화 과정에 대해 시사하는 바가 크지만, 어떤 면에서는 분명한 한계가 있었다. 변화를 위해 뼈를 깎는 고통을 견뎌 내며 힘겹게 달려온 것은 사실이지만, 결과적으로 변화의 초점은 회사의 업무 매개수단 및 보유 자산 등에 맞추어져 있었고, 실질적인 변화 또한 외부와의 상호 교류가 전제되는 조직 전체적인 맥락에서가 아니라 단순히 조직 내부의 사무실 범위 내에서 일어났을 뿐이다. 조직의 본부는 본래 조직의 다른 부분, 특히 중간관리자들의 역할과 비교할 때 덜 정형화되어 있기 때문이다. 몇몇 기본적인 일상업무들이 변화하였지만, 결재과정, 문서작성 방식 또는 간단한 컴퓨터 프로그램이 바뀐 데 불과하였다.

조직의 운영에 있어서 유기적으로 거대하게 통합된 일상적인 관행들은 여전히 효과적인 관료제의 운영방식을 답습하고 있었다. 기술력과 시스템은 물론 철강제품을 매매하고 보관하는 일련의 과정 또한 과거와 같은 방식이었다. 비록 조직 본부의 전향적인 태도로 말미암아 다소 유연해지기는 하였으나, 정형적인 조직구조 역시 그대로 남아 있었다. 회상해 보면, 그때 우리는 상대적으로 "손쉬운"(easy) 조직변화 과정을 선택하였던 것이 분명하다. 나중에 살펴보겠지만, 조직 전체의 종합적인 재탄생은 훨씬 어려운 작업이다.

비록 휴러셀의 사례에서 조직변화의 규모가 대단하지는 않지만, 그와 같은 변화를 일으키는 조건들에 대해서 살펴볼 필요가 있는데, 이는 다음과 같다.

1. 위기

과거의 관행을 합리적으로 분석하지 않고 그대로 답습하는 조직은 절대로 현상유지를 할 수 없으며, 조직의 근본적인 변화 없이는 건전한 재정 상태를 확보할 수 없다. 작은 위기 상황들은 조직의 변화 과정을 촉진시킨다.

2. 변화를 가로막는 창단멤버(old guard)와의 작별*

계층적인 조직구조를 지배하고 유지하였던 아치 러셀과 피터 포스터는 바로 물러났다. 이것은 조직 수뇌부에서 행하던 관행을 타파하고 새로운 과정의 보다 열린 조직운영 방식을 도입하게 하였다.

3. 위기 상황에서의 리더십

웨인 망은 조직 구성원들과 거대한 네트워크를 형성하였으며, 동시에 그들을 신뢰하였다. 아울러 그는 위기 상황에 처해 있는 조직에 필요한 것이 무엇인지를 알고 있었다. 그의 리더십은 정당한 권위를 가지고 있었지만 독재자 스타일은 아니었으며, 조직이 위기를 겪고 있는 동안 조직 전체에 걸쳐서 영향을 미쳤다.

4. 열린 의사소통

과거 계층적인 조직구조에서의 의사소통은 수직적이고 매우 억압적인 분위기 속에서 이루어졌으며, 조직의 상층부에서만 공유하는 비밀 정보들이 많이 있었다. 그러나 이러한 분위기는 위기 상황에서의 여러 급박한 문제들에 신속히 대처하기 위해 변화하게 되었다.

5. 미션의 공유

팀원들이 단합하여 일을 처리하고 열린 자세를 가지고 적극적으로 의

* 번역시 removal의 어감을 고려하여 의역함.

사소통을 하게 되자, 조직 구성원 전체가 마음으로부터 비전을 공유하게 되었다. 조직 구성원들은 회사를 다시 살리기 위하여 자신들이 무엇을 해야 할지를 잘 알고 있었으며, 그러한 목표를 향해 다같이 매진하였다.

6. 유연한 인력 구성

변화의 과정을 이끄는 사람들은 다재다능하여 과업을 진행하기 위해 필요한 기능을 갖추고 있었으며, 만약 자신에게 능력이 없다고 판단하면 그러한 능력을 가지고 있는 다른 사람과 함께 일하거나 때로는 자신보다 당해 과업을 더 잘 수행할 수 있는 사람의 지시를 받으며 일하기도 하였다. 그들은 부시맨 사냥꾼들처럼 때로는 조직을 이끌기도 하고 때로는 다른 지도자를 따르기도 하는 등 아무런 마음의 부담 없이 자리를 이동하였다.

7. 교차기능적 팀

정형화된 조직에서 어떠한 역할을 수행하기 위해 만들어진 팀들은 보통 다양한 기능을 가진 사람들로 구성되는데, 이러한 팀들의 역할을 고정시키지 않고 여러 가지 역할을 하도록 하는 경우에는 계층제의 조직구조가 나타나기 어려워진다. 이러한 방식의 조직운영은 열린 의사소통과 함께 훨씬 더 많은 의사결정이 조직의 실무진인 하층부에서 이루어질 수 있도록 해준다.

8. 불명확한 경계

조직변화 과정에서의 핵심은 조직 안팎의 경계가 모호해지는 것이다. 즉, 어디까지가 조직이고 어디서부터가 조직의 외부 환경인지의 경계가 불명확한 것을 의미하며, 이는 조직을 재정립하게 하는 효과가 있다. 조직의 여러 집단들은 이를 통해 분열되고 때로는 상호 파괴적이기까지 한 개별적 목표를 공통의 목표로 수정해 나간다.

9. 네트워크

공유된 목표와 조직 내부의 상호작용은 광범위한 네트워크를 발전시켰으며, 이를 통해 조직 구성원들은 서로 신뢰하고 협력하게 되었다. 조직 구성원 사이의 신뢰를 고취시키기 위해서는 비밀을 없애고 개개인이 감정을 나누며, 급박한 상황에서 긴장을 풀기 위한 유머가 필요하다.

간단히 말하자면, 전형적인 "정착농"인 휴러셀은 "사냥꾼"이 되었다. 비록 그러한 변화는 마치 계획된 것처럼 자연스럽게 이루어졌지만, 핵심은 바로 조직경영에 있어서 새로운 행동방식을 찾고 평등한 조직구조를 모델로 삼았다는 데에 있다. 그리고 이러한 사회적 역동성은 부시맨 사냥꾼들이나 학습조직으로서의 초창기 나이키의 모습과 굉장히 닮아 있다.

새로운 기업문화의 정당화

우리는 이전에 미처 경험해 보지 못한 일치단결된 하나의 조직으로서 위기를 극복할 수 있었다. 우리는 우리 조직을 접하는 누구라도 "물들게"(infected) 만드는 미션과 목표를 공유하고 있었다. 우리가 보기에 러셀철강의 옛날 로고는 더 이상 "우리가 누구"이며, "우리의 목표가 무엇"인지를 제대로 반영하지 못한다는 생각이 들었고, 곧 우리의 정체성을 잘 나타내는 새로운 로고를 만들었다(그림 3-2).

새로운 로고의 유래는 다음과 같다.

> 철의 다양한 형태와 크기는 우리에게 러셀철강의 새로운 로고에 대한 영감을 주었지만, 로고의 모양은 보다 깊은 상징적인 의미를 지니고 있다. 중세

그림 3-2 옛 로고와 새 로고

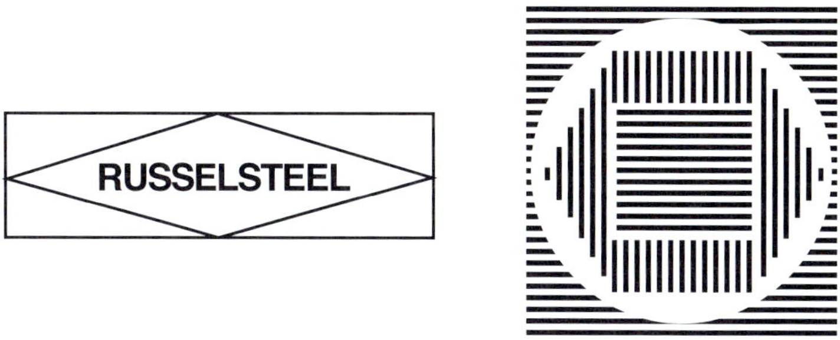

옛 로고 새 로고

의 연금술사들은 사각 모양의 원이야말로 다른 모든 반대자들을 아우를 수 있는 궁극적인 통합을 의미한다고 보았던 것이다.

또한 새로운 로고는 우리가 얻어 내기 위해 투쟁해야 할 것들을 의미하는데, 제품과 서비스, 품질과 가치, 가격과 성능이 그것이다.

이러한 목표를 달성하기 위해 우리는 조직의 운영방식에 있어서도 팀제를 통해서 개개인의 역량을 극대화시킨다.[1]

새로운 행동양식은 처음에는 중간 관리팀이 그와 같이 행동하면서 정당화되었으나, 그 후에는 새로운 의사소통 체계의 발달에 따라 개념적으로 뒷받침되었으며, 새로운 로고를 만들면서 정점에 달하였다. 조직은 격의 없는 "버블" 형태로 운영되었으며, 정형적이고 관료적인 "박스" 형태와는 거리가 멀었다. 어렵고 복잡한 문제에 대한 합의를 도출할 때면, 우리는 그 문제에 대해 가장 잘 아는 사람이 회의장에 도착할 때까지 기다리곤 하였는

1) 러셀철강 기록문서.

데, 이것을 "창조적 시간벌기"(creative stall)라고 불렀다. 또한 받아들이기 힘든 무모한 제안이 나오는 경우에는 회의장에서 웅성거리며 그러한 제안을 한 사람에게 자진해서 당해 제안을 수정할 수 있는 기회를 주었다. 우리는 회사 곳곳을 돌아다니면서 관리하는 방식을 "유랑식 관리"(managing by wandering around)라고 이름 붙였다.

요컨대, 위기 상황을 겪으면서 우리는 창조적인 기업문화를 만들었던 것이다. 여기에는 새로운 행동규범이 있었고 – 예를 들면, 회의 진행중에 사무실을 자유롭게 오갈 수 있는 – 세상을 바라보는 새로운 사고방식이 있었다. 우리의 새로운 기업문화는 과거의 계층적인 조직운영 방식을 대체하지는 않았으며, 오히려 그것과 완벽한 조화를 이루었다.

그러나 보다 놀라운 사실은 이 모든 일들이 아주 자연스럽게 일어났다는 것이다. 우리가 혁신적인 분위기를 만들면 시스템이 그것을 조직화하는 것처럼 보였는데, 중간에 어떠한 개입도 없이 이러한 분위기가 조직 전체로 퍼지는 것은 주목할 만한 일이었다. 과거에 우리는 사전에 계획을 세우고 인위적으로 정해진 마감시한에 맞추어 강압적으로 프로젝트를 완성해야 하는 "얽매인 집단"(ridden herd)에 불과하였으며, 결과는 그다지 만족스럽지 못하였으나, 이제는 새로운 환경 속에서 아무런 간섭 없이 원하는 결과를 이루어 내고 있는 것이다. 생각해 보면, 이러한 현상은 뭐라고 명확히 이름 붙일 수는 없지만 우리가 "인적 구성이 자발적으로 조직된 자산"이 될 수 있음을 인식하였던 최초의 사건이었다.[2)]

2) 프리츠 뢰슬리스버거(Fritz Roethlisberger)가 다음에서 말하는 바와 같이, 우리의 태도는 50년 전에 이루어졌던 호손(Hawthorne) 실험에서의 피실험자들의 반응과 대단히 유사하였다.

> "사회과학 분야에서 내가 처음으로 깜짝 놀랐던 경험을 한 것은, 나중에 '호손효과'(Hawthorne effect)라고 불리게 되는 실험 때문이었다. 실험장에서 감독자는 관찰자로 교체되었는데, 이렇게 작업 환경을 구속하는 요인 중 하나가 없어지자, 정말 놀랍게도 5명의 근로자들이 자기들 스스로 작업에 대한 논의를 시작하는 것이었다. 생산성은 계속해서 높아졌으며, 심지어는 물리적인 근무 환경이 이전보다 열악해진 상황에서도 생산성 향상은 계속되었다. 조직의 관리자들은 자신들이 근로자들의 작업 상황을 통제해야 한다고 생각하였으며, 오히려 관리자들의 통제가 사라질 때 근로자들이 스스로 일하고 스스로 제어할

조직변화의 모델

러셀철강의 갱신사례는 수렵생활에서 정착농의 삶으로 전환된 부시맨 사냥꾼들의 슬픈 이야기를 떠오르게 한다. 우리의 경우 과거의 관행을 뒤집으면서도 한동안 이를 유지하였었는데, 갱신이라는 것은 한 번에 다 할 수 있는 것이 아니라 계속해서 추진해야만 하는 끊임없는 투쟁이기 때문이다. 우리는 조직이 변화하는 과정을 반영하는 모델을 개발하기 시작하였으며, 그림 3-3에서 소개하는 모델은 가장 기본적인 것으로서 이 책이 진행되면서 점점 모델을 발전시켜 나갈 것이다.

이 모델은 서로 교차하는 완만한 두 개의 곡선으로 이루어져 있으면서 수학의 무한대 기호와 같은 모양을 하고 있다. 진한 곡선은 전형적인 S라인을 그리고 있으며, 점선으로 된 곡선은 역방향의 S라인을 그리고 있는데, 이것은 조직혁신의 과정을 나타낸다. 이 모델의 작동원리를 설명하기 위해서는 러셀철강의 사례를 가지고 모델의 전체 주기를 살펴볼 필요가 있다.

회사의 초창기 조직은 몬트리올에 있는 좁은 사무실에서 직면하는 여러 가지 문제에 대해 즉각적으로 행동하고 학습할 수밖에 없는 문화와 환경 속에 철강산업에 대한 단순한 이해를 바탕으로 운영되었다. 조직의 활동들은 계획된 것이라기보다는 그때그때 대응하는 방식이었다(1단계). 그러다가 사업이 번창하면서 조직의 규모가 커지고, 업무진행 과정이 보다 구조화되었는데, 이렇게 되자 상급 관리자들은 다각화 전략과 인수를 통한 성장을 모색하는 과제를 부과하기 시작하였다(2단계). 사업은 계속해서 성장하였으며 조직의 규모도 점점 커졌다(1962년의 매출규모는 1,400만 캐나다달러였으나,

수 있다는 것을 미처 생각하지 못하였던 것이다. 더욱 놀라운 것은 근로자들이 스스로 일하면서 만들어 낸 결과가 바로 관리자들이 원하는 방향이었다는 것이다"(Roethlisberger, 1977, 366쪽).

| 그림 3-3 | 조직변화의 모델

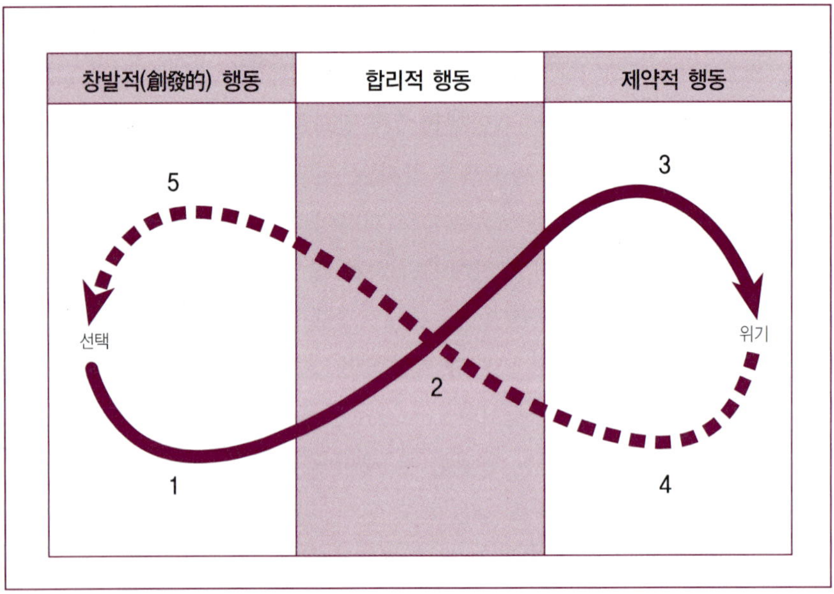

1979년에 내가 합류하였을 당시에는 매출규모가 5억 3,500만 캐나다달러로 불어났다). 이러한 상황은 마침내 휴러셀 내 관리자들에 대한 통제력 상실을 초래하였고, 회사는 제3자에게 인수되기에 이르렀다.

여타 사업의 인수로 몸집이 불어나자 조직 구성원들과 은행 관계자들의 행동은 정체되기 시작하였으며, 개개인의 경쟁력 상실, 부채에 대한 과도한 신용, 극심한 경기침체 등으로 인해 회사는 어려움에 직면하게 되었다(3단계). 이것은 재정적인 위기로까지 이어져 회사의 존립 자체를 위태롭게 만들었다.

위기의 단계에서는 조직에 부담을 주는 모든 요소들을 털어 버리는 듯하다(4단계). 계층적인 조직구조는 수평적인 조직구조로 바뀌고, 은행은 사업계획을 다시 살펴보며, 노조 역시 회사를 살리기 위해 경영진을 지지하고, 새로운 정보를 조직 구성원들 간에 공유하는 것 등이 그것이다. 또한 이러한 과정에서는 비대해진 조직의 근본적인 "다운사이징"(downsizing)을 수반하는데, 비주력사업 부문은 과감하게 폐지하거나 매각하고, 주력 부문의 사업 역시 규모를 줄이게 된다(1983년 회사가 팔릴 당시 주력사업 부문의 매출규모는 2억 2,000만 캐나다달러에 불과하였다). 회사 운영은 다시 초창기의 "창발적"(emergent) 경영방식으로 되돌아간다(5단계). 그리고 거기에서 1960년대 초에 있었던 철강산업에 대한 열정과 헌신이 되살아나면서 경쟁력을 회복하게 되는 것이다.

갱신의 순환과정이 진행되는 동안에는 계층적인 조직구조도 없고 조직 전체를 협력하게 만드는 공통의 논리도 존재하지 않는다. 그렇다면 사람들은 어떻게 3단계에서 5단계로 넘어가는 그 힘겨운 과정 속에서 함께 할 수 있는 것일까? 휴러셀에서의 경험을 토대로 간단히 대답하자면, 그것은 "리더십"(leadership)과 "공유된 가치"(shared values) 때문이다. 그러나 이러한 답변은 설명이 아니라 단지 묘사일 뿐이며, 그러면 "리더십"은 무엇이고, 가치는 어떻게 "공유되는가" 하는 의문이 다시 제기된다. 다음 장에서 나는 이 질문들에 답하기 위해 경영의 역사상 최고 격변의 시기라고 할 수 있는 영국 산업혁명을 예로 들어 훨씬 더 규모가 큰 맥락에서 설명할 것이다.

Chapter 4

마음 속의 빛을 가진 사냥꾼들

영국의 산업혁명

퀘이커들의 믿음과 가치

콜브룩데일: 변혁의 "실리콘 밸리"

퀘이커의 업적

산업혁명 이후의 퀘이커주의

조직변화 모델의 재논의

Chapter 4

마음 속의 빛을 가진 사냥꾼들

앞 장에서는 성과지향적 관료제에서 학습지향적이고 개방적이며 유연한 구조로의 전이를 통해 근본적 변화를 겪은 조직의 사례를 살펴보았다. 위기에 뒤이은 침체 후 갱신의 과정은 부시맨의 수렵양식에서 발견한 것과 대단히 유사한 사회적 역동성을 도입함으로써 시작되었다.

이번 장에서는 시공을 옮겨 보다 넓은 무대에서 조직갱신의 이야기를 다룰 것이다. 영국 산업혁명 시기에 퀘이커들(Quakers) — 스스로 친우회(Society of Friends)라고 부르기도 함 — 이 수행한 역할에 대해 고찰할 것인데, 이것이 관리자들에게 시사하는 바는 사회적 · 정치적 위기(영국 시민전쟁) 상황 속에서 당시와는 환경이 전혀 다른 수렵생활의 사회적 역동성을 어떻게 깨달아 갔는지 보여 주는 데 있다. 갱신의 과정을 보다 종합적으로 바라보기 위해서는 폭넓은 시각이 요구된다.

아울러 퀘이커들의 이야기는 영국 산업혁명과 같은 대규모 갱신의 배경 연구가 그 동안 얼마나 소홀하였는지를 보여 준다. 청교도적 윤리, 높은 성취동기,[1] 교육열[2] 등 사회 전반에 걸쳐 일어난 이러한 발본적 변화의 원

1) 이것은 맥클리랜드(McClelland)의 연구(1961)에 따른다.

2) 예를 들어, 애쉬튼(Ashton)은 산업혁명 기간 중에 국교 반대자들의 성공을 설명하면서 다음과 같이 주장하였다.

> "산업과 국교 반대 간의 밀접한 연관을 보여 주는 사실은 많이 있다. 새로운 형태의 예배를 갈구하는 자들은 세속에서 또한 자연스럽게 충돌한다. 비국교도의 교의와 사업에서 성공

인에 대해 소급하여 설명하는 것은 한결같이 만족스럽지 않다. 그들은 과도하게 이성적이었고, 지나치게 개인주의적이었는데, 가장 곤란한 점은 현대 상황에서는 재생시킬 수 없다는 데에 있다. 만일 이러한 특성들이 발생론적인 근거를 가지고 있지 않다면, 해석이라기보다는 단순한 묘사에 불과하다.

보통사람들로부터 그러한 행동을 하게끔 만든 배경은 무엇이었을까? 어떠한 상황하에서 혁명은 시작되었을까? 어떻게 지속되었을까? 그리고 무슨 이유로 마침내 소강 상태에 접어들게 되었을까? 나는 이 모든 질문들을 이해하는 데 있어 사회적 역동성이 결정적인 역할을 하고 있다는 것을 보여줄 것이다. 퀘이커들은 지적 통찰력에서부터 세상에 대한 고찰을 시작하지 않았다. 물질적 부를 축적하거나 종교적으로 구원받는 데서 시작하려 하지도 않았다. 대신 그들은 사람들이 서로 어떻게 행동해야 하는지에 대해 사회적 통찰력을 가지고 있었으며, 확고하게 평등한 "사냥꾼"의 가치를 매일 체화하였다. 그러한 방식을 따르면서, 그들은 후에 막스 베버(Max Weber)가 "자본주의 정신"(spirit of capitalism)이라 일컬은 것의 좋은 예가 되었다. 내가 그들을 "마음 속의 빛을 가진 사냥꾼들"(hunters of the spirit)the spirit은 성령을 뜻하나 여기서는 자연스러운 표현을 위해 의역이라 부르는 것도 같은 맥락에서이다.

을 이끄는 행동규범 간에 긴밀한 관계가 있다고 주장되어 왔는데, 대학과 관공서에서 비국교도들을 추방하였기 때문에 이들은 산업과 무역을 능력의 배출구로 삼을 수밖에 없었다. 이러한 논쟁의 각각에는 중요한 의미가 있을 수 있지만, 대체로 말하자면, 비국교도들이 교양 있는 중산층으로 구성되었다는 단순한 설명이 가능하다"(Ashton, 1960, 18~19쪽).

애쉬튼은 이어서 이유를 밝히는 원칙인 것처럼 "스코틀랜드 활력의 정신과 기질"에 관해 이야기하기 시작한다.

영국의 산업혁명

영국 산업혁명은 역사상 가장 큰 사회적 변화 중 하나로 알려져 있다.

> 짧은 몇 년 간… 영국의 얼굴은 바뀌었다. 수 세기 동안 열린 논밭으로 경작되고 주인 없는 목초지로 자유롭게 두었던 국토가 담과 울타리로 둘러싸였다. 작은 마을들은 인구가 많은 도시가 되었고, 높이 솟은 굴뚝들은 예전의 첨탑들을 작아 보이게 만들었으며, 큰 길이 닦였다. …북해와 아이리시해, 그리고 머지강, 오즈강, 세번강, 템즈강, 포스강과 클라이드만에서 배가 다닐 수 있는 범위는 모두 이어졌다. …북부 지방(험버강 이북)에서 최초로 새 기관차를 위한 철도가 놓여졌으며, 증기선이 강 어귀와 해협을 왕래하였다.
>
> 비슷한 변화가 사회구조에서도 나타나기 시작하였다. 인구가 방대하게 증가하였다. …지역사회의 증가는 남 · 동부 지방에서 북부 지방과 미들랜즈 지방으로 인구의 우세를 역전시켜 놓았다. …노동은 보다 전문화되었다. 새로운 기술이 개발되었다. …노동력의 유출입이 보다 자유로워지기 시작하였다. …자본은 대량으로 증가하였다. …통화는 금본위제였으며, 금융 시스템이 생겨났다. 혁신과 진보 사상이 전통적인 도덕과 사회적 구속력을 잠식하였다. 사람들은 뒤를 돌아보기보다는 앞을 내다보기 시작하였고, 자연과 사회생활의 목적에 대한 생각 또한 변화하였다.[3)]

그 당시에 그 곳에서는 이러한 변화가 왜 일어났는가? 많은 이유들이 제시되어 왔는데, 이들 중에서 가장 잘 알려진 것이 막스 베버가 처음 제안한 "프로테스탄티즘의 윤리"(Protestant ethic)이다.[4)] 이러한 견해를 간략히 살펴

3) Ashton(1960), 1~2쪽.
4) Weber(1976). 베버는 프로테스탄트의 윤리가 충분한 설명이 된다고 주장한 적이 없지만, 다른 요

보면, 자본주의는 부의 축적이 신의 가호가 있음을 보여 주는 것이며, 구원받기 위해서는 열심히 일해야 한다는 신념을 강하게 가진 사람들로부터 창안되었다는 것이다.[5] 앞으로 살펴보면 분명해지겠지만, 이것은 퀘이커들의 행동을 설명하지 못한다.

두 번째는 프로테스탄트라는 단어의 의미가 매우 좁은 동시에 넓다는 데 있다. 그것은 자본주의의 진화 과정을 겪어 온 많은 비(非)프로테스탄트 문화권에서는 협의로 사용된다.[6] 의심의 여지없이 프로테스탄트적인 믿음들은 필수적인 전제조건이 아니다. 영국 산업혁명의 사례에서 프로테스탄트라는 단어는 적어도 오늘날 우리가 이해하고 있는 식으로 꽤 넓은 의미를 가지고 있다. 혁명에서 지배적인 역할은 엘리자베스 1세의 미온적인 종교개

소들은 가내수공업에서 대량생산체제 기업으로의 이동, 도시의 발달, 법적 구조의 계승 등 전부 "거시적"이다.

5) 에머리(Emery)와 트리스트(Trist)는 프로테스탄트 윤리의 영향에 대한 일반적 관점을 다음과 같이 요약하였다.

"① (구원을 위한) 개인의 책임이 (교회를 통하여 얻어질 수 있는 은총이라기보다) 선한 일을 함으로써 구원받는 것 혹은 칼뱅주의자의 해석에 따르면 선한 일을 통하여 그 자신이 구원받을 만한 사람임을 입증하는 것이 되었다. …

② 물질적 풍요는, 그 자체가 정신적 풍요를 의미하기에, 단순히 땅을 상속받음으로써 유지되는 조상 대대로 내려오는 권리일 수 없다. 이는 얻어지거나 보여져야 하였다. …

③ 가난하다는 것은 사악함의 상징이다. 그러므로 가난한 자는 무고하다기보다는 죄가 있는 것이요 또한 운이 없다기보다 부끄러움을 모르는 것이다. …

④ 이러한 태도는, 가난한 자들이 이러한 가치를 내재화하고 자기자신을 부끄러워하도록 하는 동시에, (사람들이) 가난한 자들을 외면하고 가난한 자들을 비난하는 것을 금지하는 행태를 경고하는 것이다. …

⑤ 가난은 개인의 잘못으로 받아들여져야 한다. …

비주류에 속하는 극단적인 핵심 교인에 의해 강력하게, 공공연하게 주창된 개념이기는 하지만, 이러한 믿음은 19세기에 더욱 발전되는 어떠한 기풍의 이론적 토대를 제공하였다. 또한 이러한 가치는 복리(풍요)가 중요해진 사회에서 "창업가적 기운"이 발전하는 밑거름을 제공하였다" (Emery and Trist, 1975, 142~143쪽).

비록 지면상 내가 이 논쟁을 더 길게 하는 것이 허락되지는 않지만, 나는 프로테스탄티즘의 이러한 지적 관념이 마치 전략이 회사의 구조와 활동을 합리화시키는 데 사용되는 것과 같이 19세기 영국의 개인적 혁명을 합리화시키는 데 사용되었다고 생각한다. 존 웨슬리(John Wesley, 1703~1791)를 유효 적절하게 사용한 비국교도인 조시아 웨지우드(Josiah Wedgwood)와 그의 일꾼들의 느슨한 작업습관을 개혁시키고자 한 감리교 복음전파운동의 이야기에서 이러한 지적 사용의 암시가 있다(Langton, 1984).

6) Hampden-Turner and Trompenaars(1993).

혁에 대항해 온 사람들이 담당하고 있었다. 그들은 청교도들이었으며, 후에 국교반대자(dissenters) 내지 비국교도(nonconformists)로 그려졌다. 그들의 수는 그들이 영국 사회의 변화에서 큰 역할을 수행하는 데 문제가 되지 않았다. 영국에서 일어난 산업혁명 기간 동안 혁신가 중 1/3 이상이 다양한 비국교도들로 추정되는데, 비국교도들은 인구의 8%에도 채 미치지 못하였다.[7] 또한 18세기 후반 영국에서 성공한 기업가를 무작위 조사한 결과, 그들 중 49%가 국교 반대자들로 드러났다.[8]

국교에 반대하는 주된 종파는 장로교, 회중교, 침례교 그리고 퀘이커교였다. 퀘이커는 전체 인구의 1%도 넘지 못하는, 청교도에서 가장 작은 종파 중 하나이지만, 영국 산업혁명에 미친 영향은 매우 크다.

산업혁명은 1640년대의 내선과 1649년 찰스 1세의 사형(수구세력을 제거하는 방식 중 하나였던)으로 정점을 맞이하는 40년 간의 정치 · 종교 · 사회적 혼란을 그 배경으로 한다. 정치적으로, 투쟁은 그들의 권리를 끝까지 고집하는 절대왕정과 더 이상 무시받지 않으려는 의회 간에 벌어졌다. 종교적인 상황은 더욱 복잡하였다. 헨리 8세는 종교적 · 정치적 그리고 (그의 첫 번째 부인인 아라곤의 캐서린과 이혼하려는) 개인적 이유에서 영국의 종교개혁을 단행하기 시작하였는데, 캐서린 소생이면서 피의 메리(Bloody Mary)로 유명한 메리 튜더(Mary Tudor)가 그러한 흐름을 역행하여 영국을 가톨릭국가로 회귀시켰다. 그러나 앤 불린(Anne Boleyn) 소생인 엘리자베스 1세가 영국국교회를 영국의 국교로 다시 못박았다.

상황을 더욱 혼란스럽게 만든 것은, 청교도의 종파 상당수가 영국국교회에서 가톨릭의 교리, 예배의식, 조직 형태 등의 많은 부분을 그대로 존속시켰다고 느낀 데에 있다. 청교도 종파는 하나님의 부르심에 대한 고래(古來)의 교리와 신과 인간 사이의 직접적 관계에 초점을 두었다. 그들은 교회

7) McClelland(1961), 147쪽.
8) Burke(1985), 185쪽.

에서 확립한 예배의식과 성사를 거부하였으며, 주교의 권위를 인정하려 들지 않았다.

이러한 정황에 더하여 농업의 격심한 침체는 그 사회의 결말을 가늠케 해 준다. 사회는 동요하고 있었으며, 지방마다 이방인들로 넘쳐났다. 아리우스주의자(Arians), 재세례파(Anabaptists), 침례파(Baptists), 디거스(Diggers), 영국 청도교혁명 때 출현한 당파 중 가장 좌익적 성격을 보임 제5왕국파(Fifth Monarchy Men), 수평파(Levelers), 초기감리파(Ranters) 등과 같은 급진적 성향의 종교 · 정치 단체들이 우후죽순처럼 생겼다. 그 당시는 전조와 징후들로 가득하였으며, 전도사들이 떠돌아다니면서 수용력이 풍부한 청중들에게 자신들이 예언하는 비전을 전하였다.

조지 폭스(George Fox)는 그 중 한 명으로, 카리스마를 지녔으며, 사회에 대한 새로운 비전을 가진 열정적이고 재기가 넘치는 전도사였다. 그는 1650년부터 영국 북부 지방을 순례하면서 사람들이 모여 어떻게 살아가야 할지에 대해 설파하였고, 다소 급진적이고 명료한 그의 메시지에 관심을 갖게 된 추종자들이 모여들었다. 로버트 바클레이(Robert Barclay), 윌리엄 펜(William Penn)[9]과 더불어 폭스는 친우회 또는 그들이 애시 당초 불렸던 명칭인 퀘이커들의 영적 지도자가 되었다.

퀘이커들의 믿음과 가치

로버트 바클레이는 그리스도교는 가톨릭, 개신교, 퀘이커교로 대별된

9) 지면상 여기서 미국 역사상의 퀘이커교도의 참여를 다루는 것은 어렵다. 1681년 찰스 2세로부터 영토를 하사받은 윌리엄 펜은 미국으로 건너와 펜실베니아를 세우는데, 여기서 퀘이커들은 미국 사회의 정치적 · 경제적 · 사회적 구조를 형성하는 데 많은 공헌을 하게 된다. 여기 나오는 "전도사"는 Barbour and Frost(1988)의 퀘이커교에 관한 연구에 등장한 인물을 말한다.

다고 기술한 바 있다.[10)] 그의 관점에서 보자면, 가톨릭은 교회의 권위에, 개신교는 성경(구약성서)의 권위에 의존하는 반면, 퀘이커교는 성령(the spirit)의 권위에 의존하고 있다. 퀘이커들은 사제나 성경으로 매개될 수 없는 개인의 영적 경험이 가치 있는 것이며, 이러한 경험은 오로지 단체 안에서 실현될 수 있다고 믿었다.[11)]

또한 퀘이커들은 자신들이 투쟁해 온 구약성서로부터 유래하는 프로테스탄트들의 가부장적인 관습과 자신들의 남녀평등 사상을 대조하면서, 스스로를 "신약성서"를 따르는 그리스도교인이라고 즐겨 불렀다. 그들이 매우 좋아하는 복음은 존(John)의 산상수훈(the Sermon on the Mount)이었는데, 그들의 관점에서 보면, 다른 세 가지의 복음들은 역사에 실린 그리스도에 지나치게 언판되어 있었다.[12)] 현재 이 곳에 의미가 있는 영원한 그리스도에 대한 복음을 기술한 것은 오로지 존뿐이라고 생각하였던 것이다. 이러한 믿음의 직접적 결과는 모든 퀘이커들의 독특한 집회구조에서 볼 수 있는데, 예배 모임과 사무 모임 간에 차이는 없었다. 모임에는 특별한 의사일정이 없으며, 참여자 중 누군가가 전해야 할 메시지를 받았다고 느끼기 전까지 침묵으로 일관하였다.

빡빡한 의사일정과 의견 준비에 바쁜 현대 관리자들에게 이것은 믿기지 않을 만큼 비효율적인 회의운영 방식으로 보이겠지만, 그 목적은 효율성에 있지 않았다. 진짜 중요한 사안들은 열린 대화를 통해 논의하고 결정하는 시스템이 보장되어 있었다. 의사일정이 없었기 때문에 (지나치게) 단순하고 평이한 형태로 정보가 구성된 사안, (과거에 속하는) 역사적 구조, (말로 된)

10) Brinton(1973), 53쪽. 퀘이커교도에 대하여 내가 가진 정보의 원천은 Barbour and Frost(1988)를 비롯하여 Brinton(1973), Emden(1940), Nevaskar(1971), Punshon(1991), Raistrick(1968), Rowlinson and Hassard(1993), 그리고 Windsor(1980)이다.

11) 조지 폭스에 따르면, "아버지께서는 나에게 보이시고, 나는 이로써 아버지 주께서는 인간이 만들어 놓은 예배당에 존재하지 않으시고 인간의 마음 속에 존재하심을 분명히 알게 되었네. …아버지의 사람들이 그 예배당이며, 그가 사람들 안에 계시네"(Journal, 1694; Bartlett, 1955, 273쪽에서 인용).

12) Brinton(1973), ix쪽.

조어(造語)가 대화를 지배하는 것을 막을 수 있었다. 조지 폭스는 "두뇌지식"(head knowledge)이라 부르면서 지력을 신뢰하는 것을 거부하였다. 모든 퀘이커들은 자신만의 방식으로 성령을 "느껴야만" 하였다.[13)]

퀘이커교는 동양의 종교에서 보편적으로 볼 수 있는 정신적인 깨달음을 강조하였다. 실제로, 이러한 특징이 서양의 사고방식으로 퀘이커 사상을 이해하는 것을 어렵게 만들기도 한다.[14)] 퀘이커들은 정직, 평등, 검소 그리고 평화에 가치를 두고, 이를 철저히 실천하며 생활하였다. 또한 그들의 가치에 전념하여 사회구조를 변화시키려 하였다.[15)]

이러한 태도는 종종 예기치 않은 결과를 낳았다. 퀘이커들은 진의를 감추는 행동은 무엇이든 용납하지 않았다. 연기자나 변호사들은 거짓된 감정이나 실제 품고 있지 않은 생각을 전달하는 등 진정함을 감추고 행동해야 하였기 때문에, 그들은 이러한 직업들을 수상쩍게 여겼다. 퀘이커들은 극장과 법원이 하나라고 여기는 놀라울 만큼 현대적인 관점을 가진 것처럼 보인다. 따라서 초기에 퀘이커 상인은 물건에 거짓 가격을 매기고, 가격을 흥정하며, 똑같은 상품을 고객에 따라 다른 가격에 판매하는 것은 정직하지 않다고 생각하였다. 이러한 그들의 정책은 처음에 경쟁자들에게 비웃음을 샀

13) 조지 폭스에 따르면, "아버지께서는 내게 오셔서 옥스퍼드나 케임브리지에서 자라는 것이 주의 일꾼이 되는 자격을 얻기에 충분하지 않다는 것을 말씀하셨네"(Journal, 1694; Bartlett, 1955, 273쪽에서 인용).

14) 브린톤(Brinton)은 다음과 같이 설명하였다.

> "서구 문명은 분석을 통하여 이해하는 것을 추구하였다. 즉, 어떠한 사물을 분해한 다음 다시 조합하는 식으로 말이다. 동양에서는 전체를 조합하여 보려고 하였다. 즉, 어떠한 것을 하나로 보고 논리적 체계화보다는 신비적 직관을 사용하였다. 예를 들어, 서구에서는 하나의 단어가 각기 다른 철자가 부품으로 사용하여 하나로 조합한 것으로 이해된 반면, 동양에서는 한자에서와 같이 하나의 상징으로서 인식되었다. (한자에서) 각 글자는 어떠한 일부분으로 구성된 것이 아닌 전체를 가리킨다. 그리하여 서구에서는 '선불교'나 '퀘이커 교리'가 논리적 분석의 결과가 아닌 직관적 느낌의 결과인 까닭에 이를 이해하는 것을 어려워한다"(Brinton, 1973, 20쪽에서 인용).

15) 조지 폭스에 따르면, "그(올리버 크롬웰)가 말하길, 나는 민중이 일어나는 것을 보았다. 내가 얻을 수 있는 것은 상이나 영광, 벼슬이나 집이 아니다. 바로 다른 교파들과 (다른 교파들의) 사람이다"(Journal, 1694; Bartlett, 1955, 273쪽에서 인용).

다. 그러나 고객들은 퀘이커들의 상점에 길을 낼 만큼 찾아왔고, 오래지 않아 모두가 그들의 방식을 따라하기 시작하였다. 결과적으로, 퀘이커들은 시장가격과 가격정찰제의 개념을 고안하였다고도 볼 수 있다. 이러한 혁신이 도덕적 이유에서 시작되었음에도 불구하고, 시장의 힘이 지지하였다는 것은 흥미로운 사실이다.

권위에 대한 거부

퀘이커들은 모든 유형의 확립된 권위들을 거부하였다. 십일조를 내지 않았고, 신분과 지위 고하에 따라 모자를 벗는 일도 거부하였다.[16)] 당시 요구되던 다양한 종류의 서약을 맹세하는 것도 거부하였다. 월과 요일의 이름을 바꾸었을 정도로 과거 확산되어 온 이교도적인 것들 또한 거부하여 일요일이 첫째 날이 되었고, 1월이 첫 번째 달이 되었다.

서약을 하지 않고 십일조를 내지 않는 것은 기존 권위와 많은 마찰을 일으켰다. 올리버 크롬웰(Oliver Cromwell)이 살아 있을 당시(1599~1658)에는 가장 급진적인 청교도들조차 이러한 구속력으로부터 다소 보호받았지만, 왕정복고 후 박해받기 시작하였다. 퀘이커들은 십일조를 내지 않아 체포되고 수감되었으며, 재산을 몰수당하였다. 그들은 곧 상업과 도시에 마음이 끌렸다. 십일조는 토지에 부과되는 것이었으며, 미납 벌금은 가축이나 농기구를 압류하는 식이었다. 사후적 수익창출체계를 가지는 농업의 특성상 투옥 기간은 치명적일 수 있었다. 이와는 대조적으로 상업은 보다 빨리 수익을 창출하고, 설사 중단되더라도 그 기간 동안 타격이 그리 크지 않았다. 재고품은 교환 가능하였고, 상인의 아내가 남편이 감옥에 갇혀 있는 동안 대신 가게를 운영할 수 있었던 것이다.

16) 조지 폭스에 따르면, "아버지께서 세상에 나를 내려놓으실 때, 그는 나의 모자를 높게도 혹은 낮게도 벗지 못하도록 하셨네"(Journal, 1694; Bartlett, 1955, 273쪽에서 인용).

서약을 거부하는 것은 퀘이커들이 대학에서 지위를 가지거나 결속 지역에서 거래할 수 없다는 것을 의미한다. 그들은 채권을 회수하기 위해 법원에 소를 제기할 수도 없었다. 결과적으로 퀘이커들은 영국의 남동부 지방에서 버밍햄, 브리스톨, 리버풀, 맨체스터, 요크와 같은 비결속 지역으로 이주하였다. 이러한 지역은 대개 비국교주의였고, 자유롭게 사고하였으며, 런던의 영향력에서 벗어나 있었다. 그들은 여기에서 채무를 변제하리라 신뢰할 수 있는 사람들과 거래하였다. 주식회사에 대한 믿음이 약해지자, 그들은 합명회사(partnership)를 선호하였는데, 동업자는 대개 같은 퀘이커였다.

적극적인 평등주의(egalitarianism)

퀘이커들의 권위에 대한 거부는 적극적인 평등주의와 맥을 같이 한다. 그들의 시각에서는 개인에 초점을 두기 때문에 어떤 종교를 가진 누구라도 성령에 접근할 수 있었다. 이것은 다른 청교도의 믿음과는 상당히 배치되는 것이었다.[17)]

남녀평등에 대해서는 이미 언급한 바 있는데, 많은 퀘이커 여성들은 남편이 감옥에 가 있는 동안 사업에서 걸출한 역량을 발휘하거나 사업운영을 배우곤 하였다. 결혼은 사제 없이 친우 모임 앞에서 행해지며, 진실성의 확인으로 영원히 맺어졌다. 여성들은 원하지 않는 결혼을 거부할 수 있었고, 남편에 대한 복종 서약을 하지 않았다. 남녀평등에 대한 퀘이커들의 철학적 주장은 현실적으로 한계가 있을 수도 있지만, 퀘이커 여성들이 당시뿐 아니

17) 여기에는 대단히 흥미로운 부작용이 있다.

> "(미국에서) 이로부터 발생한 한 가지 결과는 뉴잉글랜드의 청교도들이 그들과 같은 기독교들만 받아들이는 그들만의 신정국가를 만들었다는 것이다. 반면 펜실베니아에서는 유태인, 천주교인, 성공회교도, 메노파교도, 모라비아 교회신자, 그리고 나중에 감리교도나 다른 교파 관계자들까지 모든 이들을 받아들였다. 그 결과 필라델피아는 보스턴보다 40년 후에 건설되었음에도 불구하고, 보스턴으로부터 식민문화 중심지의 위치를 가져오게 되었다" (Brinton, 1973, 28쪽).

라 과거 그 어느 때보다도 경이로운 공적을 남겼다는 것은 부정할 수 없다. 그들은 교리를 전도하였고, 종교 책자를 펴냈으며, 종종 멀리 떨어진 곳까지 목회활동을 하면서 순회하였다. 이후 모든 유형의 사회적 개혁을 위해 선도적인 역할을 담당하게 되었다.[18)]

퀘이커들의 평등사상은 모든 직업에 확산되어 그 누구도 하찮게 여겨지지 않았다. 계급이 구분되지 않았다. 퀘이커들의 도제 시스템 안에서 도제들은 졸업하면 주인의 딸과 결혼하기를 원하였고, 그들 중 다수가 이를 실현하였는데, 이것은 퀘이커들의 네트워크를 확장시키는 효과를 가져왔다.

유연한 역학관계

조지 폭스는 영국 북부를 순회하면서 퀘이커의 역학관계 모델을 정립시킨 사람이다. 당시 퀘이커들은 성직활동의 일환으로 순회설교를 하도록 장려되었다. 그리하여 1654년까지 최소 60명의 성직자들이 영국과 웨일스에서 활동하게 되었다. 이 곳 구릉지대의 양 목축업자는 농경민과는 달리 자급자족의 생활이 불가능하였기 때문에 양모제품들과 다른 필수품들을 교환해야만 하였다. 필연적으로 마을에는 물물교환 시장이 생겨나게 되었고 규모는 작지만 거래가 활성화되었다. 퀘이커들은 여러 명이 팀을 이루어 순회하였는데 그들의 순회주기는 이러한 장이 열리는 때와 정확히 들어맞았으며, 이로써 더 큰 시장이 형성되었고 여기서 네크워크가 형성될 수 있었다. 시장에 모인 사람들은 단순히 거래활동을 하는 데 그치지 않고, 이렇게 형성된 네트워크를 이용하여 새로운 소식과 아이디어를 교환하였다.

오늘날 우리는 산업화 시대와 대조하여 정보화 시대를 말하는데, 당시

18) 여기서 현대 조직에서의 여성의 역할에 대한 교훈을 찾자면, 문제는 "유리 천장"(glass ceilings)에 있는 것이 아니라 조직의 근간을 이루고 있는 불평등한 사상에 있는 것이다.

퀘이커들이 일구어 냈던 성공적인 산업혁명에 있어 정보력은 아주 중요한 역할을 하였다.

퀘이커 사회가 융화될 수 있었던 것은 두 가지 요인에 의해 가능하였으며, 정치적인 박해를 겪으면서 그 경향이 강화되었다. 첫 번째는 퀘이커 사회의 정기적인 모임문화였는데, 이것은 보다 급진적인 성향의 동지들의 활동을 조직화하고 (종교적 박해로) 수감되어 있는 동지들의 부양가족들을 돌보아야 할 필요에서 출현하였다. 모임은 짧게는 매주에서부터 매월, 매분기, 그리고 매년 정기적으로 이루어졌다. 동류 그룹 내에서는 정신적이며, 때로는 종교적인 신성한 논의가 오가기도 하였으며, 초대와 방문이라는 형식도 일반화되었다. 그들이 어디에서 온 사람이든지 간에 모임은 항상 열려 있었다.

사회적 융화를 가능하게 하였던 또 다른 한 가지 요인은 퀘이커들이 정기적으로 자유형에 처해졌다는 데에 있었다. 온갖 종교적인 이유로 구금되면서 그들끼리 친해지게 되었던 것이다. 확실히 이러한 수감생활은 그들이 더욱더 밀접한 유대관계를 형성하고, 그들의 관점을 널리 공유하게 만드는 데 일조하였다.[19)]

이렇듯 퀘이커 사회에서 일찍이 엿볼 수 있었던 사회적 역학관계는 마치 부시맨들의 사냥 집단과 매우 유사하다고 볼 수 있다. 그들의 구조는 안정적이었지만, 그것을 구성하는 각 요소들은 끊임없이 유출입을 반복하며 변화하고 있었던 것이다.

19) 캔터(Kanter)는 다음과 같이 지적하였다.

> "박해라는 것은 친교와 응집에 있어 강력한 기능을 하고 있다. 일반적으로 적과 대면하게 될 때 조직은 그들끼리 더욱 밀착하게 되고 이러한 밀착과 결합이 많은 사회적 분쟁에 있어 그 역할을 하게 된다. 블루머(Blumer)는 내집단과 외집단의 상호 관계가 발전함에 따라 여러 사회적 행동을 설명해 주는 단결심(esprit de corp)이 발생하게 되며, 이러한 가운데 박해가 이 관계를 더욱 명확하게 해 준다고 하였다. 터너(Turner)와 킬리안(Killian)은 박해는 그룹의 가치에 상징적인 강화를 불러일으키는 무엇이라고 말하였다"(Kanter, 1972, 102쪽).

상호 의존성

퀘이커 집단의 역학관계는 그들이 믿는 종교관에 직접적으로 드러난다. 이기주의에 가까운 개인주의와 다수결의 원리를 거부하면서 말이다. 퀘이커 모임에서는 그 어떠한 투표행위도 찾아볼 수 없는데, 이는 투표행위가 모임의 목적을 찾아가는 가장 짧고 간편한 길이 될 수는 있지만 의미를 떠난 언변의 논리에만 치중하게 되는 약점을 갖고 있다고 생각하기 때문이다. 그래서 그들은 기다려 왔다. —"그리스도를 섬기기"(waiting upon the Lord)란 문구는 그들의 과정을 중시하는 성향을 묘사해 주는 데 가장 많이 쓰이고 있다.[20]

그들은 성령(the spirit)과 대화를 나눌 때 결코 외부 세계의 신성한 의식을 통해 하는 것이 아니라 흔히 그들이 "함께 하는" 만남이라 일컫는 자리를 통해 서로에게 일체감과 상호 관계를 느끼게 하는 감정들을 찾아 대화를 나누었다.

퀘이커가 개인 간의 관계를 바라보는 관점을 가장 잘 설명해 주는 것은 실존주의 철학자 마틴 부버(Martin Buber)가 말하였던 "나-너"(I-Thou 또는 I-You) 개념에서 생각해 볼 수 있다(퀘이커들은 서로를 지칭할 때 항상 "Thou"라는 말을 사용하였다).[21] "나-너"는 주체-주체의 관계를 뜻한다. 다시 말해, 주체-객체의 관계인 "나-그것"(I-It), 그리고 그 결과인 "나-나"(I-I)와는 상반되는 개념이다.[22]

20) Brinton(1973), 50쪽.

21) "기본이 되는 '나-너'(I-You)라는 말은 누군가의 전부, 일체가 될 때 비로소 쓰일 수 있다. 그 하나의 일체로 집중되고 융해되는 것은 나에 의해서만 반대로 내가 없이는 성립될 수 없다. '나'(I)는 '너'(You)에게 '나'(I)가 될 것을 요구한다. 모든 삶은 그렇게 서로 만나고 충돌하는 것이다" (Buber, 1970, 62쪽).

22) 톰 채플(Tom Chappell)의 논리에 따르면 바로 이런 부분이 현대 경영의 문제이다: "경영은 '나-그것'(I-It)의 관계에만 전부 국한되어 있다. 사람으로부터 객체를 형성시키고 있다는 것이다. 지각으로부터 객체를 선정해 내고 이를 유용한 수단-목적 전략에 대입시키고 있을 뿐이다" (Chappell, 1993, 13쪽).

요컨대, 이는 상호 의존적인 관계를 일컫는 것이다. 이 관계는 그것의 양 극단을 정반대로 변화시킬 수 있을 뿐 아니라 이러한 역량에 의해 정제되기도 한다. 이는 늘 한 방향만을 향해 치닫는 "나-그것"의 관계와는 다른 것이다. 그리하여 퀘이커 개개인이 맺고 있는 관계는 수렵유목집단에서의 리더와 구성원의 관계와 유사하다고 할 수 있다. 가끔은 내가 조직을 이끌 수도 있고, 네가 이끌 수도 있는 것이다.

행여 독자들은 경영학 서적에서 종교적인 측면을 다루는 것에 대해 의아하게 여길 수도 있겠으나, 퀘이커들은 종교와 경제 행위 사이에 구분을 두지 않았다. 사무 모임이라고 해서 세속적이지는 않았으며, 다른 모임에서와 마찬가지로 침묵 속에서 예배를 시작하였다. 퀘이커들의 상호 의존성은 서로가 서로를 대하는 행동에서부터 나타났는데, 이는 박해와 탄압 앞에 불굴의 자세를 보여 주었던 역사를 통해 더욱 확실히 드러났다. 월별 · 분기별 모임을 통해 걷어진 성금은 권력자들이 몰수한 농기구나 장비들을 정기적으로 다시 사들이는 데 쓰였다. 박해가 점차 사라지면서 모임 자체는 당시 무역업에 종사하고 있는 교도들 간의 조언 및 상담을 위한 창구가 되었다. 여기서도 마찬가지로 퀘이커들의 정신세계를 엿볼 수 있었다. 만약 한 교도가 재정적인 어려움에 처하게 되면 모임 내 일부 구성원들은 작은 그룹을 만들어 마치 컨설턴트와 같이 상황을 분석하고 해결책을 강구하기 위해 연구하는 등 가장 좋은 방향으로 조언을 해 주었다. 가치부가적 기능을 지녔던 이러한 시스템은 외부인에게도 일정한 조건만 충족하면 열려 있었다. 요구조건은 정직과 검소한 상거래, 그리고 자기자본 내에서의 사업운영 원칙을 지키면서 신뢰할 만한 기업가적 정신으로 무장되어 있다는 확신을 보여주는 것이었다.

퀘이커들의 모임은 점차 이러한 시스템 아래 구성원들을 경제주체로 양성하는 역할을 담당하게 되었다. 견습생은 상점 직원으로 채용되었으며, 이들을 훈련하기 위한 자금도 지원되었다. 또한 충분한 훈련 과정을 통해

자질이 갖추어졌다고 판단되면 자신의 상점을 운영할 수 있도록 자금을 융통해 주기도 하였다.[23)]

이처럼 누구나 알 수 있듯이 퀘이커들은 사무 모임을 통해 그들의 가치, 특히 상호 의존성을 직접적으로 드러냈다. 제3자인 외부인에 대해서도 교류 관계를 가졌다는 점은 오늘날 서양의 정부조직 시스템의 기원이 되기도 하였다. 그러나 전부는 아니더라도, 오늘날 대부분의 기업조직에서는 이러한 시스템의 기본이 되는 가치가 많이 퇴색되어 가고 있는 듯하다. 우리는 기술적인 방법론은 간직하고 있지만, 근본적인 원칙은 망각해 왔다. 신앙체계 설립에 대한 이러한 탐구는 우리가 얼마나 많은 것을 잃어버려 왔는지 일깨워 준다.

23) 오우치(Ouchi)는 이와 유사한 아시아계 미국 이주민의 자금융통 시스템에 대해 다음과 같이 기술하였다.

> "아시아계 미국 이주민들은 그들의 고향으로부터 전통적으로 전해지는 비공식적 회전신용(revolving-credit) 시스템[우리나라의 계와 유사한 성격]을 전해 왔다. 일본의 타노모시(Tanomoshi), 중국의 후이(Hui)가 대표적이다. 이것은 전형적으로 12명의 회원으로 구성되는데, 이들 모두는 개인 소유의 작은 사업을 경영하고자 하는 사람들이었다. 매달 한 번씩 회원들의 집에서 저녁 모임을 마련하고 약 1,000달러 가량의 일정액의 돈을 가지고 왔다. 저녁 모임의 주선자는 모든 회원의 돈을 모으고 – 그러면 12,000달러가 된다 – 이를 자신의 사업을 구상하는 데 쓸 수 있었다. 예를 들면, 운반용 트럭을 산다거나 자신만의 조그만 상점을 차리는 데 말이다. 이렇게 모든 사람은 한 번씩 돌아가며 자신이 원하는 때에 목돈을 손에 넣을 수 있었다. 이는 12달에 걸쳐서 모든 사람에게 한 번씩 기회가 돌아갈 때까지 계속되었다. 이와 같은 방법으로 종전에는 12,000달러라는 목돈을 저금할 수 없었던 사람들도 초기 경영자본을 마련할 수가 있었던 것이다. …누구나 타노모시, 후이에 가입할 수는 있었지만 친족관계, 종교, 지역사회 또는 경제적 성격의 네트워크로부터 벗어나기 어려웠다. 네트워크는 모임을 강하게 묶어 주는 역할을 하였다. 만약 한 회원이 지불의무를 하지 못할 경우에는 가족에게 그 의무가 전가되었다. 그래도 의무를 불이행하게 되면, 당사자뿐만이 아니라 가족 전체가 지역사회의 경제사회적인 네트워크로부터 완전히 차단되는 값비싼 대가를 치러야만 하였다. …대부분의 성인들은 일생 동안 두 개 이상의 모임에 참가하고 있었는데 이로써 과거의 의무불이행으로 인한 부채를 상환할 수 있는 기회를 얻었던 것이다. 게다가 부채의 의무는 세습되었기 때문에 아버지의 의무는 아들 세대 이후뿐 아니라, 몇백 년, 몇천 년에 걸쳐서도 지속되었다"(Ouchi, 1981, 86~87쪽).

개인의 자기지도

정신적인 측면과 실질적인 측면을 모두 중요하게 여기는 사회에서는 개인의 자기지도(self-direction)를 처음부터 열심히 고취시킨다. 전문적인 성직자가 아니더라도 남녀 구분 없이 모든 신도들에게 "마음 속으로부터의 빛"(inward light)에 다다를 수 있는 개인적인 방법을 터득하도록 장려해 왔다.

퀘이커들은 원죄를 부정하였기 때문에, 세례의식 또한 거부하였다. 그들은 인간이 이성을 깨닫는 나이에 이를 때까지는 무죄의, 즉 선(善)의 상태로 태어나 자란다고 믿는다. 그렇지만 누구나 예상할 수 있듯이 아이들이 자라면서 받는 교육이라는 것은 머리에 주입되는 지식(head knowledge) 이상의 것들을 포함하였다. 보고 느끼며 경쟁을 통해 익힌 학습이 훈계나 강한 질책에 의한 학습보다 훨씬 더 효과적이기 때문에 우선 모범을 보이는 것이 부모의 책임이었다. 책을 통한 교육을 넘어서는 교육이라 함은 다양한 경험들과 그로부터 터득한 올바른 습관을 생활화하는 것을 의미하였다. 이러한 교육은 외부와 거의 접촉이 없는 환경, 즉 먼저 가정에서, 나중에는 퀘이커 교사 및 급우들과 모임이 관리되는 학교에서 일어났다.[24)]

실제 상황에서 자기지도를 위한 훈련과, 보고 체험하면서 학습하는 방식은 퀘이커의 도제양성 시스템에서 분명하게 드러난다. 그들은 당시 교회의 권위적인 행태를 부정하는 한편, 월별 또는 분기별 사무 모임을 통해 도제양성 프로그램을 계획하여 운영하고, 특히 가난한 어린이들의 취업에 많은 관심을 기울였다. 이러한 방식들은 오늘날 우리가 소위 인적 자원 개발이라 일컫는 것의 전례가 되었다고 볼 수 있다. 다만 퀘이커들의 방식은 하나의 조직에 적용되는 사례가 아니라, 전체적인 기업군의 네트워크를 대상으로 이루어진다는 점에서 차이가 있었다. 이러한 훈련 시스템 덕분에 퀘이

24) Barbour and Frost(1988), 115~116쪽.

커들은 젊고 진취적이며 윤리적으로 건전한 품성을 지닌 후손들을 양성해 낼 수 있었으며, 오랜 세대에 걸쳐 사업을 영위해 나갈 수 있었다.

그리하여 17세기 말에 이르자, 영국 사회에서 사회적 지위로나 지리적 측면으로나 주변에 머물러 있던 퀘이커들은 가치의 공유와 상호 협력을 통한 공존의 자세를 바탕으로 그들 간의 정보 교류와 거래를 가능하게 하는 강력한 네트워크를 형성하게 되었다. 결과적으로 이러한 네트워크는 상품과 서비스의 양 측면에서 혁신을 가능하게 하는 데 중심적 역할을 하게 되었다. 나아가 퀘이커들은 동시대의 중요한 기술의 개발을 선도하였으며, 처음으로 (사회적인 면에서만 존재하였던) 대중 소비시장을 형성하였다. 그들의 혁신정신을 자세히 살펴보기 위해서는 그 정신의 발상지로 불리는 콜브룩데일(Coalbrookdale)영국 슈롭셔(Shropshire) 아이언브리지계곡(Iron Bridge Gorge)에 있는 지역으로 예로부터 제철업이 활발하였으며, 1709년 아브라함 다비(Abraham Darby) 1세가 처음 코크스 제철법을 확립만한 곳이 없다.

콜브룩데일: 변혁의 "실리콘 밸리"

18세기, 슈롭셔(Shropshire)의 세번(Severn)강을 옆에 끼고 위치한 콜브룩데일[25]은 당시 세계에서 산업화가 가장 활발히 진행되던 곳이었다. 혁신의 온상지라 할 수 있었던 이 곳은 영국 산업혁명의 요람이자 영국의 실리콘 밸리였다. 물론 당시 기적이라 일컬어지던 것은 실리콘이 아닌 철강이었다. 철강은 그 후 수백 년 간 제조 · 사용되었지만, 제조공정만큼은 당시와 크게 다를 것이 없다. 단지 가격이 오르고 다양한 제품이 만들어지는 것 외에는

25) 나는 Raistrick(1989), Trinder(1981), Windsor(1980)에서 콜브룩데일에 관한 정보를 얻었다.

말이다. 1700년대부터 시작되어 150년 동안 이 곳에서 만들어진 생산물과 혁신적인 기술은 영국을 비롯하여 산업화에 접어든 전 세계에 큰 영향을 주었다.

이 기간 동안 다비(Darby)라 불리는 퀘이커 가문은 수 세대를 거치는 동안 콜브룩데일에서 철강산업에 종사하면서 변혁을 주도해 나갔다. 다비 가문에는 아브라함(Abraham)이라는 이름을 가진 네 명의 남자가 있었다. 그러나 그들이 이 사업을 지속적으로 이끌어 나갔던 것은 아니었다. 아브라함 1세와 3세는 나이 40이 채 되기 전에 세상을 떠났고, 아브라함 2세 또한 52세의 나이로 죽었다. 때문에 그들의 자식들이 사업을 물려받기에는 너무 어렸다. 그래서 다비 가문의 어린 자식들이 사업을 이어받을 수 있을 때까지 사업은 잠시 다른 가문에게 맡겨졌다. 그러나 새로운 경영진 모두는 퀘이커들이었다. 사실 19세기까지 노동자는 물론 경영층까지도 모두 퀘이커 혈통이었다. 이러한 사실은 그 기간 동안에는 사업에 있어 상당 부분 창조적인 발상 – 예를 들어, 젊은 사람들이 경영에 참여하면서 창립자의 가치를 공유하되 창립 당시의 현상유지에는 별로 관심이 없는 등 – 이 있었다는 것을 알 수 있게 해 주는 단서라고 할 것이다. 이러한 특징들은 퀘이커의 호기심과 교육 방식에 접목되었는데, 그들은 혁신적인 제조기법을 창출하기 위해 시행착오를 겪으면서 끊임없이 손보고 실험하였다.

아브라함 다비 1세(1678~1717)는 1709년에 사업을 시작하였다. 시계수리공의 아들이었던 그는 브리스톨에 있는 맥아제조업에서 도제생활을 해 왔다. 당시 증류주를 만드는 과정에서 곡류를 건조시키기 위해 가마와 같은 화덕을 사용하였는데, 연소 과정에서 불순물이 발생하지 않도록 하기 위해 석탄을 연료로 하였다. 이는 아브라함 1세가 처음부터 석탄을 사용하는 데 많이 친숙할 수 있었던 계기였다고 할 수 있다. 브리스톨에서의 경험이 매우 값진 것이었던 또 다른 이유는 퀘이커 무역거래 상인들과의 네트워크와 인연을 맺게 된 것이었다. 자치제로서 인가되지 않은 지역이었던 브리스톨은 처음부터 퀘이커들을 사로잡았던 것이다. 그 곳이 위치해 있던 영국의 서쪽 해안은 모직물산업의 중심지가 되었으며, 나아가 미대륙과 무역거래를 가능하게 해 주었다. 그로 인해 세번강은 영국 내에서 가장 분주한 운송로가 되었다. 또한 브리스톨의 퀘이커 상인들은 콜브룩데일의 철강을 세계 각지로 수출하는 가장 큰 세력이 되었다.

아브라함 다비는 도제생활을 마치자마자 지역의 몇몇 퀘이커 놋쇠사업자들과 일을 도모하기 시작하였다. 그가 왜 그래야 하였었는지는 명확하지 않지만, 아마도 브리스톨에서 이미 놋쇠사업을 크게 일으키고 있었던 챔피언 가문(the Champion family)의 일원을 만난 것이 인연이 되었기 때문이었을 것으로 보인다. 후에 이들은 그의 가장 큰 고객이 되었다. 어떤 일에 있어서든지 이렇듯 여러 사업을 넘나들었던 그의 경험은 아브라함 다비로 하여금 모든 종류의 생산품과 관련한 생산 · 제조에 대혁신을 일으키게 하였다. 18세기 초반까지도 여전히 철강은 목탄을 연료로 하여 제조되었다. 철에 대한 수요가 늘면서 숲은 엄청난 속도로 사라져 가기 시작하였고, 제조업자는 용광로를 달굴 연료를 구하기 위해 이리저리 뛰어다녀야만 하는 지경에 이르렀다. 목탄의 가격은 천정부지로 치솟아서 급기야 영국 해군에서조차 전함을 만들기 위한 참나무가 모자라지 않을까 걱정하기 시작하였다. 목재는 이제 전략물자가 되어 버린 것이다. 결과적으로 철의 값이 올랐으며, 주로 막대기 형태로 말발굽이나 체인, 바늘, 문의 쇠붙이를 만들거나, 검과 장총을 만드는 데 사용되었다. 얇고 오목한 그릇을 주조하는 법은 아무도 몰랐다.

1705년 아브라함 다비는 놋쇠를 이용해 용기를 만드는 법을 연구하기 위해 네덜란드로 떠났다. 당시 영국에서 쓰이는 놋쇠 항아리나 접시 등은 모두 네덜란드에서 수입해 온 것이기 때문이었다. 이러한 용기들은 상당히 고가였으며, 가보로 남겨 주기 위해 특별히 이름을 붙이기도 하였다. 아마도 이러한 상황이 그로 하여금 연구에 몰두하도록 하는 자극제가 되었던 것 같다. 왜냐하면, 바로 2년 후인 1707년 그는 철을 이용하여 좋은 품질의 볼록

한 용기를 주조하는 공정에 성공하여 특허를 내게 되었기 때문이다. 또한 연료로 석탄을 함께 사용함으로써 콜브룩데일에서 철강제품을 생산하기 위한 모든 원료를 갖추게 되었다. 여기에서 한 발 더 나아가 그는 세계 최초로 원재료를 투입하면 완제품으로 생산되는 연속처리공정 구조를 개발하기에 이르렀다.

연속처리공정의 개발

만약 당신이 오늘날 퀘이커들이 묻혀 있는 콜브룩데일의 땅 위에 서서 남쪽을 바라보게 된다면 아브라함 다비 1세가 필시 그려 보았던 공정 과정을 엿볼 수 있을 것이다. 철광석과 석탄 그리고 석회석이 저장고 동쪽 언덕에 쌓여 있었다. 콜브룩 협곡으로부터 수많은 지류들은 세번강으로 통하는 골짜기로 흘러들어갔다. 일정한 주기로 물줄기를 흘려 보내기 위해 댐이 설치된 골짜기에 물레바퀴를 작동시켰고, 이는 용광로에 공기를 불어넣는 강한 펌프작용을 하였다. 원재료는 말들이 운반하였으며, 이것은 용광로 위에 쌓여졌다. 여기서 거대한 석탄더미들이 연소되었고, 이어 코크스가 만들어졌다. 석회석 역시 말들이 운반하여 그 옆에 쌓여졌는데, 일꾼들은 수레를 이용해 적당량의 석회석을 부었다. 용해된 철광석은 덩어리로 주조되었고, 이 덩어리가 다시 용광로에서 녹아 부푼 모양새를 갖추면서 항아리나 접시, 주전자 등 수많은 종류의 제품으로 생산되었다. 이렇게 만들어진 완제품들은 수백 야드 떨어진 언덕 아래 세번강의 부두로 옮겨져 브리스톨의 각지로 운반되기 위해 선적되었다. 이러한 면에서 아브라함 다비 1세는 콜브룩데일의 자연적 지형을 충분히 이용함으로써 100마일에 걸친 중력 이용 공급장치에 기반한 생산 및 유통 시스템을 일구어 낸 것이다.

철강 생산을 위한 연료로 목탄을 사용하였을 때에는 용광로의 열기가 송풍이 지속되는 30여 주 동안 또는 더 이상 목탄 공급이 이루어지지 않을 때까지 계속되었다. 그리고 다음 번 작업을 위해 용광로 내부 벽돌을 다시 쌓고 수리하는 데 석 달이 걸렸다. 그러나 석탄을 사용하면서부터 많은 양의 채굴을 위해 영국에 거대한 석탄산지가 개발되었고, 간헐생산체제(batch production)로부터 연속생산체제로의 혁신적 변화가 일어나게 되었다.

연료문제가 해결되고 생산공정이 꾸준히 개선되자, 아브라함 다비는 또 다른 거대한 장벽에 부딪히게 되었다. 물의 공급이 계절에 따라 달랐던 것이다. 콜브룩은 강우량이 많을 때에는 물살이 빨랐으나, 가뭄이 들면 물줄기가 줄어 물살도 느려졌다. 댐의 크기에는 한계가 있었고, 따라서 한여름 가뭄에 물레바퀴는 충분한 수력을 제공하지 못하였다. 때문에 평균적으로 40주 동안 한 번의 공정이 가동된 다음에는 한동안 작업이 중단되어야만 하였다. 이 문제는 리처드 포드(Richard Ford, 1689~1745: 아브라함의 사위로 1717년 아브라함의 사후 사업을 물려받았다)에 의해 그 해결의 실마리가 보이기 시작하였다.

포드는 새로운 시도로 마력을 이용한 수력펌프를 각 용광로마다 설치하였는데, 이것은 물이 한 차례 물레바퀴를 돌리고 나면 위로 올려져 다시 사용될 수 있게 해 주었다. 비로소 용광로의 송풍구는 훨씬 더 오랜 기간 지속될 수 있었는데, 최장 4년에 이르렀다고 한다. 이는 생산력과 품질의 향상을 가져왔을 뿐만 아니라, 종종 발생하였던 용광로의 비싼 기회비용을 대폭 줄이는 데 기여하였다. 그러나 마력은 단지 임시적인 해결책이 되었을 뿐이다. 왜냐하면, 곧이어 콜브룩데일의 또 다른 값진 발명이라 할 수 있는 증기기관이 이를 대신하였기 때문이다.

증기기관과 기차의 발달

처음 나왔을 당시에는 펌프 동력으로만 이용되던 증기기관이 기차의 동력으로 사용되기까지는 거의 100년의 세월이 걸렸다는 사실을 아는 사람은 많지 않다. 아울러 철로를 사용하기까지는 보다 더 많은 세월이 흘러야 하였다. 그리고 이 두 가지 기술혁신이 모두 일어난 곳은 바로 영국의 콜브룩데일이었다.

뉴커먼(Newcomen)이 1715년에 실제 사용 가능한 증기기관을 최초로 특허 출원한 이래 이것은 광업에 있어서 필수품이 되었다. 초기에 사용된 증기기관의 실린더는 황동으로 만들어진 제품으로 네덜란드에서 수입되었는데, 마치 가정에서 쓰는 냄비와 같은 모양이었다. 가격은 엄청나게 비쌌지만, 그래도 얇게 주조할 수 있었으며, 빠르게 냉각되는 특징이 있어서 이것을 가지고 작고 효율적인 증기기관을 만들 수 있었다. 한편, 철은 황동에 비해서 효율이 떨어지는데다가 크기도 컸지만 대신 가격이 저렴하였는데, 뉴커먼은 1722년에 최초로 거대한 철 실린더를 만들게 된다.

초창기 증기기관은 직선으로 운동하였기 때문에 회전운동이 필요한 곳에 바로 이용할 수는 없었다. 1743년에 리처드 포드와 아브라함 다비가 뉴커먼 엔진을 설치하였던 곳은 양수기였는데, 이전까지 동력은 말이었다. 그렇지만 물레방아는 여전히 캠(cam)[바퀴의 회전운동을 왕복운동으로 바꾸는 장치]을 회전시켜 송풍기를 작동시켜 주는 가교장비로써 그 기능을 하고 있었다. 뉴커먼의 엔진을 새로 디자인하고 기능을 향상시키기까지는 거의 40년의 세월이 걸렸고, 이는 제임스 와트(James Watt)에 이르러 절정에 달하였으며, 1781년에 이르러서야 아브라함 다비 3세가 새로운 증기기관을 송풍기에 직접 연결할 수 있게 되었다. 그러나 그때는 이미 영국 전역에 걸쳐 증기기관이 사용되고 있었으며, 생산량 또한 1709년에 아브라함 1세가 만들었던 증기기관보다 10배나 많았다.

콜브룩데일에서의 또 다른 기술혁신은 바로 전차 선로의 발달이었다. 이는 운송문제를 해결하기 위해서였는데, 말의 경우 한 마리당 200~300파운드의 짐을 운반하는 데 그쳤고, 비용도 많이 들었으며, 심지어 도로를 지저분하게 만들어 버리기 때문이었다. 1740년대 후반에 아브라함 2세는 도로를 상하지 않게 하면서 짐수레와 마차를 끌기 위해 자신의 토지에 나무로 만든 선로를 설치하였다. 그러나 나무로 만든 선로는 쉽게 망가졌으며, 이러한 단점을 보완하기 위해 1767년 아브라함 2세의 사위인 리처드 레이놀즈(Richard Reynolds)가 금속을 이용해서 선로를 만드는 방법을 고안해 냈다. 어떤 이들은 철도의 철로를 만들려는 생각이 나온 배경에는 7년전쟁(the Seven Years' War, 1756~1763)이 끝난 후 철에 대한 수요가 급감한 것이 원인이라고 말한다. 철로를 만들면서 제철산업은 불황을 타개해 나갔고, 반대로 철의 수요가 늘어나면 철로를 다시 녹여서 사용하기도 하였다.

어떻든 이와 같은 이유로 철로가 처음 만들어졌고, 그 결과는 대성공이었다. 1785년에 이르러서는 콜브룩데일에서 20마일에 걸친 철로가 만들어졌다. 말 한 마리가 철로 위에서 15톤짜리 짐수레를 끌고 다닐 수 있었으며, 수레 또한 나무가 아닌 철로 제작된 것이 보다 견고하였다. 결국 콜브룩데일은 이런 여러 가지 제품들에 대한 개척지가 되었다.

운하와 교량과 철도의 발달

18세기 중반에 콜브룩데일에서는 석탄을 사용해서 값싸고 질 좋은 철을 만들기 시작하였는데, 이는 다양한 산업을 발전시켰으며, 새로운 제철제품에 대한 수요를 증가시켰다. 이전에 영국에서는 수많은 작은 규모의 산업들이 산재해 있었으나, 제철산업이 발달하면서부터는 개개의 산업들이 연결되기 시작하였다. 영국 전역에 걸쳐서 완성품 또는 원료를 운반하기 위한 화물운송 수요는 늘어만 갔고, 이는 특히 광업에서 두드러졌다. 이 당시 영국에서는 수천 마일에 걸쳐 있는 강을 이용하여 운송이 이루어졌는데, 강은 필요한 곳에 제대로 연결되어 있지 않았으며, 한꺼번에 많은 물량을 소화할 수도 없었다. 또한 길에 선로가 있기는 하였으나 이것도 별반 큰 도움이 되지 않았다.

운송문제 해결을 위한 첫 번째 방법은 바로 운하였다.[26)] 운하를 통해 거대한 화물에 대한 운송효율이 좋아졌다. 말 한 마리는 300파운드의 짐을 등에 실을 수 있고, 마차로 3톤의 짐을 끌 수 있으며, 철로 위에서는 15톤까지 운반이 가능하였으나, 운하를 통해 바지선으로 운반할 때에는 말과 같은 속도로 100톤까지 운반할 수 있었다. 운하가 처음 만들어지고 80년이 지난 후 운하는 4,000마일까지 만들어지게 되었으며, 이렇듯 거대한 운하의 네트워크는 마차와 철로에 의해 곳곳으로 연결되었다. 리처드 레이놀즈와 그의 아들인 윌리엄 레이놀즈(William Reynolds)는 콜브룩데일 및 이웃하는 여러 산업의 수요를 충족시키기 위해 운하 건설을 후원하게 되었다.

슈롭셔의 요동치는 상황 속에서 운하의 건설은 많은 문제점을 드러냈고, 이를 해결하기 위해 민간 기술자들의 노력이 필요하였다. 운하는 일정한 깊이를 유지하고 수문을 작동시키기 위해 물이 계속해서 공급되어야만 하였다. 따라서 운하의 바닥은 누수 방지를 위해 잘 봉해졌으며, 수문의 운용과 가뭄에 대비한 펌프도 갖추어졌다. 운하의 바닥은 평평해야 하였으므로 산을 지나갈 때는 터널을 만들었고, 깊은 골짜기를 지나갈 때는 돌기둥으로 운하를 지탱해야 하였다. 골짜기를 지나는 수로는 철로 만들어서 단단히 고정시켰는데, 콜브룩데일에는 이런 것들이 많이 있었다.

서번강 협곡(Severn River Gorge)과 같은 골짜기는 너무 넓고 깊어서 수로가 통과하기에 힘들었다. 이에 대한 해결책은 일명 인클라인드 플레인(inclined plane)이라는 것이었다. 이것은 일종의 엘리베이터로서 화물선을 실어서 위 아래로 나르는 장치였으며, 증기기관으로 작동하였다. 도르레와 함께 두 개의 레일로 이루어져 있는 이 장치는 철도의 창안자 중 하나였던 윌리엄 레이놀즈에 의해 개발되어 운하회사들 사이에서 광범위하게 사용되었다.

26) 운하에 대한 정보는 Gladwin(1988)과 Hadfield and Boughey(1994)에서 인용하였다.

18세기 후반 콜브룩데일에서는 사업 초창기 제품인 철제 냄비, 솥, 창살뿐만 아니라 여타 많은 종류의 철제품을 생산하였다. 그러나 총이나 대포와 같은 전쟁도구는 만들지 않았으며, 이것은 군수산업에서의 주기적인 경기변동으로부터 제철산업이 영향을 받지 않고 다른 여타의 성장 산업들과 결합될 수 있는 기회를 주었다.

아브라함 다비 3세는 콜브룩데일에서 증기기관의 개발을 계속 진행하였다. 그러나 그가 이룬 최고의 성과는 서번강을 가로지르는 세계 최초의 철교를 건설한 것이었다. 철교는 1779년 아무런 사고 없이 석 달 만에 세워졌는데, 강 위로 50피트 높이에 100피트 너비의 규모로 400톤의 주물이 사용되었다. 이 다리를 보기 위해 유럽 전역에서 사람들이 몰려왔고, 그들은 다리의 모습에 감탄하였다. 철교의 건설은 18세기에 나무와 돌 대신 철로 건축물을 만들 수 있다는 가능성을 열어 주었으며, 아브라함 다비 3세는 이 공로로 기술자협회(the Society of Arts)로부터 금메달을 수상하기도 하였다.

더욱 중요한 점은 콜브룩데일이 퀘이커 네트워크를 충분히 이용함으로써 모든 산업의 중심지로 자리잡았다는 것이다. 다비 가문의 사람들은 주요 발명가들과 함께 일하거나, 혹은 자신들 스스로 기술을 발전시키면서 150년 동안 철을 이용한 기술혁신에 관여하였다. 예를 들어, 윌리엄 레이놀즈는 매튜 볼튼(Matthew Boulton)이나 제임스 와트와 같은 증기기관 개발자들과 밀접한 관계에 있었는데, 속도 제어장치와 회전축을 가지고 두 개의 동력을 발휘하는 이들의 증기기관 모델은 가장 널리 사용되었다. 콜브룩데일은 많은 양의 실린더와 펌프 통을 만들었으며, 이를 통해 증기기관의 송풍장치를 직접 제어할 수 있었다. 19세기에 이르면 마침내 리처드 트레비딕(Richard Trevithick)이 기차나 배에 사용할 수 있는 작은 크기의 증기기관을 만들어 내는데, 그의 작업의 상당 부분은 콜브룩데일에서 이루어졌다. 이렇게 다비 가문은 기차와 배의 엔진으로 사용하기 위한 증기기관의 초창기 개발에 깊숙이 관여하였다.

제철산업의 발달은 콜브룩데일에서 70년 동안 계속되었다. 1795년 대홍수 때에 서번강에 있던 모든 다리들이 심각하게 파손되었으나, 철교만은 부서지지 않았다. 이 사건을 계기로 철교가 다른 재료로 만든 다리보다 훨씬 튼튼하다는 것이 입증되었고, 수십 년 동안 콜브룩데일은 영국 전역에 걸쳐 철교를 건설하였으며, 심지어는 자메이카와 같은 먼 나라에까지 철교를 수출하였다. 그리고 19세기에 이르면 철제 기둥과 철제 빔을 사용한 최초의 방화(fireproof)철교가 등장하였다. 이러한 기술의 발전은 철강제품에 대해 급속히 성장하는 새로운 시장을 열어 주었다.

초창기 철도 개발에 있어서 퀘이커들과 함께 콜브룩데일은 철도산업의 중심지가 되었다. 처음 철도가 운송수단으로서 모습을 드러냈을 때, 사람들은 이것이 단지 운하로 가는 기존의 철로를 대체하기 위한 것이라고만 생각하였다. 어쨌든 광산이나 공장 그리고 대형 창고들이 모두 운하 주변에 위치하고 있었으며, 위치를 바꾸기도 쉽지 않았다. 결과적으로 철도에 대한 투자는 대부분의 사람들에게 굉장히 모험적인 것으로 생각되었으나, 모든 투자자들이 다 그렇게 생각하는 것은 아니었다. 퀘이커 기술자인 에드워드 피즈(Edward Pease)가 1820년 첫 번째 철도를 만들었을 때는 아무도 투자하는 사람이 없었는데, 그는 자금을 모으기 위해 퀘이커 네트워크에 도움을 청해야만 하였다. 피즈는 "로켓기관차"의 개발자인 조지 스티븐슨(George Stephenson)과 가까운 친구로 그의 계획이 훌륭하다는 것을 금새 알아차렸다. 결국 퀘이커 네트워크는 철도를 상용화시켰으며, 영국 최초의 철도회사인 스탁턴 앤 달링턴(Stockton and Darlington)은 퀘이커 라인(Quaker Line)으로 알려지게 되었다. 회사는 크게 성공해서 철도가 개통된 이후 달링턴에서의 석탄 가격은 절반으로 떨어졌고 값싼 석탄을 구입하기 위해 사람들이 몰려들었다. 초기의 기관차는 화물선을 끄는 말만큼 끌 수 있었으나 속도는 훨씬 빨랐고, 건설 · 유지비용 또한 운하에 비해 훨씬 저렴하였다. 바야흐로 철도 붐이 일어났으며, 머지않아 운하를 무색하게 만들었다.

퀘이커의 업적

나는 퀘이커들이 성취(achievments)한 내용들을 업적(accomplishments)이라고 말한다. 왜냐하면, 그들은 무언가를 성취하고자 하였던 것이 아니며, 세상을 변화시키고자 하였기 때문이다. 그들은 자신들의 신념대로 살았고, 말 그대로 "선을 행함으로써 올바로 잘 살았다"(By doing good, they did very well).

경제에서

영국 산업혁명 기간 중 콜브룩데일의 놀라운 사업 성공은 다른 산업과 다른 지역에서 계속해서 반복되었다. 비록 시작은 미미하였으나, 퀘이커들은 면과 양모(바클레이(Barclay), 거니(Gurney)), 석탄과 황동(챔피언(Champion)), 양조업(버튼(Burton), 트루먼(Truman)), 제철(다비(Darby), 로이즈(Lloys)), 철강(헌츠만(Huntsman), 랜섬(Ransome)), 식료품(캐드버리(Cadbury), 프라이(Fry), 헌틀리(Huntley) & 팔머(Palmers), 론트리(Rowntree)), 도자기(쿠크워디(Cookeworthy), 챔피언(Champion)) 및 화학약품(알렌(Allen) & 핸버리(Hanbury), 크로스필드(Crossfield), 레킷(Reckitt)) 등에서 주도적인 사업가가 되었다. "애틀랜틱 커뮤니티"(Atlantic Community)라고 불렀던 자신들의 공동체를 통해 퀘이커들은 미국과 영국 사이에서 무역상으로 활발하게 활동하였으며, 미국에서의 각종 사업에 있어서 중요한 역할을 수행하였다.[27] 예를 들면, 철강산업에서 베들레헴 스틸(Bethlehem Steel)과 루켄스 스틸(Lukens Steel)은 모두 퀘이커들에 의해 설립되었으며, 조셉 와튼(Joseph Wharton)은 철강산업에서 모은 재산을 펜실베니아 경영대학원에 기부하기도 하였다. 여러 개의 산업이 융합되어 이루어지는

27) "보스턴 차 회의"(The Boston Tea Party)는 퀘이커들의 배 위에서 개최되었다.

주요한 기술혁신들은 퀘이커 네트워크를 통해서 나타났다. 예를 들어, 표백과 염색 공정은 비누와 화학약품 산업의 전신이 되었으며, 코크와 제철 산업의 관계 또한 마찬가지였다.

퀘이커들은 이제 기초 산업으로부터 제조업 또는 금융업과 같은 제3차 산업으로 진출하기 시작하였으며, 법적인 규제가 제대로 이루어지지 않던 시대에 그들의 정직성과 진실성에 대한 평판은 당연히 경쟁우위를 점하게 하였다. 로버트 바클레이의 후손들은 바클레이즈은행(Barclays Bank)을 설립하기 전에 양모 무역을 통해 부를 축적하였고, 또 다른 영국 주요 상업은행인 로이즈는 다른 금융회사들과 마찬가지로 퀘이커들이 일구어 낸 사업이 그 시초이다. 퀘이커들은 기록을 하는 데 다소 강박적일 만큼 철저하였으며, 계산 또한 매우 정확해서 초기 사업에 구할 수 있는 가장 정확한 그림을 주었다. 회계법인인 프라이스워터하우스 앤 컴퍼니(Price Water House & Company)와 광고대행사인 월터 톰슨(J. Walter Thompson)이 퀘이커들에 그 기원을 두고 있는 것은 그리 놀라운 일이 아니다.

사회에서

퀘이커들은 애초부터 사회 공동체적인 활동가들이었다. 그들은 평등주의와 보편주의를 바탕으로 노예제도를 비난하면서 자신들의 노예를 자유롭게 해 주었으며,[28] 감옥과 수용소와 기타 모든 종류의 제도를 개혁하려는 노력을 멈추지 않았다.

퀘이커들은 중간관리자들에 대해 특별한 관심을 가지고 있었는데, 이것은 산업공동체의 유대와 인적 자원의 활용 면에서 선구자적인 노력이었

28) 1696년 필라델피아 연례 회의에서 최초로 노예의 수입을 반대하며, 노예제도에 관한 공식적인 언급이 있었다. 그러나 1754년에 가서야 이 회의는 노예제도가 "부당한"(unrighteous) 것이라고 선언하였다.

다. 그들은 오늘날 활용되고 있는 경영기법의 상당수를 최초로 개발하였다. 최초의 가정방문 판매조직은 비누산업에서 일상적인 일이 되었으며, 의료기금, 연금정책, 회사 연찬회, 사회봉사 활동 등은 모두 19세기 퀘이커들의 사업으로부터 발달되었다. 본빌(Bournville)의 캐드버리(Cadburys)나 요크(York)의 론트리(Rowntrees)와 같은 퀘이커들은 사회활동가들이었다. 그들은 자선사업을 하고 공공 도서관, 학교, 병원 등을 지었으며, 정신병자들을 위한 수용소와 자신들의 근로자들을 위한 생활공동체를 만들기도 하였다. 그리고 이 모든 것들은 정부에서 복지정책이라는 이름으로 시행되기 오래전부터 이루어졌다

과학에서

어디에서나 퀘이커들은 발명 및 발견과 관련을 맺고 있었다. 원자의 발견자인 존 돌턴(John Dalton), 소독약품을 연구하고 개발한 외과의사인 조셉 리스터(Joseph Lister)는 모두 퀘이커였다. 퀘이커들은 실습과 실험을 중시하였는데, 이것은 진실을 발견하고자 하는 개개인의 노력 및 새로운 과학 기술을 원하는 시대 분위기와 완벽한 조화를 이루었다. 많은 이들이 자신들의 정규 직업에 부가하여 과학에 관련된 취미를 가지고 있었다. 대영왕립학회(British Royal Societies)의 회원으로서 그들의 대의권은 전체 일반 인구에서 그들에게 기대되는 비율보다 무려 40배나 높았다.

산업혁명 이후의 퀘이커주의

독자들은 아마도 이 책에서 사례를 살펴보는 방식으로 볼 때에 퀘이커

들의 이러한 역동성이 시간이 지남에 따라 약화되었다는 내용이 나올 것으로 예상할 것이다. 퀘이커들의 물질적인 성공이 "사냥꾼 사회"로부터 "정착농 사회"로의 이동을 촉발시켰다는 사실은 그리 놀라운 일이 아니다. 게다가 시간이 지남에 따라 그들은 미래가 아닌 과거를 바라보게 된 듯하다. 자신들의 신앙에 대해서 지적으로 탐구하게 되면서 감정적인 열정은 사라지기 시작하였다.

초창기 50년 동안 그들은 행동양식으로서의 종교적인 전통을 거부하였었으며, 다른 어떤 종파보다도 왕성한 저술활동을 하였다.[29] 1700년에 이르러 그들의 전통이 결정되기 시작하였고, 모임을 통해서 구성원들은 자신들의 역사를 알게 되었으며, 그 결과로 저술활동은 쇠퇴하게 되었다. 바버(Barbour)와 프로스트(Frost)에 따르면, 1725년까지 퀘이커들의 행동양식은 표준화되어 『그리스도의 가르침』(*Christian and Brotherly Advice*)이라는 책에 기록되었으며, 탄생에서부터 죽음까지의 인생에 여러 가지 복잡한 규정들이 등장하였다. 풍요로움이 안정적인 생활방식에 무너진 것이다.[30]

많은 퀘이커들이 미국으로 이동하면서 문제는 더욱 악화되었다. 영국에서 계속된 모임들은 구두로만 그리고 경험으로만 전통을 계승하였으며, 더 이상 모든 이들이 지득하였던 사실을 기록할 필요가 없었다. 미국에서 새로운 상황에 직면하면서 퀘이커들은 의존할 수 있는 과거의 기억들을 잊어버린 상태였고, 이것은 "사냥꾼"으로서의 기억을 상실하고 "정착농"으로서의 삶에 익숙해져 버린 것과 같았다. 그리고 기록되어 있는 내용에 대해서도 해석이 제각각이어서 일치를 이루지 못하였고, 결국 18 · 19세기에 영국과 미국에서 퀘이커들은 분열되고 말았다. 이 시기에 많은 퀘이커들이 감리교로 이동하게 된다.

게다가 부를 축적하면서 퀘이커들은 기존의 교리에 따라서 사는 것을

29) Barbour and Frost(1988), 61쪽.
30) Barbour and Frost(1988), 95쪽.

귀찮게 여기게 되었다. 많은 이들이 영국교회나 보수정당에 가입하였으며, 부의 축적이 아닌 부의 소유권을 인정하는 제도에 관심을 가지게 되었다.

퀘이커들의 사업은 거대한 조직으로 성장하였지만, 세 번째 및 네 번째 세대들은 선조들이 만들어 놓은 큰 조직을 운영하는 데 어려움을 겪었다. 사업의 많은 부분이 공공 부문으로 변화되거나 공공 기업에 인수되었다. 이처럼 퀘이커들의 사업은 브리티시 스틸(British Steel), 아이 시 아이(I.C.I.), 유니레버(Unilever)에서 보는 바와 같이 거인으로 성장한 상태였다.

퀘이커들의 업적은 19세기 중반에 절정을 이루었는데, 비록 그 세력이 그때 이후로는 점점 약화되기는 하였어도, 그들이 사회 전체의 변화에 중요한 기여를 한 것은 분명하다.

조직변화 모델의 재논의

영국 산업혁명 과정에서의 퀘이커들의 역할에 대한 복합적인 이야기는 그림 4-1에서 명확하게 정리될 수 있다. 그림은 엘리자베스 1세 여왕 사후인 1620년대 왕과 의회 사이에 긴장감이 팽팽하던 강제적인 분위기의 영국 사회에서 시작된다(1). 이러한 상황은 시민전쟁(2)과 뒤이은 찰스 1세의 처형으로 엄청난 충격을 받았다. 그 여파로 사회는 산산이 조각나지만(3), 구성원들은 여전히 혼란스럽고 파괴적인 과정에서 행동을 제약받는다.

그러나 곧 사회 구성원들은 이성적인 행동을 찾아가고(4), 퀘이커들의 경우 조지 폭스, 로버트 바클레이, 윌리엄 펜과 같은 인물들이 나타난다. 그들의 행동은 합리적이지만, 원인과 결과의 이해(내가 지금까지 이야기해 왔던 유형의 합리성)에 바탕을 두고 있지 않고, 그러한 행동들이 표상하는 도덕적인 가치에 바탕을 두고 있다. 이와 같이 가치에 바탕을 둔 행동들은 많은 추

| 그림 4-1 | 위기와 갱신의 순환주기

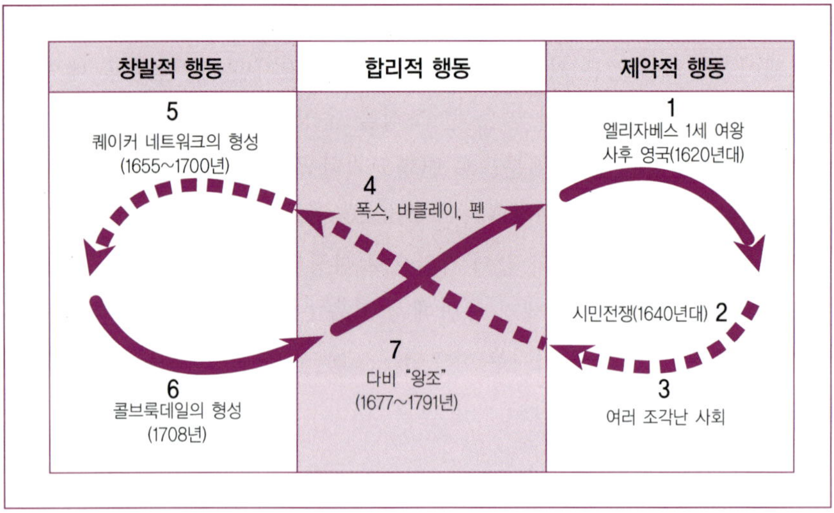

종자들과 함께 퀘이커 공동체와 네트워크를 형성하게 된다(5). 여기서의 행동들은 속박에서 벗어난 새로움의 연속, 즉 창발적인(emergent) 행동양식을 말한다.

곧 콜브룩데일에서와 같은 사업이 시작된다(6). 초기에는 작은 규모의 무계획적인 활동들이 이어지지만 사업이 성공하면 조직적인 구조로 변해가면서 사업은 도약한다(7). 그리고 이와 같은 행동의 결과로 사회 전체가 새롭게 갱신하는 것이다.

나는 수학의 무한대 기호 모양과 같은 그림 4-1에 적용될 사건을 선택하느라 신중하게 고민해 왔다. 그리고 이 그림은 변화에 대한 우리의 생각을 정리하고, 전체로서의 과정을 생각하는 데 도움을 줄 것이다.

다음 장에서는 그림 4-1의 모형의 기원과 그 모형이 조직변화에 대해서 의미하는 바가 무엇인지, 그리고 현대 조직과 경영활동에 있어서 어떻게 적용될 수 있는지를 살펴볼 것이다.

Chapter 5

성장과 갱신

생태순환주기

인간조직에서의 생태순환주기

경영행동에 대한 관점

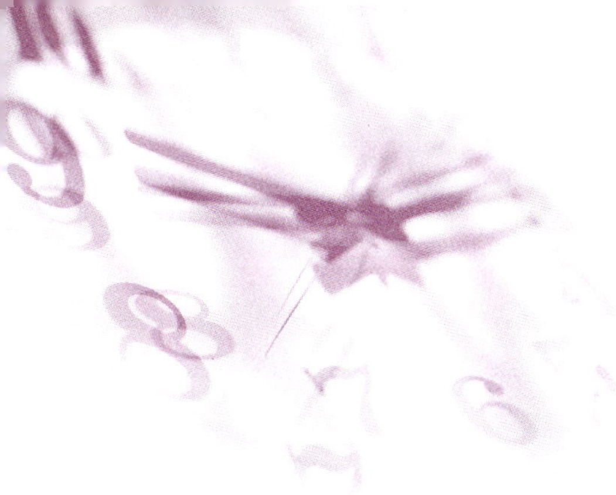

Chapter 5

성장과 갱신*

이 장에서는 자연생태계 연구로부터 개발한 변화와 갱신의 유용한 모델에 대한 개념을 살펴볼 것이다. 여기서 생태순환주기(ecocycle)는 사회조직에 적용 가능한 모델로 조정하였는데, 순환주기의 각 단계를 통해 경영조직의 일련의 진행 과정을 좇아가 보면 모델의 역학관계와 (상황)범위가 분명해질 것이다. 이 장의 마지막에서는 조직의 변화와 갱신의 모델이 관리자들에게 시사하는 바를 다룰 것이다.

생태순환주기

나는 동료인 브렌다 짐머맨(Brenda Zimmerman)과 함께 생태순환주기 모델을 발견하였다. 이 모델은 복잡한 생태계 진화 연구에서 도출되었으며, 생태학에서 다루어지는 "무한순환고리" 형태를 띠는 것으로 차별화된다.[1)] 이 모델이 어떻게 개발되었는지 이해하는 것은 생태순환주기를 통해 자연

* 이 장에서 생태순환주기 구조와 그 안에서 벌어지는 진행 과정들에 대한 설명은 「수명주기에서 생태순환주기로: 복합적 시스템의 성장, 성숙, 파괴 및 갱신에 관한 새로운 시각」(Hurst and Zimmerman, 1994)이란 논문에 부분적으로 기초해 있다.

1) 생태순환주기는 Hollling(1986, 1987)으로부터 차용하였다.

Ⅰ그림 5-1Ⅰ 숲의 탄생 · 성장 · 파괴 · 갱신

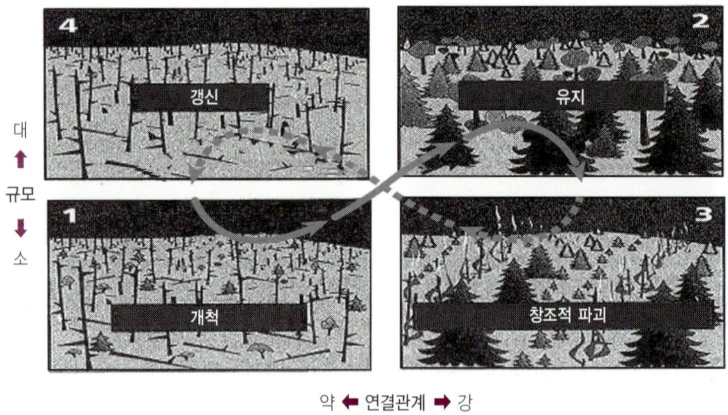

출처: Holling(1987), 145쪽, 엘스비어 사이언스(Elsevier Science)의 승인을 받아 리프린트함.

생태계 구조의 발자취를 따라가는 데 도움이 되는데, 모두에게 친숙한 숲을 예로 들어 이러한 복합적 자연생태계 구조를 살펴보도록 하겠다(그림 5-1).

숲의 생태순환주기

숲은 다른 복합적 조직과 마찬가지로 여러 개의 소규모 하부 조직으로 구성되어 있다. 이러한 하부 조직들은 상호간에 영향을 미치고 자체적인 변화의 과정을 거친다. 특정 나무군집과 같은 하부 조직들은 "작은" 숲으로써 작용하며, 그 작용은 전체로서의 숲과 닮아 있다. 숲의 총체적 순환은 종합적 시스템에서 일반적으로 나타나는 특성이며,[2] 언제 어느 부분에서라도 각 순환의 단계를 거치게 된다.

2) 숲과 같은 복합적 구조의 자기조직화 양상은 각 단계마다 상대적으로 간단한 규칙의 반복된 적용을 기초로 한다. 사회구조에서 자기조직화의 역학관계는 Drazin and Sandelands(1992)를 참조하기 바란다.

순환 단계를 살펴보면 성장(growth), 유지(conservation), 파괴(destruction)와 갱신(renewal)의 과정이 있고, 각 과정 사이에는 과도기(transition)가 존재한다. 자연생태계는 복잡한 구조 속에 여러 가지 변수들이 있어 변화시기를 정확히 가늠하기란 어려운 일이지만, 대개 위와 같은 순서에 따라 일련의 형태로 진행된다. 각 순환의 과정은 연속적이기 때문에 위 그림에서 참조의 편의를 위해 단계별로 번호를 매겼다. 그러면 생태학에서 "탄생"(birth) 또는 "개척"(exploitation) 단계라고 불리는 수명주기(life cycle)의 시초를 우선 살펴보도록 하자.

개척(제1단계)

생태계의 제1단계는 이용 가능한 공간에서 빠르게 군체형성(colonization)을 해 나가는 것으로 특징지을 수 있다. 예를 들면, 큰 나무가 쓰러져 숲에 틈이 하나 생기면 해당 부분에 미기후(microclimate)주변 지역과 다른 특정 좁은 지역의 기후가 형성되며, 이러한 임시 개방 공간은 많은 생물들이 에너지와 자원에 균등하게 접근할 수 있게끔 해 준다. 이것은 사냥꾼들에게 번영을 가져다 준 즉각적 수익창출체계의 생태학적 대응이라고 볼 수 있는데, 자원 이용이 용이하고, 적은 투자로 결과를 얻을 수 있기 때문이다. 따라서 다양한 동식물은 초기에 이러한 개방된 공간으로 이주하여 서식한다.

이러한 생물들의 대부분은 몇몇 생태학자들이 r-전략가[3]라고 칭하는

3) 설명을 부가하자면, "순수한 r-전략가들은 자원을 처음 이용할 수 있을 때, 이를 개척하기 위해 빠르게 이동하는 조직이다. 그들의 구조형성 비용은 자본 투자의 낮은 단계를 요구하는 행위에 집중함으로써 저렴하다. 오로지 확장의 스피드를 이용하기 때문에 r-전략가라고 불린다. 그들의 성공은 최초 이주자란 이점에 대단히 의존해 있고, 이것이 그들을 일시적으로 자원이 풍부한 환경으로부터 최대한 얻을 수 있는 고위험 · 고수익 조직으로 만든다. 그러한 조직은 자원 유용의 양상이 매우 불확실하고 자원이 시공에 걸쳐 흩어져 있는 곳에서만 없어지지 않고 남아 있다. 중요한 자원들이 확실히 구해질 수 있는 곳에서 착취적 전략들은 조직이 경쟁적 효율성을 중시하는 상황에 직면하게 되면 보통 실패할 것이다. 따라서 변하지 않는 것은 r-전략가가 아니다" (Brittain and Freeman, 1980, 311~312쪽).

것인데, 전술하였던 사냥꾼과 마찬가지로 고도의 생산성, 유동성과 번식력을 지니고 있다. 이용 가능한 공간에 일찍 자리잡은 생물들은 자원의 부족이나 상호 충돌 없이 성장할 수 있으며, 각 생물들은 느슨하게 연계되어 있어 자원을 다양한 방법으로 소통시킬 수 있다.[4)]

r-전략가는 개방된 공간이 나타나면 이를 재빨리 이용하는 기회주의적인 "개척자"이기도 하다. "최초의 이주자"들이 성장하면서 몇몇 종들은 다른 종들보다 더 번성하리라는 것은 앞에서 다루었던 일련의 예들로 짐작할 수 있다. 시간이 흘러 개방된 공간이 여러 생물들로 붐비게 되면 상호 충돌이 시작되고 각기 종들의 결속은 점점 강해진다. 큰 식물은 작은 식물이 빛을 쬘 수 없도록 가리고, 가지와 뿌리를 뻗어 나가는 식물들은 그렇지 못한 것들의 생장을 방해하는 식으로 말이다. 많은 제약에도 불구하고 살아 남을 수 있었던 평범한 생물들(generalists)은 보다 안정되고 일반적인 환경에서 생태적 지위를 가진 특정 생물들(niche specialists)에게 그 자리를 내어 주게 된다. 몇몇 커다란 종들이 개방된 공간을 차지하면서, 보다 작은 생태적 계층구조로 나뉘고, 생태순환주기의 다음 단계로 점차 변이하기 시작한다.

생태계의 이 단계에 대한 앞선 설명은 지나치게 단순화된 점이 없지 않다. 진정한 숲의 역학관계[5)]는 대단히 복잡한데, 예를 들어 열대 지역과 온대 지역의 숲의 구조 사이에 차이가 있듯이 구조적인 차이점들이 존재한다. 그럼에도 불구하고 r-선택[6)] 환경에서의 이러한 착취적 과정의 존재는 순환

4) 일반적으로 연결(connectedness)은, 가령 조밀도(density), 결합(connectivity), 계층(hierarchy)과 같은 네트워크의 재산과 연관이 있다(Ibarra, 1992). 느슨한 연결구조는 느슨히 연결된 한 쌍의 구조의 집합이다(Weick, 1976; Orton and Weick, 1990). 느슨히 연결된 한 쌍의 구조는 상호간에 갑작스럽게, 때때로 그리고 간접적으로, 영향을 미친다(Orton and Weick, 1990, 203~204쪽).

5) 숲의 역학관계에 대한 정보의 출처는 Terborgh(1992), 90쪽이다. 숲에서의 종의 계승의 복합성에 대해서는 Loucks(1970)에 의해 논의되었다.

6) r-전략 조직과 r-선택적 환경은 조직의 기능이나 환경에 따라 동전의 양면과 같이 상호 보완적이다. 시간 t에 따른 인구 X의 성장률을 인구의 자연적 재생산률 r과 환경이 지닌 수용능력 K로 계산하는 Pearl-Verhulst logistic 방정식에서 용어의 앞에 붙는 r과 K를 따왔다. 시간에 따른 인구변화의 등식은 $dx/dt = rX(K-X)/K$이다. 처음에 K가 X에 비해 매우 크면 인구성장률은 자연적 성장률 r에 가깝다. X가 커짐에 따라 환경의 수용능력은 더 이상 인구의 성장이 커지지 않는 X와 같아질 때까

과정에서 이 단계에 있는 모든 숲들을 특징짓는 것으로 보인다.

개척(제1단계)~유지(제2단계) 사이의 과도기

숲의 생태공간이 점차 붐비게 되면서, 경쟁은 심화되고 효율성이 중요한 문제로 대두된다. 살아 남은 생물체는 기회주의적 개척자 때와는 다른 양상을 보이기 시작한다. 소위 K-전략[7]을 추구하는 조직은 낮은 번식률을 보이며 오랜 기간에 걸쳐 그들의 삶의 방식과 영역을 보존하는 것에 많은 에너지를 쏟는다. 그들은 결과물을 얻기 위해 상당한 투자를 요구하는 사후적 수익창출경제체제로 움직이는 정착농의 생태학적 대응물인 것이다. 이러한 K-전략가들의 활동으로 큰 규모의 계층조직이 출현한다. 또한 숲과 나무들의 구조가 생태공간에서 에너지와 자원의 이용에 대한 통제 가능성을 보여 준다. 이제 전체로서의 시스템은 상호간에 너무 팽팽하게 연계되어 자원의 소통이 거의 있을 수 없게 되는 것이다.

숲에서 이 단계의 절정은 순환의 클라이맥스를 보여 준다. 거대한 계층구조가 시스템을 지배하게 되는데, 생태학적 지위상 아래에 있는 생물들을 통제하여 다양한 종들이 번창할 수 있게끔 한다. 나무의 생장주기가 길기 때문에 나무와 그 하부 지위에 있는 생물들을 관찰하는 사람에게는 안정적으로 보일 수 있다. 소위 안정기에 접어든 숲은 확실하게 공고한 상태를 특성으로 하며, 멀리에서는 인상깊게 보일 것이다. 비록 이 시스템에서 많은

지 점점 더 커진다. 이 방정식은 생애주기와 비슷한 S-자 곡선을 이룬다. 맥아더(MacArthur)와 윌슨(Wilson)은 r-선택과 K-선택 용어를 결합하였다(1967).

7) 보다 자세한 설명이 도움이 될 것이다.

> "K-전략가들은 상대 개체들이 빽빽하게 자리잡은 환경에서 경쟁하는 구조를 가진 조직이다. 이 전략가들은 경쟁적인 효율성을 중요하게 여기는 구조를 가지고 초기 이주자의 선점을 통한 빠른 적응을 방해하는 특성을 가지기 때문에 r-전략가들에 비해 새로운 공간에서의 확산이 느리다. 효율에 입각한 경쟁은 설비 투자와 정교한 조직구조 면에서 보다 높은 수준이 요구된다"(Brittain and Freeman, 1980, 311~312쪽).

생물들이 특화되기는 하였지만, 개척 단계일 때보다 다양성은 줄어들 것이다. 특히, 온대지역에서 숲을 구성하는 나무의 유형이 상대적으로 덜 다양해질 수 있다.

나이, 종 유형, 보호받는 생태적 지위층에 특화된 적응력을 가진 시스템에서 동종(同種)은 불안정하며, 재난에 노출되기 쉽다. 숲을 구성하는 나무들이 다양하지 않으면 그 숲은 해충에 피해를 입거나 병에 걸릴 가능성이 높은 것이다. 시간이 흘러 죽은 나무들이 숲에 쌓이면, 성숙한 숲에 불타기 쉬운 제재들이 늘어나 재앙을 부르는 조건을 갖추게 된다. 이것은 자연의 숲에서 산불을 방지하는 식으로 안정성을 지나치게 강하게 유지하려다가 잘못되는 것을 보여 준다. 미 국립공원 공공사업부는 20년 전 공원에 화재가 발생한 경우 반드시 진화해야 하는 정책을 폐기하였다.[8] 불을 끄게 되면, 성장한 나무들이 다른 생물들의 성장을 저해하기 때문에 숲의 다양성이 오히려 감소하게 되고, 자연 방화선의 형성 또한 어렵게 만든다.

화재시 유동성과 다양성, 복원력의 감소는 숲에 재앙을 가져올 수 있다. 이는 기계재배를 수월하게 하기 위해 단종재배를 하는 경우 발생하는 질병으로 인한 재앙과 유사하다.

이상적으로 건강한 숲은 전체 생태순환주기에 걸쳐 마치 여러 헝겊조각이 잘 짜맞추어진 모자이크처럼 되어 있다. 최적의 "확장"은 무수히 많은 여러 요소들에 달려 있다.

유지(제2단계)~창조적 파괴(제3단계) 사이의 과도기

생태계 진화의 제3단계는 "산불"이다. 이 단계에서는 완전히 파괴하는 것이 아니고, 개선을 위해 부분적으로 파괴하는 것이기 때문에 "창조적 파

8) 미국 국립공원 공공사업부 정책과 불의 생태적 역할에 대한 정보의 출처는 Jeffery(1989)와 Wright and Bailey(1982)이다.

괴"라고 명명하였다.[9] 그럼에도 불구하고, 자연생태계의 이 단계에서는 종종 시스템이 무질서해지면서 급속하게 파멸하는 시기에 큰 규모의 구조를 형성해 가는 힘의 원천을 보게 된다.

생태계는 노령화, 분화, 다양성 및 복원력의 감소로 취약해진다. 기존의 강력한 연관체계가 절멸에 이르는 길이라는 것을 깨닫게 되면서 고도로 발달된 구조가 파괴된다. 숲의 경우 오래된 나무들처럼 시스템의 계층적 구성요소 중 큰 구성요소들이 특히 약해진다. 이들이 붕괴될수록 조직규모는 현저하게 줄어들면서 보다 많은 수의 작은 요소들로 나뉜다. 크고 강한 상부구주의 ㅂㅎ 아래에서 발달하였던 하위 생태지위의 생물들은 환경의 모든 변화에 노출된다.[10] 상이한 배경과 안정적인 상태에서 발달한 힘은 침입 과정에 맞서 전혀 도움이 되지 못하는데, 침입 과정들이 이러한 힘들을 오히려 자양분으로 삼기 때문이다. 생존 가능한 생물들은 야생동물처럼 움직일 수 있는 생물이거나 또는 운이 좋거나 상황에 준비가 되어 있는 생물(예를 들면, 종자의 생존을 위해 온도에 맞추어 씨를 뿌리는 내화성의 솔방울이 있는 소나무와 같은 다양한 종의 침엽수들)이다.

안정된 단계인 제2단계와 달리 제3단계에서는 생태계가 균형에서 멀리 떨어진(far-from-equilibrium) 상태로 진입한다. "균형에서 멀리 떨어진"이란 용어는 비선형 이론, 특히 혼돈 이론(chaos theory)에서 특별한 의미를 지닌다.[11]

9) 숲의 생태순환주기의 이 단계에서 사용된 창조적 파괴(creative destruction)라는 용어는 자본주의의 과정에 대한 경제학자 조세프 슘페터(Joseph Schumpeter)의 유명한 묘사 "창조적 파괴의 계속되는 광풍"(perennial gale of creative destruction)에서 차용하였다(Schumpeter, 1950, 83쪽).

10) 이는 시어스(Sears)의 카탈로그 사업 폐지와 같이 기업조직에서 경제적 우산효과(umbrella) 제거의 영향에 대한 두드러진 예이다. 지난 몇 년 동안 많은 크고 작은 규모의 기업들은 시어스 카탈로그 사업의 계속되는 성공으로 형성된 보호 환경 안에서 번영해 왔다. 이제 그 기업들은 훨씬 더 적대적인 환경에 노출되었다(Valente and Duff, 1993).

11) 혼돈 이론(chaos theory)은 비등식의 여러 이론 중에서 가장 잘 알려져 있는 이론이다.

> "거의 대부분의 자연과학자들이 비등식 이론의 종류가 다양하다는 사실을 알고 있는데, '혼돈'(chaos)은 이것들 중 하나이다. 이 형태는 정확하며, 역동성에 대한 수학적 연구의 측면에서 볼 때, 상당히 잘 발달되어 있다. 이 이론을 해석할 수 있는 사람이 일부 전문가들에 국한되어 있기는 하지만, 이 이론은 오늘날 자연과학 분야에서 계속 발달하고 있는 여타 이론들의 원류가 되었다. …비선형 역학(nonlinear dynamics), 이분법(bifurcation) 또는

비선형 체계(예를 들어, 지구의 날씨)는 선형 구조(예를 들어, 당구대 위의 선들)와 다른 양상과 규칙성을 가지는 네트워크들로 느슨하게 연결된다. 비선형 구조가 균형에서 멀리 떨어져 있을 경우에는 그 구조에 투입되는 작은 변화에도 민감하다. 따라서 그러한 구조에 투입요소가 아무리 미미하더라도 궁극적으로 결과에 큰 변화를 낳을 수 있다.[12)]

선형 구조가 안정적 요소들로 구성되어 있는 반면, 비선형 구조는 느슨히 연결된 네트워크에서 작용하는 과정들로 형성되고 유지되는 구조이다. 이 구조는 에너지 소모적인 구조라고도 알려져 있는데, 균형에서 멀리 떨어진 구조를 유지하기 위해 많은 에너지 처리를 필요로 하고, 계속해서 에너지를 소비한다. 이 점에서 생태순환주기의 제2단계에서 보여지는 유지구조와 구별된다. 윌리엄 제임스(William James)가 의식(consciousness)을 묘사하던 적절한 격언을 인용하자면, 소모적 시스템은 "폭포수 위의 무지개"와 같다.[13)] 태양이 비추고 물이 흐르는 한 우리는 그것을 볼 수 있으며, 그것은 존재하는 것이다.

창조적 파괴(제3단계)~가동화와 갱신(제4단계) 사이의 과도기

생태계 진화에서 제4단계는 시스템에 대한 개념을 다시 세우는 것이다. 이것은 생태순환주기 중 가장 순식간에 일어나며, 역학관계를 발견하기 어렵다. 그 이유 중 하나는 제3단계의 구조적 붕괴 이후, 환경을 나누고 한정짓던 경계가 사라지면서 환경에서 조직을 구분하기가 힘들기 때문이다. 제3

자기조직화(self-organizing) 등으로 불리는 이 확장된 이론에서 종종 '혼돈'의 개념이 응용되었기는 하지만… 아직도 (이론의) 발달에 있어 초기 단계에 불과하다"(Loye and Eisler, 1987, 54쪽).

12) 에드워드 로렌츠(Edward Lorenz)는 날씨와 관련하여 이러한 현상을 "나비효과"(butterfly effect)라고 불렀다. 이 이론은 나비가 베이징에서 날개를 펄럭이면, 다음 달 뉴욕에 폭풍우를 부를 수 있다는 것이다(Gleick, 1987, 54쪽).

13) Wilshire(1971), 126쪽.

단계에서 숲은 환경으로 인해 그 산림을 잃었지만 비옥해졌다. 숲이 어디에 있는가? 기억이 없다면, 우리가 어떻게 개방된 땅을 헐벗고 그을린 땅과 구분할 수 있는가? 이러한 것들은 지속적으로 분별할 수 있는 체계 없이 판단하기 어렵다. 그 곳에 더 이상 나무가 없기 때문에 우리는 숲을 볼 수 없는 것이다.

완전히 안정기에 이른 숲의 나무들은 생태공간에서 에너지원과 영양분을 조절하는 많은 수의 보존적인 계층구조로 여겨질 수 있다. 생태순환주기의 제2단계에서 그들의 구조와 팽팽하게 연계된 상호관계는 생태공간의 발달에 있어 다양한 창조적 가능성들을 제한한다. 제3단계에서는 작은 규모로 축소되면서 생태공간의 창조적 잠재력이 크게 증가하는데, 자원은 더 이상 특정 구조에 집중되지 아니하고 광범위하게 산재된다.

생태순환주기의 제4단계에서는 이러한 자원들이 수많은 재생 과정을 통해 상호 느슨한 연계를 맺으면서 대규모의 네트워크를 형성한다. 이 중 어떠한 과정은 파괴의 결과 잔해로 남기도 하고, 어떠한 과정은 자원들로 인하여 신진대사를 시작하기도 한다. 동식물과 곤충들은 전체 구조에서 조화를 이루며, 느슨하게 연결된 네트워크를 통해 움직이기 시작한다. 이러한 자원들은 투자를 거의 하지 않고도 얻을 수 있다. 숲은 다시 고도의 수행능력을 지닌 사냥꾼의 환경으로 돌아가 빠른 성장을 도우며, 많은 수의 소규모 r-전략 생물체들이 군체를 형성해 나간다. 이렇게 균형에서 멀리 떨어진 체계 속에서는 미세한 기후변화에도 민감하게 반응하며 어떠한 일이든지 일어날 수 있다.

생태순환주기 모델의 주요 특성

수정한 생태순환주기 모델을 인간조직에 적용하기 전에 이 모델의 주요 특성을 짚어 볼 필요가 있다.

- 진행속도와 자연현상이 크게 달라지더라도 변화는 계속된다. 때때로 변화는 순조로우며 거의 선형적이지만(제1단계~제2단계), 때로는 급진적이고 비선형적이다(제3단계~제4단계).
- 갱신은 파괴를 요구한다. 숲에서 공간을 여는 유일한 방법은 자원을 독차지하고 있는 대규모 구조를 창조적으로 파괴하는 것이다.
- 생태순환주기는 변화를 바라보는 여러 관점과 비슷하지만, 순환곡선의 형태는 독특하다.[14] 그 형태는 복합적 조직을 구성하는 많은 요소들과 조직의 존재 사이의 관계에 대해 생각해 보게 한다.
- 성숙한 숲을 채울 풀과 나무가 개방된 공간에서 나타나 성장하고, 이러한 풀과 나무는 자신들이 속해 있는 환경이 부과한 제약에 의해 선별된다. 이것은 자기조직화 과정(self-organizing process)이다. 만약 이들이 인간이었다면, 우리는 이를 학습조직이라 불렀을 것이다.

14) 비록 그것들의 전체적인 틀은 선형이지만 Quinn and Cameron(1983)에서 다루어진 수명주기 모델은 다수이다. 그들이 어떤 종류의 조직에 적용하더라도 "죽음"과 "기원"을 논하는 것을 문화적으로 꺼려한 것으로 보인다.

이러한 공식화는 그레이너(Greiner)의 독창적 논문(1972)과 비슷하나 과정과 조직적 생태순환주기에의 개념 사이에서 주요 차이점이 있다. 그레이너의 모델은 비록 선의 중심축에서 비례를 사용하였지만 조직적 진보가 선형을 나타내는 과정을 통해 함축적인 논리를 보여 준다(그러나 그레이너는 나중에 과정에 대한 그의 관점의 중심은 변증법이었으며, 그 과정에는 끝이 없었다고 밝혔다(Van de Ven, 1992)).

반 드 벤(Van de Ven)은 전략 과정을 학습하는 데 있어서 조직적 생태순환주기에 많은 문제점을 제기한다. 무한순환과 경영활동에 대한 견지와 생태학에 기초한 생태순환주기는 반 드 벤에 의해 식별된 발전과 변화에 대한 이론의 네 가지 "패밀리"(families)를 다루는데, 수명주기(life cycle), 목적론(teleology), 변증법(dialectic), 진화(evolution)가 그것이다. 비록 그것들이 명백하게 고안된 것은 아닐지라도 생태순환주기의 역학은 과정과 변이의 상징인 중국 도교의 양인(yang-yin)에 기록된 것과 매우 유사하다.

인간조직에서의 생태순환주기

인간사회의 생태학적 모습이 흔히 숲과 같은 자연생태계와 구별되는 가장 큰 특징은 숲을 구성하는 나무, 토양 및 그 밖의 유기체들이 – 내가 아는 한 – 이성적 자각 행동주체(self-conscious actor)가 아니라는 점이다. 자연생태계를 이루는 구성요소들의 행동방식은 자연적 성장속도에 의해 결정되고 외부 환경요소에 의한 제약 가운데 그들 간의 상호작용에 의해 나타나게 된다. 그렇지만 인간조직에 적용되는 생태순환주기의 형태는 숲과 같은 자연생태주기에 자각적이고 이성적인 사고가 부가된 구성요소들이 주체가 되어 그림 5-2와 같은 모델로 수정된다.

이와 같이 수정된 모델에서 우리는 다음과 같은 중요한 두 가지 특징을 찾아볼 수 있다(여기서 말하는 모든 숫자는 그림에 나타난 숫자이다). 첫 번째 특

그림 5-2 조직의 생태순환주기

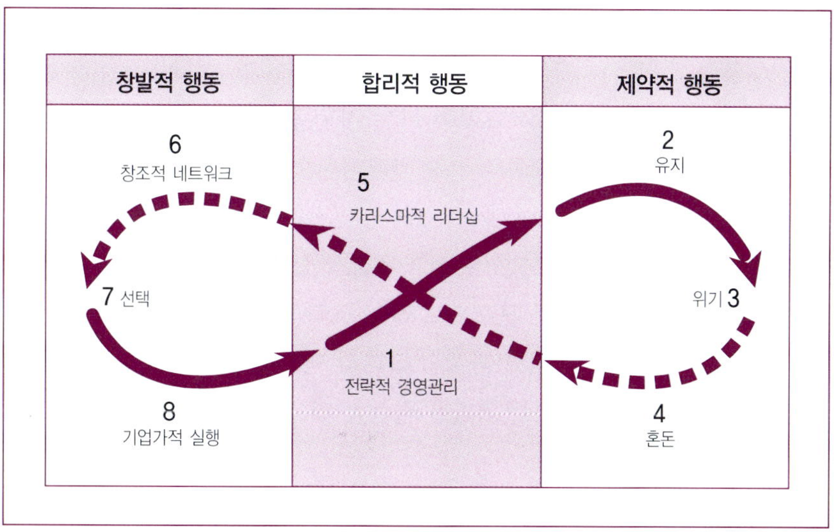

징은 조직변화의 과정이 크게 두 개의 반고리 모양으로 분리된다는 점이다. 굵은 선으로 표시된 8에서 3까지의 단계는 "성과조직"의 전형적인 성장주기이다. 다음의 4에서 7까지 점선으로 표시된 단계는 "학습조직"의 다소 생소한 (사망과 재탄생의) 갱신주기로 설명된다.

모델에서 볼 수 있는 두 번째 특징은 합리적 행동이 두 가지 유형으로 나타난다는 것이다. 그림을 통해 두 개의 반고리가 모두 합리적 행동이 가능한 영역을 가로지르고 있음을 볼 수 있다. 이 두 가지 유형을 단순히 구분해 보면 각각의 합리성은 조직을 전혀 다른 방향으로 이끌게 된다. 전략적 경영관리(1)는 도구목적적 합리성을 그 기본으로 한다(내가 이것을 1번으로 한 것은 다소 가변적인 선택이었다고 말해 두고 싶다. 전형적인 경영관리에 대한 논의가 대부분 이 주제로부터 시작된다는 데에 따른 것이다). 이는 모든 경영대학원에서 "합리성 모델"을 경영학 연구의 토대로 삼고 있는 것과 같은 논리를 지니고 있다. 여기서 조직의 가장 기본적인 존립 근거는 경제적 이윤추구이며, 그렇기 때문에 측정 가능한 지표로 이를 관리하고자 한다. 이렇듯 측정된 지표들이 모든 의사결정 및 관리행동의 방향을 제시하는 것이다. 밀턴 프리드먼(Milton Friedman)의 다음과 같은 유명한 격언은 바로 전략적 경영관리(1)의 개념적 원리를 가장 잘 말해 주고 있다. "…경영학이 갖는 유일한, 단 한 가지의 사회적 책임은 그것이 가진 자원을 이용하여 사회적 규범이 허용하는 범위 내에서 조직의 이윤을 극대화하기 위한 행동을 취하는 것이다."[15)]

반면, 카리스마적 리더십(5)은 가치목적적 합리성을 나타낸다. 이는 인간관계에 대한 깊은 신뢰를 근간으로 하여 조직의 내부적인 가치를 이끌어 내고자 한다. 전략적 경영이 성과주의 고리의 핵심 활동으로 조직을 궁극적으로 단단하게 묶고 통제하는 역할을 하는 반면, 카리스마적 리더십은 보다

15) Friedman(1971), 133쪽.

느슨한 조직구조를 유지시킴으로써 새로운 행위가 나타날 수 있는 창조적 네트워크를 형성시키고자 한다.

전형적인 수명주기

성과주의 고리가 나타내는 주기적 성향은 전형적인 수명주기와 동일한 과정을 나타낸다고 볼 수 있다.[16)]수명주기를 조직이론에 적용하기 시작한 것은 1970년대인데, 1980년대 초반까지 널리 연구되었다.[17)] 당시 관리자들에게 인간의 수명주기이론은 직관적으로 상당한 흥미를 끌었는데, 생산물, 과정, 조직 및 산업에 이르기까지 그 개념이 적용되었다.

여기서는 생태계에 있어서 수명주기가 적용되는 부분과 그 정도를 합리적 행동의 첫 번째 유형인 전략적 경영(1)을 먼저 다룰 것이다. 논의는 평이하게 전개되겠지만, 다음의 관점들을 미리 살펴보는 것은 의미가 있을 것이다.

- 생태순환주기를 나타내는 무한대 모양의 고리는 연속성을 나타낸다. 따라서 이 주기에는 시작도 끝도 없다. 어느 단계에서 시작하고 어느 단계에서 끝이 나는가는 전적으로 행위자의 선택에 달려 있다. 각 단계 간의 경계는 분명하지 않으며, 진행 중인 단계를 위해 이전의 단계를 참고하는 것이 가능하다.
- 사실 하나의 조직이 모든 단계의 총체적 생태순환주기를 경험하기란 대단히 어렵다. 생태순환주기의 영역들은 분리되어 있는 요소들이 하나의 조직으로 되어 가는 융합 과정과 더불어 조직이 다시 각각의

16) 인생의 주기와 그것의 응용사례에 관해서는 Kimberly, Miles, and Associates(1980)에서 다루어진다.
17) Hayes and Wheelwright(1988), 417~433쪽.

요소들로 돌아가는 분해 과정을 두루 포함하고 있다.

- 건전한 인간조직은 자연의 숲과 마찬가지로 발전 과정의 각 단계에는 그 단계만의 전략이 내재되어 있다. 누구나 전 진화 과정을 통해 어느 한 단계에서 구사하였던 전략을 계속 유지하기도 하고, 각 단계마다 특유의 다른 전략들을 구사하기도 한다.

도구적 합리성 행위: 전략적 경영(제1단계)

앞서 제2장에서 다루었듯이 도구적 합리성은 성장 초기 단계의 신생 조직에서 관리자가 원인과 결과의 관계를 숙지해 나가면서 나타난다. 이러한 학습은 주로 조직이 경험하였던 이전 단계로부터 시행착오를 겪으며 이루어지지만 확실한 성공사례로 인정받는 다른 조직의 전략 모방을 배제시키는 것은 아니다. 오히려 모방은 조직의 많은 시도와 변화들을 부추긴다고 볼 수 있다.[18]

그러나 순환의 이 단계는 순수한 형태에서 일단 사냥전략이 반복적 공식으로 축소되는 것으로 특정지어지고, 이 공식은 다수의 개방된 부분들로 확장된다.

한 예로 1970년대 나이키의 성장신화를 r-전략의 고전적인 표본사례로 들 수 있다. 나이키의 경영자들은 높은 성과와 더불어 스포츠 신발업계 최고의 자리에 오르자, 성공의 여세를 몰아 다른 스포츠산업으로 사업을 확장해 나가고자 하였다. 상대적으로 설비 및 운영 투자를 적게 들일 수 있었으며, 당시의 비정형화된 조직구조로 기존 농구 품목에서 테니스, 축구, 미식축구 품목 등으로 상품라인을 유연하게 넓혀 나갈 수 있었다.

이러한 그들의 진보는 미개척시장의 무궁한 기회요인과 여기에 들어맞

18) Kanter, Stein, and Jick(1992), 29쪽.

는 사업계획이 절묘하게 결합되었기 때문이며, 나이키가 보여 준 성공은 보다 합리적으로 정립되어 산업 전반에 공식화되어 가기 시작하였다. 이를 보여 주는 예로 나이키의 스포츠용품 협찬 사례를 들 수 있다. 나이키는 초창기 프로 운동선수들과 코치들에게 스포츠용품을 협찬해 주었는데, 당시 이러한 협찬은 비공식적으로 공공연하게 이루어졌으며, 보편화된 계약이나 공식적인 규정이 존재하지 않았다. 그러나 올림픽경기를 통해 공식적인 스폰서 계약이 가능해지자 탁상 아래에서 불투명하게 이루어지던 계약들이 보다 투명해짐과 동시에 공식화되었다. 여기에는 과거의 전례가 없었고, 회사들은 서로 경쟁하며 자신들이 후원하기를 원하는 것보다 많이 하기도 하고 혹은 적게 하기도 하였다.

구조화되지 않은 환경에서는 행동의 결과가 즉각적 반응으로 나타나게 되어 있다. 이는 전형적인 사냥꾼의 즉각적 수익창출경제체제와 맥을 같이 한다고 볼 수 있다. 사업 전반의 환경이 정형화되지 않았을 때에는 신상품 개발에 많은 투자가 요구되지 않으며, 시장에서의 즉각적인 피드백이 가능하기 때문에 시행착오의 학습이 수월해진다. 이 단계에서 전략은 종종 과거로 거슬러 올라가 그들이 시도하였던 합리성에서 도출되는 경향이 있다. 실제로 나이키의 많은 전략들은 조직이 보다 큰 미개척시장으로 사업을 넓혀 나가는 오랜 기간에 걸쳐 정형화된 유형으로 꾸준히 나타났다.

그러나 1980년대 스포츠 신발업계 시장의 성장이 가속화되자 틈새시장을 노린 회사들이 하나 둘씩 나타나 그들만의 영역을 특화시키기 시작하였다. 획일적인 운동화 스타일이 1950년대 널리 대중화되었다면 이제는 각각 차별화된 독특한 스타일과 기능이 요구되기 시작한 것이다. 이에 부응하여 신생 기업들은 앞다투어 시장조사를 비롯해 신소재의 개발 및 제조공정 기술을 새로이 도입하고 응용하기 시작하였다. 결과적으로 산업계에서는 대량생산체제에서 벗어나 다품종 소량생산체제로 이전하려는 움직임이 급속하게 나타났다. 나이키는 이제 리복 – 리복 역시 r–전략을 구사하고 있었으나 특정 시장(에어로빅)을 목표로 사업을 구사하고 있었다 — 과 같은 경쟁업체의 추격을 받기 시작하였는데, 시간이 지날수록 시장은 포화되고 경쟁은 치열해졌다. 기업들은 이제 전문화와 효율성을 갖추지 못하면 살아 남지 못한다는 것을 절실하게 깨닫게 된 것이다.

• 컴팩의 사례: 사냥꾼에서 정착농으로

생태순환주기에서 합리적 행동 단계는 성장지향적 r-전략을 강조하는 사냥꾼 조직에서 효율성 지향의 K-전략에 역점을 두는 정착농 조직으로 옮겨 가는 결정적인 시기이다. 하나의 성공전략이 시장에서 인정받아 공식적으로 통용되면서 성장가도를 달려온 조직은 K-전략을 구사하기 시작한다. 여기서 조직은 시장에서 선택되어 살아 남는가 아니면 점차 도태되는가의 기로에 놓이는 위험에 직면하게 된다. 조직의 전략적 이동은 상품 수준과 기술적 관점에서 소위 "지배적인 디자인"의 출현으로 구체화되고 명확해진다.[19] 지배적 디자인이란 것은 고객의 욕구를 충족시키기 위한 기본적 요건으로 여겨지는 모든 특성들을 구체화시킨 것인데, 급진적인 상품 개발과 생산의 시대가 막을 내리고 공정 과정의 혁신시대가 열리게 되었음을 나타내는 것이다. 이는 또한 현재 동 사업에 뛰어든 회사의 수가 포화 상태에 이르렀다는 것을 말해 주는 신호가 되기도 한다. 즉, 고객의 다양한 요구에 부합하는 많은 회사들이 등장한 것이다.[20]

앞서 r-전략으로부터 K-전략으로의 이동이 생태순환주기의 합리적 행동영역에서 비롯되는 것이라고 언급하였지만, 사실 그렇게 단순화시킬 수 있는 내용은 아니다. 나는 이를 최근 극심한 격변기를 거쳐 이동을 시도한 컴팩(Compaq)의 사례를 통해 이야기해 보고자 한다.

19) Abernathy and Utterback(1978).
20) Utterback(1994).

컴팩의 사례[21]는 이미 잘 알려진 이야기이다. 이 회사는 1982년 텍사스 인스투르먼트(Texas Instrument: TI)미국 DRAM칩 사업 분야의 메이저 반도체 제공업체의 전직 중역 세 명에 의해 창립되었다. 그들이 창안한 첫 번째 디자인은 휴스턴에 있는 작은 파이가게에서 스케치한 것이 그 기원이었다. 로드 캐니언(Rod Canion)이 경영하던 당시 컴팩이 역점을 두고 있었던 것은 첨단 기술을 보유하는 대로 개인용 컴퓨터 생산에 들어가는 것이었다. — 휴대용 컴퓨터라는 아이디어에 착안하였던 이들은 IBM 호환 소프트웨어를 개발해 냈다. 그리고 그들의 이름은 호환성(compatability)과 품질(quality)이란 단어를 결합하여 따왔다. — 한편, 제조공정에 있어서는 품질과 기능성을 살리는 동시에 상품을 신속하게 운반하여 시장에 신상품을 빨리 선보일 수 있게 하는 데 경쟁 우위를 두고사 하였다. 여기서는 가격전략이 고려대상이 아니었는데, 이것은 바로 r-전략에서 볼 수 있는 전형적인 선택이었다.

그리하여 컴팩은 불과 4년 만에 『포춘』(*the Fortune*)지가 선정한 세계 500대 기업으로 선정되었는데, 이는 가장 짧은 시간에 선정된 것이라는 기록을 남기기도 하였다. 1987년에는 매출이 10억 달러에 이르렀으며, 2년 뒤인 1989년에는 거의 30억 달러에 달하였다. 이와 같은 성공은 열린 의사소통, 팀체제의 업무구조, 광범위한 협의와 토론, 합의에 기반을 둔 자료수집 및 의사결정을 강조하는 조직문화 속에서 이루어졌다. 이러한 점들은 바로 우리가 살펴본 사냥꾼 무리의 사회적 역학관계와 일맥상통한다고 할 수 있다.

그러나 1990년에 이르자 컴팩의 성장률은 급격히 둔화되기 시작하였다. 경쟁업체들이 대체상품의 가격을 35% 이상 내리기 시작하였기 때문이다. 마침내 1991년에는 처음으로 매출이 9% 이상 하락하여 손익분기점에 미치지 못하는 상황에 이르게 되었다. 그러자 이 상황을 설명하려는 두 가지의

21) 나는 다음을 통해 컴팩에 관한 자료를 수집하였다. Eccles and Love(1990); Forest and Arnst (1992); Francis(1992); Ivey and Levine(1991); Ivey, Depke, and Peterson(1991); Therrien(1992); and Webber(1990).

대립하는 의견이 등장하였다. 첫 번째는 당시 최고경영자였던 캐니언이 제기하였다. "현재 우리의 실적 부진으로 당면한 위기는 전적으로 전 세계적 경제 침체에 기인한다고 본다. 그러므로 여지껏 고수해 온 전략을 수정하거나 변화시킬 필요가 없다고 본다. 보다 분명해지겠지만, 현재의 위기는 경영주기에 나타나는 변덕스러운 상황 중 하나일 뿐이며, 경영자들이 경험을 통해 학습해 나가는 데 나타난 일시적 방해에 불과한 것이다."

두 번째 주장은 최고운영관리자(Chief Operating Officer: COO)로 있던 에크하르트 파이퍼(Eckhard Pfeiffer)가 제기하였다. "시장은 변화하고 있다. 따라서 우리 컴팩 또한 새로운 전략을 구사해야 한다." TI의 마케팅 책임자로 부임하였던 파이퍼는 다른 전자제품 시장에서도 유사한 가격 하락 구조가 관찰되는 데 착안하였다. 캐니언은 일시적인 위기로 간주한 데 반해 파이퍼는 보다 심각한 주기적 현상으로 문제를 파악한 것이었다. 그는 과거 컴팩만의 유일하였던 디자인과 기술이 이제는 많은 경쟁자들에게 보편화되었다는 사실을 직시해야 한다고 보았다. 파이퍼의 논리에 따르면 이제 조직은 확실해진 디자인 상품을 생산하는 "과정의 효율성"을 찾는 데 전력을 기울여야만 하였다.

그러다 1991년 10월 25일, 컴팩 이사회가 파이퍼의 견해에 손을 들어 주고 캐니언을 해임하는 것으로 논의는 종결되었다. 동시에 사업의 방향은 전면 수정되기에 이르렀다. 파이퍼는 즉시 K-전략으로 쉽게 알 수 있는 방안들을 적극 도입하기 시작하였다. 회사의 상품 라인은 두 가지로 분리되었는데, 하나는 저가의 보편화된 디자인의 상품군이었고, 다른 하나는 보다 특화된 기능을 가진 고부가가치 상품군이었다. 그러나 저가의 고기능성 상품 생산을 최종 전략방향으로 선정하였기 때문에 파이퍼는 사업의 전 범위에 걸쳐 원가를 절감하려는 계획들을 단행하였다. 그 첫 번째 시도로 컴팩은 무려 25%에 이르는 직원을 감원하였다. 정착농의 K-전략에서 원가절감과 효율성은 단연 핵심이 되는 부분이었기 때문이다.

파이퍼의 이러한 결단은 적기적시의 완전한 예측과 전략이었다. 그가 경영을 주도한 지 2년 만에 별도의 설비 투자도 없는 가운데 4배 이상의 생산성 향상을 이루어 냈다. 심지어 단위당 원가절감을 무려 75%나 달성한 공장도 있었다.[22] 컴팩의 매출이 다시 증가하면서 이익도 늘어났지만, 극단적일 만큼 매출가격을 낮게 책정함에 따라 총수익은 종전의 1/3 정도 수준에 머물렀을 뿐이었다. 그러나 이제 상황은 완전 달라졌다. 파이퍼는 누구든지 설득할 수 있을 만한 경영전략을 장기간에 걸쳐 구사함으로써 사업의 방향을 안착시켰지만, 컴팩은 이제 스스로 만들어 낸 사업환경 아래 점점 제약될 수밖에 없음을 깨달아야만 하였다.

유지(제2단계)

일단 K-전략을 취하게 되면서 성장이 전반적으로 둔화되면, 경쟁력을 강화하기 위한 선제는 바로 "동종의 것들을 더 많이"이다. 우리가 제2장에서 살펴보았듯이 조직이 성공의 위치에 올라서면 관리자들은 자연스럽게 이전부터 존속해 오던 행동들을 넘어서는 행동들에 대해 제한하는 경향을 보인다. 과거 성장 시기의 전략은 보다 정교하게 수정되어 널리 확산된다. 또한 성공을 거둔 행동들을 매뉴얼화하고, 조직의 업무 과정에 배어들게 함으로써 그들이 일구어 낸 성과를 영구적인 것으로 만들기 위해 상당한 노력과 자본을 투자하기에 이른다. 시스템 내의 모든 행동들이 각종 기술에 의해 상호 긴밀하게 연계되면 업무 과정에 있어서 다양성이 제한될 수밖에 없게 된다. 일반적으로 이러한 경향은 사업의 규모가 커지면서 나타난다. 조직은 전문화를 위해 선택과 집중을 하며 효율성을 강조하게 된다. 결과적으로 과거와 비교하여 수치상으로는 만족할 만한 결과를 얻을 수 있게 된다.

제2차 세계대전이 끝난 직후, 북미의 경제는 많은 산업영역에서 r-전략

22) Buxton(1994), 14쪽.

을 선호해 왔던 것 같다. 1940년대 후반부터 1950년대를 걸쳐 1960년대 초반에 이르기까지는 소비재산업은 물론 전쟁으로 폐허가 된 유럽과 일본의 재건을 위한 산업의 수요가 급증하던 때였다. 그러나 1960년대 후반부터 1970년대에 이르러서는 성장이 둔화되기 시작하였다. 주요 산업인 철강과 자동차 산업에서 공급과잉이 일어났으며, 주택 공급은 정점에 이르렀다가 급격히 하락하기 시작하였다. 1980년대까지 『포춘』지가 선정한 1,000대 기업들의 대부분이 아마도 과거의 성공구조를 고수하는 K-전략을 유지하였던 것 같다. 심지어 다각화 경영을 해 오던 거대기업의 개별적 사업단위까지도 모두 성숙한 상태에 놓여 있었다. 이러한 조직들은 대규모의 복잡한 기술적 시스템을 겸비한 성공적 기업의 표준이 되어 있었다. 그러나 성공을 제도화시키는 과정에서 활력과 생기, 그리고 유연성을 희생해야만 하였으며, 언제 다가올지 모르는 재난 앞에 점점 취약해질 수밖에 없게 되었다.

이러한 점을 극명하게 보여 주는 일례로 미국의 철강산업을 들 수 있다. 미국은 세계대전의 사나운 공격 가운데 철강산업을 굳건히 지켜 내어 1946년에는 세계 철강시장의 54.1%를 점유하는 막대한 우위를 차지하게 되었다. 그러나 이렇게 찾아온 성공은 혁신에 실패함으로써 오래 가지 못하였다. 미국 철강산업은 구식이 된 지 오래된 평로(open hearth furnace)의 대량 기술을 고집하였다. 결국 1970년에 와서는 시장점유율이 20.1%로 하락하였으며, 1983년에는 11.8%까지 추락하고 말았다.[23] 곧이어 보다 유연한 기술력을 보유한 작은 규모의 신생 기업들이 공격적 기세로 업계를 강타하였다.

사실 불타 버린 숲에서 유추한 아이디어, 즉 안정성과 영속성을 위해 규모를 키워 온 것이 결과적으로는 외부에 극도로 예민하고 상처받기 쉽게 되어 버린다는 것은 매우 흥미롭다. 여기에는 왜 성공의 열매 속에 실패의 씨앗이 도사리고 있는지를 말해 주는 시스템적 논리가 담겨 있는 것이다.[24]

23) 통합된 철강산업에 관한 수치의 출처는 Hoerr(1988), 94쪽이다.

위기: 창조적 파괴(제3단계)

산불의 효과에 대한 설명은 우리가 한때 대마불사의 조직이라 생각하였던 조직들이 오늘날 즐비한 송장이 되어 버린 상황 속에서 울려 퍼지고 있다.

창조적 파괴라는 말은 실무관리자들을 상당히 불안하게 만든다. 인간의 조직에서 파괴는 파괴 중인 시스템에 있거나 완전히 그 상황 밖에 있을 때에만 창조적으로 보일 것이다. 관찰자들은 숲이 새로워지기 위해서는 나무들이 불타야 한다는 것과 이와 마찬가지로 조직이 변함 없는 경쟁력을 유지하기 위해서는 실패할 수 있어야 한다는 것에 동의할 것이다. 그러나 파괴 중인 시스템 내에 있는 구성원들에게는 그러한 암시들이 위협적인데, 왜냐하면 개인들은 시스템의 구성요소이기 때문이다. 조직의 일생에 있어서 이러한 단계는 전통적으로 안정적 변수들이었던 판매나 가격 등에서 나타나는 위기, 분연속성, 광범위한 변동으로 특징지어질 수 있다. 조직의 생태주기에서 이전의 단계가 가지고 있는 특징들은 우리 자신으로부터 연유하며, 변화해야 할 대상은 바로 우리 자신과 우리가 가지고 있는 변화에 대한 공포심이다.

산불은 숲을 연기에 그을린 폐허로 만들지만, 새로운 시스템의 등장, 새로운 과정의 작용, 새로운 관계의 형성을 위한 상황에 들어서려면 필수불가결한 새로운 요소들의 선행조건이다. 위기는 인간의 조직에서도 같은 역할을 하는 것처럼 보인다.

이러한 예는 왕컴퓨터(Wang Laboratories)에서도 볼 수 있다.[25] 왕컴퓨터

24) 대니 밀러(Danny Miller)는 이를 이카루스의 패러독스(Icarus paradox)라고 묘사하였다. 즉, "잘 나가는 기업이 가장 빠지기 쉬운 함정은 그들이 가장 잘 해냈다 하는 성공에 깊이 빠져드는 단순함이다. …이카루스의 날개는 분명 추락의 결정적인 원인이 되었지만 한때 선례가 없었던 고공으로 날아올라가게 한 기여 또한 빼놓을 수 없는 부분이다. 역설적이지만 실패를 가져온 궁극적인 원인은 과거 그들의 성공의 원인인 것이다"(Miller, 1993, 130쪽).

는 1989년도에 이르자, 3,000만 달러가 넘는 수익을 올리고, 『포춘』지에서 선정한 500대 기업 중 146위에 랭크되는 등 그 성과가 절정에 달하였다. 왕컴퓨터는 워드프로세서와 VS계열 미니컴퓨터베이직 언어뿐 아니라 코볼, 포트란 등 고급 언어로 운용 프로그램을 작성하고 운용할 수 있음를 생산하는 업계의 강자였다. 그러나 3년 뒤 회사는 주식의 가치가 폭락하였으며, 파산법 제11장에 따른 채무이행조정을 신청하는 처지가 되었다. 왕컴퓨터는 컴팩의 성공을 가져온 바로 그 소규모의 기술에 약점을 공격당하였다. 초기 개인용 컴퓨터의 등장은 미니컴퓨터 사용자들이 요구하는 수준을 충족시키지 못해 주목받지 못하였다. 그러나 개인용 컴퓨터의 기능은 미니컴퓨터 사용자들의 요구 수준보다 훨씬 빠르게 개선되었다. 결국 개인용 컴퓨터가 미니컴퓨터의 선도주자인 왕컴퓨터의 고객 대부분의 수요를 충족시킬 만한 기능을 갖추게 되었을 때에는 개인용 컴퓨터시장을 거의 완전히 놓쳐 버리는 지경에 이르게 되었다. 체계적 의미에서 본다면, 1982년부터 1989년 사이에 컴팩과 여타 개인용 컴퓨터 제조업자들의 성공을 향한 도약은 왕컴퓨터의 충격적인 몰락에 대한 체계적 대응물이었다.

전 세계에 걸쳐 31,500명의 구성원들이 조화롭게 움직이던 왕컴퓨터의 계층구조는 사업이 위축되고 일부 사업체가 매각 또는 폐쇄되면서 파괴되었다. 자산가치에서부터 직원들의 사기와 거래처 및 부품업자의 신용에 이르기까지 모든 유형의 자본이 사라졌다. 거래처는 그들의 사업에 보탬이 되는 다른 공급업체로 발길을 돌렸다. 왕컴퓨터의 직원들은 이직 또는 퇴직하거나, 자신의 벤처사업을 시작하였다. 이러한 새로운 역할에서 그들 중 대다수는 사회에 상당한 이바지를 하였다. 마치 한때 커다란 나무에 매달려 있던 열매들이 땅에 떨어져 숲 전체에 이로운 기름진 토양이 되듯이 말이다.

1993년 9월, 왕컴퓨터는 파산 직전에 컴퓨터 제조업에서 다큐먼트 이미

25) 나는 다음을 통해 왕(Wang)에 관한 정보를 수집하였다. Bulkeley and Wilke(1992); Kenney(1992); McWilliams(1989); Nash(1992). 왕의 쇠퇴를 유발한 것은 개인적 특성(오만, 정실인사(nepotism), 근시안적 태도)에서부터 연구개발 분야를 강조하지 않은 것과 같은 명백한 기술적 이슈에 이르기까지 다양하다. 나의 논지는 왕의 쇠퇴가 이러한 요소들과 무관하다는 것이 아니라 그것들이 체계적 과정에 의해 이끌어지고 수월해졌다는 것이다.

징(document imaging)종이문서를 전자문서로 변환해 데이터베이스화하는 작업 소프트웨어와 미니컴퓨터 서비스에 초점을 맞추었다. 이제 직원은 6,000명에 불과하였다. 1951년 설립 이래 절정을 맞은 1989년까지 성장과 성공의 오랜 세월에 비해, 그 쇠멸과 축소, 그리고 회생에는 단지 13개월이 걸렸을 뿐이었다.

수명주기를 넘어 갱신주기로

왕컴퓨터의 사례는 업계에 잘 알려져 있는 이야기이다. 한때 성공적인 기업이 일련의 좌절을 겪고, 위기에 의해 변화가 촉진되는데, 이것은 종종 조지통제의 변화를 수반한다. 사업의 상당 부분이 위축되고, 매각되고, 폐쇄되고 난 뒤에는 "합리화"에 정신 없는 기간이 뒤따른다. 얼마 지나지 않아 보다 작은 기업으로 태어나서 본래 최초의 성공을 이끈 핵심 사업에 집중하게 된다.

그러한 전한은 일반적으로 소식이 번창하면서 흔히 비효율적으로 변해가는 조직에 필요하다. 그러나 그러한 활동에 수반하는 상의하달식의 지시적인 방법은 조직의 갱신보다는 축소를 낳는다. 현금 창출과 부채 감소를 통해 조직의 수명주기는 연장될 수도 있지만, 회생관리 부분에 비범한 재능 없이 핵심 작용들은 개선되지 않을 것이다. 파괴는 있을지언정 창조적이지는 않은 것이다. 숲이 유사한 상태로 되돌아가기 위해서는 나무를 새로 심는 것이 아니라 베어 내는 것이라고 말할 수도 있는데, 왜냐하면 새로운 유기체들은 아직 생태공간에 진입하는 것이 허용되지 않을 수도 있기 때문이다.

낯익은 S자형 곡선의 수명주기는 관리자들에게 거의 도움이 되지 않는다. 생산품이 시장에서 사라지고 나면, 그 상품에 실제 어떠한 일이 일어났는지에 대해서는 다룰 필요가 없는 것이다. 그것들은 명기되지 않은 혁신적 과정으로부터 나온 새로운 생산품으로 단순히 교체된다. 결과적으로 조직의 발전은 불연속적인 S자형 곡선의 사슬로 나타나며, 그 사이의 고리에 대해서는 논의되지 않는다. 조직의 생태순환주기에서 갱신의 몫은 무한대의 순환곡선의 후반부이며, 이러한 창조적 사슬을 논의 가능하게 하는 것이다.

갱신주기

전형적인 조직의 수명주기가 기술적 체계의 발달과정인 반면, 갱신주기는 사회적 체계와 관계가 있다. 여기서는 위기 직후 조직에 영양분을 공급하는 조직의 배경과 혁신의 뿌리를 찾게끔 하는 조직 구성원과 그들 간의 상호작용을 강조한다.[26)]

혼돈(제4단계)과 카리스마적 리더십(제5단계)

앞 장에서 다루었던 퀘이커들의 이야기에서와 같이 갱신은 위기 직후 계층적 통제구조가 파괴된 혼돈 속에서 시작된다. 1980년대 초기 러셀철강에서도 확실히 이것을 경험하였다. 혼돈 상태를 벗어나는 데에는 한 명 이상의 카리스마적인 리더가 등장한다. 그들은 그들의 가치, 즉 구성원 간에 어떻게 관계를 맺어야 하는지에 대한 믿음을 표출하고 실행한다. 퀘이커인 조지 폭스, 로버트 바클레이, 윌리엄 펜의 사례를 보면, 이것은 사회 전반에 대한 근본적인 사회적 비전으로 나타났다. 보다 온건한 상황이었던 러셀철강에서는 곤경에 처한 상황에 대한 개방적 토론과 민주적 진행과정에 대한 믿음으로 나타났으며, 미래에 대한 비전은 이후 과정에서 등장하였다. 그러나 양쪽 사례 모두에서 진전을 이끈 카리스마적인 개인의 행동은 합리적이었다. 그들의 행동은 분별력이 있었고, 수단을 목표로 하지 않았으며, 어떤

26) 사회적 시스템과 기술적 시스템 간의 차이와 사회기술적 시스템의 개념은 Emery and Trist(1965, 1975)에서 기인한다.

의미에서 보면, 응집된 신념체계를 끊임없이 표명하고 있었다.

카리스마적 리더십은 항상 양면의 가치가 공존한다고 느끼게 만드는 논쟁의 여지가 있는 쟁점이다. 그것은 그 속성상 역설적으로, 인간의 역사상 가장 용기를 주는 이야기와 가장 끔찍한 이야기 양쪽 모두와 연계되어 있다. 카리스마적 리더가 독선적이고, 엘리트주의에 빠져 있으며, 착취적이고 파괴적인 사례가 있는 반면, 겸손하고, 평등을 지향하며, 남을 돕고, 창조적인 사례도 많이 있는 것이다. 이렇듯 카리스마적인 사람들은 선과 악을 창조하는 인간 잠재력의 극과 극을 보여 주는 좋은 예가 된다. 우리는 우리의 역설적이고 모순된 본성에서 중요한 것을 포착하기 위해 이러한 역설적이고 모순된 개념을 필요로 하는 것이다. 이 주제에 대해서는 제7장에서 보다 상세하게 다룰 것인데, 여기서는 잠시 이러한 종류의 리더십의 예를 살펴본다.

• 제너럴일렉트릭의 잭 웰치

조직의 갱신을 위해 노력한 카리스마적 리더십의 가장 좋은 예로는 잭 웰치(Jack Welch)의 변화에 대한 시도를 들 수 있을 것이다.[27]

잭 웰치는 1981년에 CEO로 임명되었다. 그는 일단 조직의 의사결정 과정을 단순화하고, 인원을 감축하였다. 사업의 핵심 요소가 될 것으로 믿은 것에 대해 100만 명의 직원들이 역량을 집중하도록 채찍질하였으며,[28] 제너럴일렉트릭(General Electric: GE)이 환경변화에 따라 주어지는 기회를 이용할 수 있도록 조직의 감성적 에너지와 창의력을 내뿜을 준비를 하였다.[29] 그는 중간관리자의 직무를 다음과 같이 재정의하였다. "그들은 그들의 역

27) GE에 관한 이 소단락 부분은 Hurst(1991)에 나온다.
28) Petre(1986).
29) 이 소단락에서의 인용과 다음에 언급되는 부분의 출처는 Tichy and Charan(1989), 112~120쪽이다.

할이 통제하는 데 있는 것이 아니라, 가르치고, 북돋우며, 해방시키는 데 있는 것임을 알아야 한다."

또한 그는 개방적인 의사소통의 부활을 강조하였다. "진정한 의사소통은 수없이 눈을 맞추는 것이다. 그것은 말하기보다는 경청하는 것을 의미한다. …합의를 도출하기 위한 끊임없는 상호작용을 통하여 인간은 생각을 이해하고 받아들일 수 있게 되는 것이다."

웰치는 도구적 합리성보다는 가치목적적 합리성에 중점을 두었으며, 이것은 GE 내부의 의사결정 과정에서 명백히 드러났다. 그는 의사결정 자체의 논리보다는 이에 앞선 가정과 사실관계를 공유하는 것을 강조하였다. "같은 방 안에 있는 모든 사람들은 똑같은 정보를 가지고 있어야 한다. …문제점은 사람들이 그들이 필요로 하는 정보에서 단절될 때 발생하는 것이다." 그가 GE의 관리자들에게 의미 있는 정보라고 생각하는 것은 북미의 CEO들에게는 상당히 급진적인 것이었다. 예를 들어, 심층 대화로 이루어진 "워크아웃" 프로그램은 경영 리더들이 추상적인 조직 이론이나 경영 이론이 아니라 사업을 하면서 직관으로 얻은 의견, 느낌, 감정, 분노 같은 것을 드러내도록 고안되었다.

웰치와 관리자들의 행동은 그가 신봉하는 새로운 평등 가치와 일치하였다. 워크아웃 기간 동안 관리자들은 구성원들과 열린 대화를 통해 제기된 문제들을 처리하기 위해 직접 대면하였다. 티쉬(Tichy)와 차란(Charan)은 프로그램이 진행되면서 부서가 경험한 것을 다음과 같이 이야기하였다.

GE 사업 전반에 걸친 복잡한 인적 관계, 다기능작용, 공식적 작업 과정을 재고하고, 평가하며, 해결하기 위한 노력이 있었다. 다기능팀들은 실질적인 사업상 문제를 처리하기 위해 협력하였는데, 각각의 기능을 수행하는 팀들은 그 작용이 어디를 향해 나아가고 있는지에 대한 비전을 전개하였다.

창조적인 네트워크(제6단계), 선택(제7단계), 그리고 기업가적 실행(제8단계)

GE 내부의 인식구조를 전환하고, 조직 내 새로운 의미의 양식을 탐구하고자 하는 웰치의 목표는 새로운 조직전개 및 가치전달 과정에서 뚜렷하였다. 웰치는 이러한 유대가 조직에 대한 충성의 본질(essence of loyalty)이라고 믿었다. "충성은 외부와 맞서 싸워 이기고자 하는 사람들 간의 애착이다. 그들의 개인적 가치와 꿈, 그리고 야망은 그들 상호간에 또는 그들에게 활약할 수 있는 기회와 자원을 주는 GE와 같은 회사를 향해 자연히 끌리게 만든다."

여론은 여전히 GE의 변혁 과정 밖에 있었으며, 나는 그것을 생태순환 중 학습주기를 따르는 수준에서 점검할 수 있을 뿐이다. 갱신주기의 논리는 그것이 성공을 거두기 위해서는 개인들의 집단이 다양한 기회와 계획을 구체화시키고 기업가적 행동을 취해야 한다고 제시한다. 개인들은 잭 웰치와 상급 관리자들이 만들어 낸 상황에서 전개된 "경계 없는" 네트워크 안에서 상호작용할 것이며, 기회 역시 같은 방식으로 창출될 것이다. 생태순환의 이러한 단계에서 나타나는 긴급한 활동방식을 계속 유지할 때, 소규모의 활동 그룹 및 프로젝트의 구조는 계획되기보다는 즉각적이고 "운"에 맞기는 형태로 나타날 것이다.

순환은 필 나이트와 빌 바워만이 블루리본스포츠에서 나이키를 처음 만들면서 창조적 과정을 완수하였을 때와 같은 방식으로 진행되어야 한다. 이것은 우리가 제2장에서 보았던 것과 같이 조직에 더 이상 오랫동안 근무한 직원이 존재하지 않는 시기이고, 필 나이트와 빌 바워만의 비전과 열정으로 운동선수들 및 공급업자들과 느슨하게 연결된 네트워크가 닻을 내려 정착한 시기이다. 나이트와 바워만은 새로운 기술체계를 창안할 새로운 사회체계의 핵심이었다.[30)]

당시 외부 관찰자들에게 조직은 알 수 없거나 적어도 가능성이 희박하게 보였을 것이다. 아마도 어느 누군가는 그것을 제대로 꿰뚫어 보고, 이것을 하나의 사회적 네트워크로 파악하였을 수도 있다. 이 시기에는 작고 대수롭지 않아 보이는 사건들이 의미 있는 결과를 가져왔으며, 블루리본스포츠가 환경에 가장 정확하게 반응한 시기였다. 후에 생각해 보건대, 그것은 소위 '비즈니스의 설립'이 많은 부분 예측 불가능한 일들의 연속처럼 보이지만, 능력 있는 사람에게는 운이 찾아드는 까닭일 것이다.

시간이 흐르자, 나이키의 사례에서 느슨하게 연결된 네트워크는 일련의 방식으로 고동치기 시작하였다. 만약 우리의 가상 관찰자가 직접 운동장에 나가서 선수들이 경기를 하고 자신들의 장비를 이야기하는 모습을 살펴보았다면, 운동선수들과 약간의 유대감을 형성하는 것은 물론 곧 이렇게 느슨하게 연결된 네트워크가 어떠한 패턴으로 변화하기 시작하였는가를 주목하였을 것이다. 나이트와 바워만은 기존 연락망과 새로 형성한 채널을 이용하여 더 넓은 시장에 신발을 판매하기 시작하였다. 연락과 사건들이 조리 있는 흐름과 유기적으로 연결된 기계적 절차와 연계되면서 보다 조직적인 상호작용이 나타나기 시작하였다.

곧이어 작고 단순하지만 영속적인 구조가 형성되었고, 생태순환주기의 다음 단계로 이동하였다. 이러한 즈음에 조직은 규모면에서는 미미하나, 외부 관찰자들에게 확실히 인정받게 되며 이름을 알릴 준비를 갖추게 되었다. 나이키가 바로 그러한 길을 갔었던 것이다.

30) 나이트와 바워만은 이 위치에서 캔터(Kanter)의 체인지 마스터(change master)에 대한 정의를 접한 것으로 보인다.

> "체인지 마스터는 문자 그대로 적절한 시기에, 적절한 장소에 적절한 사람인 것이다. 적절한 사람이란 조직이 확립한 관행을 넘어선 아이디어, 그들이 비전으로 구현할 수 있는 아이디어를 가지고 있는 사람이다. 적절한 장소란 혁신을 지지하고, 팀과 연합체 형성을 지원하는 것을 장려하며, 비전을 실행하는 통합된 장소이다. 적절한 시기란 조직역사의 흐름에서 보다 생산적이고 성공적인 미래를 만들어 내기 위해 축적된 혁신을 근간으로 하여 현실을 재구성하는 것이 가능한 그런 시기이다"(Kanter, 1983, 306쪽, 원본에서는 강조).

경영행동에 대한 관점

조직의 생태순환주기는 개념적 모델로 유용하다. 왜냐하면, 그것은 비록 경영행동의 구성요소들과는 구별되지만, 한편으로 조직변화의 불균형적인 패턴 안에서 적당한 시기를 나타내며 그것들을 통합시키기 때문이다. 즉, 그것은 갱신의 주기를 확인한다.

조직이 일단 확립되고 나면, 조직의 전형적인 수명주기가 갱신의 그 어떤 주기보다 오래 지속된다는 것은 자명하다. 더 나아가 이러한 앞 부분의 주기는 도구적으로 합리적인 관리자들이 "전략적으로" 행동할 수 있는 상대적으로 긴 시간에 의해 통제된다. 과정의 이러한 단계 동안 조직의 성장은 꽤 평탄하며 단선적이다. 경제적 성과에 중점을 두고, 전통적 · 합리적 행동 관점은 만족스럽게 작용할 수도 있다.

그러나 이 관점이 끊임없이 만족스러운 작용을 하지는 않을 것이다. 후반에 들어서면, 조직들은 내부의 경직성과 그들이 외부와 팽팽하게 연결한 관계의 망으로부터 압박받기 시작한다. 시스템 내 관리상 자유재량은 점점 더 제약받기 시작한다. 그러나 관리자들이 제약받고 당황할 수도 있음에도 불구하고, 권력을 잃지는 않는다. 그들은 언제나 무언가를 할 수 있다. 그들이 억압받을 때, 그들은 시스템을 "창조적으로" 파괴하면서 "박스" 밖으로 뛰쳐나올 수 있다. 그들은 그러한 구속들을 산산조각내기 위해 위기를 창조할 수 있는 것이다. 사실 생태순환주기는 그들이 그렇게 하지 않으면 무엇인가 일어날 것이라고 암시한다. 미국의 통합된 철강산업계에서조차 LTV와 같은 회사들은 파산법 제11장이라는 "산불"을 겪어 내면서 스스로를 묶어두는 속박을 박차고 나오는 데 성공하였다. 미국 사회의 관점에서 파산법 제11장의 역할은 더 늦기 전에 갱신을 장려하는 것이다. 그러나 비즈니스에서 계속되는 산불은 더 이상 책략이 아님을 주의해야 한다. 조직들이 K-전략가로서 효과적이려면 일정 규모이어야 하고, 그러한 규모를 형성하려면 시간이 걸린다.

이러한 창조적 파괴 직후 혼돈의 시기에는 가치지향적이며, 카리스마적 리더십에 자리를 내어 주게 된다. 이제 관리자들은 그들이 신봉하는 가치와 함께 하여야만 한다. 바른 행동과 바른 언행의 일치를 강조하던 속담인 "말한 대로 행동하기"(walk the talk)는 오늘날 경영은어가 되어 버렸다. 그들의 행동은 합리적이며, 그 까닭은 그것이 목적을 위한 수단이기 때문이 아니라, 내재적으로 가치를 내포하고 있기 때문이다. 주기의 이러한 단계에서 관리자들은 그들이 다른 사람들로부터 기대하는 행동의 모범을 만든다.

이러한 가치목적적인 합리적 행동은 창조적인 구성원들을 유인하고, 혁신과 기업가 정신을 길러 내는 데 필수적인 것으로 보인다. 그것은 부하 직원들로 하여금 카리스마적인 리더를 따르도록 이끄는데, 이러한 부하 직원들은 자발적으로 선택하여 반응하고, 스스로 지도하는 것을 배울 수 있는 자들이다. 이것은 공통의 목표와 가치를 공유하는 관계의 네트워크를 형성하고 이를 정형화한다. 학습이 다시 강조되고 여러 가지 선택의 기회가 늘어나면서 갱신이 이루어진 조직은 선택할 수 있는 능력을 회복하게 된다.

조직의 생태순환주기는 복잡하다. 비록 대부분의 관리자에게 성과주기가 익숙할지는 몰라도 학습주기는 그렇지 않다. 생태순환주기의 나머지 절반에 해당하는 진행 과정이 북미 경영철학에 쉽게 수용되지 않을 것은 명백한데, 그 이유는 다름 아닌 갱신의 순환주기에 대한 도구목적적 합리성을 가지고 있지 않기 때문이다. 실제로 제7장에서 나는 도구적 합리성이 학습주기에 적용될 때, 사람들은 그것을 조작으로 받아들여 변화 프로그램을 수용하려 하지 않는다는 것을 보여 줄 것이다.

앞으로 남은 두 장에서는 갱신주기에서 요구되는 경영행동들에 대해 상세히 다룰 것인데, "성숙한 조직에서 위기의 선제적 창출 필요"라는 가장 논쟁적인 조치에서부터 출발할 것이다.

Chapter 6

위기 창출

위기와 창조

구속

갱신주기의 경영행동

Chapter 6

위기 창출

지난 장에서는 변화와 갱신에 대한 생태순환주기 모델을 개념적으로 정립시키고 이것을 인간사회 조직에 적용시켰다. 이것으로 경영관리에 있어서 중요한 시사점에 대한 윤곽이 나타났으며, 이 책의 나머지 두 장에서는 이를 보다 발전시켜 다룰 것이다.

앞서 살펴본 바와 같이 비즈니스 조직과 같은 사회기술적인 시스템의 빌딩은 생태순환주기에 의해 두 부분으로 나누어진다.[1] 생태순환주기의 첫 번째 절반 부분은 틀에 박힌 행동양식을 나타내는데, 성과지향적인 조직이 초창기 기업가적인 출발에서 기술적 시스템과 관련 제도에 의해 지배될 때까지 발전해 가는 과정의 흔적을 좇는다. 조직의 전체 시스템이 상호 구속하여 변화를 수용하기가 어려워지면서 위기로 치달을 수 있는 이러한 상태는 순환고리의 마지막 부분에 위치한다. 생태순환주기의 나머지 절반 부분은 학습주기이다. 여기서는 조직에서의 모든 구속이 사라지고 사회적인 시스템의 측면에서 진보를 이루며 선택과 자유로 나아가게 된다. 따라서 조직은 생존을 위해 생태순환주기의 양쪽 부분을 계속해서 반복하게 되는 것이다.

이론상으로 이 한 쌍의 순환고리는 자유와 규율을 조화시키며 상호 보

1) Kochan and Useem(1992, Chapter 1)도 비슷한 모양으로 나누어진 사이클 모형을 사용하는데, 이는 전략적인 이익(strategic advantage)에 초점을 맞추고 있다. 즉, 강하고, 지적이고, 비전 있는 리더들을 조직에서 진행 과정의 밖으로 위치시키는 데 힘을 발휘하며, 합리적인 행위자 모델(the rational actor model)의 또 다른 형태이다.

완적이어야 한다. 조직의 기본적인 규율이 결여된 상태에서는 자유는 의미가 없으며, 반대로 자유롭지 못하다면 규율은 목적을 상실하고 동시에 정당화될 수도 없다. 정당한 가치에 기반을 둔 목적만이 제도적인 수단을 뒷받침할 수 있는 것이다.[2)]

서구 사회에서의 경영은 실제로 조직의 기술적인 측면이 강조된 나머지 생태순환주기의 성과지향적 주기에서 나타나는 모습이 만연해 있다. 또한 경영은 이성적이며 선형적인 활동이고 또 그렇게 되어야 한다는 암시가 있어 왔다. 이러한 이유로 위기와 돌발적인 사건은 보통 역기능적인 것으로 생각되어 왔다. 남은 두 장에서는 이러한 불균형을 바로잡기 위해 생태순환주기에서의 갱신 부분에 해당하는 학습주기에서의 경영활동을 고찰할 것이다. 아울러 틀에 박히고 기술적인 조직의 모습을 함께 소개함으로써 학습주기에서의 조직과 차이점을 보여 줄 것이다.

생태순환주기에 있어서 가장 논란이 되는 부분은 성과주기에서의 조직이 새로운 갱신주기로 들어서기 위해서 위기가 있어야 하는가이다. 이것은 조직이 "자연적"(natural) 재해의 위험을 피하기 위해서 경영자가 인위적으로 위기를 만들어 낼 필요가 있다는 것을 의미한다. 따라서 위기 상황의 인위적 창출을 논의하기 전에 위기는 그 자체로 조직의 갱신을 이끌어 낼 수 있다는 몇몇 근거들을 다시 한 번 살펴볼 필요가 있다.

2) "목적은 수단을 정당화하지 못한다"는 말로 이어지는 도구목적적 합리성과 가치목적적 합리성 사이에는 혼란스러운 면이 있다. 제도적인 목적은 제도적인 수단을 정당화하지 못하며 오직 가치에 기반을 둔 목적만이 그것들을 정당화할 수 있다.

위기와 창조

"나는 돌발적인 사건을 정말 싫어한다. 깜짝 놀라는 것은 생일날 하는 것으로 충분하다." 이것은 1983년에 우리가 근무하였던 대기업 최고경영자의 말이다. 그는 갑작스런 재정 상황의 악화를 싫어할 뿐이라는 것을 의미한다고 말하였으나, 그의 경영스타일이나 연설을 보면 반드시 그것만을 의미한 것은 아니다. 애널리스트나 비즈니스 저널리스트들이 보았을 때, 그 최고경영자는 회사란 순탄하게 돈을 만들어 내는 기계라고 생각하는 것 같았다. 그가 말하는 변화란 기존의 사업에서 더 많은 이익을 내는 것을 의미하며, 이는 실제로 예측 가능한 상황과 눈에 보이는 성장을 기반으로 한다. 물론 이러한 자세는 합리적으로 눈에 보이는 성장 과정을 설명함으로써 외부 투자자들의 신뢰를 고취시키는 데 도움이 된다. 제2장에서 우리는 나이키를 예로 들어 조직이 성장함에 따라 점점 정형화되고 구조화되는 과정을 살펴보았으며, 이러한 과정이 계속하여 반복된다는 것도 알고 있다.[3] 그리고 이것은 서구 문화에서 널리 퍼져 있는 하나의 현상이기도 하다.

비록 그 최고경영자는 조직의 재정적 측면을 가지고 이야기를 하였지만, 그에게 사업을 혁신하기 위해서는 기존의 것에 대한 단절과 새로운 위기가 필요하다는 주장을 한다면, 아마 바로 묵살되기 십상일 것이다. 사실 그의 견해처럼 비즈니스에서 변화와 혁신은 근본적으로 합리적인 계획을 통해 이루어지는 것이라는 관점이 널리 퍼져 있다. 이러한 견해를 주장하는 가장 주목할 만한 사람 중 하나가 피터 드러커(Peter Drucker)인데, 그는 혁신의 역사를 하나의 선형 과정[4]이라고 설명한다. 또한 경영학자 도널드 숀

3) 사업가 샘 스타인버그(Sam Steinberg)의 경험에 대한 헨리 민즈버그(Henry Minzberg)의 언급(1994, 214쪽)을 예로 들 수 있다.

4) 드러커는 선형 과정 이외에서 오는 혁신은 우연히 일어나는 사건일 뿐이라고 하며, 이것들은 작동할 수 없는 것이라고 주장한다.

(Donald Schon)은 그와 같은 관점이 오래전부터 있어 왔다고 하였다.

> 과거의 지혜에 기반을 두고 있는 합리적 관점은 안정된 상태에서의 기술적인 변화를 추구하며, 이는 분석의 각 단계마다 잘 드러난다.
>
> - 체계적이고 예측 가능한 과정으로서의 창안을 의미하는 합리적 관점
> - 회사가 제어할 수 있는 기능으로서의 혁신을 의미하는 합리적 관점
> - 기존에 정의된 산업의 각 영역 안에서 발생하는 기술적인 변화에 대한 관점
> - 18세기부터 현재에 이르기까지 기술 프로그램의 한 부분으로서 사회 안에서의 기술적인 조직변화에 대한 관점[5)]

전통에서 오는 지혜에도 불구하고 조직혁신에 있어서 위기 상황이 중요한 역할을 한다는 것은 명백하다. 예를 들어, 제3장에서 살펴본 바와 같이 위기 상황이 없었다면 러셀철강의 급격한 변화는 일어나지 않았을 것이다. 또한 제4장에서 보았던 퀘이커운동 역시 사회 전체를 변화시키려는 영국 시민전쟁의 혼란 속에서 등장하였다. 그리고 이 밖에도 전쟁이나 정치적 혼란 뒤에는 항상 혁신이 뒤따랐었는데, 미국 독립전쟁이 유럽과 미국 사이의 무

"제대로 목표와 체계가 갖추어지지 않은 채, 천재의 영감의 결과로서 이루어지는 혁신이 있으나, 그러한 혁신은 다른 조직에 적용될 수도 그리고 학습될 수도 없다. 목표를 가지고 분석과 체계 속에서 이루어진 혁신만이 혁신의 실제로서 논의되고 제시될 수 있다. 왜냐하면, 이러한 혁신이 효과적인 혁신의 90% 이상을 차지하기 때문이다"(Drucker, 1986, 133~134쪽).

비록 내가 이 책에서 제시하는 개념과 증거들이 부분적으로만 맞을지라도, 드러커(Drucker)는 이 점에 있어서는 완전히 틀렸다. 우리는 어떤 이에게 천재가 되는 방법을 가르칠 수는 없지만, 개개인의 역량을 최대한 끌어 낼 수 있는 사회적인 장치를 만들 수는 있기 때문이다. 우리는 "어떠한 사회적 맥락에서 개인들의 재능이 최고로 개발될 수 있는가?"에 대해 질문해야만 한다. 우리가 천재를 "키워 내는" 사회적 학습 맥락을 창조할 수 있다는 것이 그 증거이다. 이것은 단순히 교육의 문제가 아니며 신뢰로 이루어진 공동체 속에서 개인의 잠재력을 불러 내는 작업이다.

5) Schon(1967), xviii쪽. 선형이냐 비선형이냐의 다툼이 벌어지는 주된 무대 중의 하나는 생물학적 진화론에서이다. 여기에는 다윈의 점진주의와 단속평형설 사이의 토론이 있으며(Gould and Eldredge, 1977), 이 논의는 Greine(1972), Tushman and Romanelli(1985), Gersick(1991)에 의해 경영학 분야에 도입되었다.

역 기반을 만들어 낸 것이 그 한 예이다. 이러한 사건들을 통해 새로운 사업가들이 등장하였으며, 부와 권력을 차지한 신흥 귀족계급이 형성되었다. 이와 더불어 공동출자 회사가 늘어났고, 미국 사회에서 법률가와 법률회사가 두드러진 역할을 하게 되었다(모든 혁신이 항상 바람직한 것만은 아니다!). 한편, 남북전쟁은 미국 금융 시스템의 변화를 자극하였으며, 연방정부의 구조를 상당 부분 변화시켰다.[6)]

전쟁에 의한 파괴조차도 혁신을 위한 기회를 제공할 수 있다. 제2차 세계대전 중에 히틀러 치하에서 산업부 장관을 지낸 알버트 스피어(Albert Speer)는 연합군의 공습을 이용하여 형식적 관료주의를 타파할 수 있었다.[7)] 그러나 전쟁으로 인한 파괴가 산업에 혁신을 가져다 준 가장 놀라운 예는 아마도 제2차 세계대전 후 일본의 자동차산업일 것이다. 일본의 사례는 자세히 살펴볼 필요가 있는데, 1950년대와 1960년대에 등장해서 성장하기 시작한 도요타, 혼다와 같은 일본 회사들은 그때 당시 이미 성숙기에 이르렀거나 쇠퇴하기 시작한 GM, 포드(Ford), 크라이슬러(Chrysler)와 같은 미국 자동차회사들과 좋은 대비를 이루기 때문이다.

6) 이러한 예들은 Carroll, Delacroix, and Goodstein(1990)에서 인용하였다. 그러나 일단 정부 조직이 한 번 생겨나면 그것을 없애기는 정말 어렵다. 민간회사에서는 정부 조직에 비해 상대적으로 위기 상황을 촉진시키기 쉽다. 정부 조직에서는 산출물을 측정하기 어렵고, 정부 기금 또한 파산과는 거리가 멀며, 조직에 위협이 닥치고 있다고 해도 이러한 말이 쉽게 먹혀들지 않기 때문이다. 규제를 완화하고 사유화를 시키는 것만이 공공부문에서 실제로 혁신이 일어나게 하는 유일한 방법이다.

사회 전체의 변혁에 있어서 소련의 붕괴는 실제 살아 있는 사례가 된다. 개혁은 어느 정도로 위기를 촉진시키느냐와 과거의 타파해야 할 대상을 얼마나 빨리 부숴 버리느냐에 달려 있다. 만일 개혁의 속도가 더뎌지면 과거의 엘리트들은 새로운 시스템 안에서 자신들의 영역을 구축하게 되고 결국 개혁의 진행을 막아서게 된다. 빠르게 개혁을 추진하였던 폴란드와 달리 우크라이나에서는 위와 같은 현상이 나타났던 것이다(Counter-Revolution, 1994).

7) 스피어(Speer)는 다음과 같이 기술하고 있다.

> "관료적인 방법이 우리가 일을 하는 데 있어서 주가 되었다는 생각은 나를 힘들게 하였다. 나는 계속해서 동료에게 (관료적) 문서작업을 줄이고 싶다고 요청하였다. …독일 도시들에 대한 연합군의 공습은 우리로 하여금 끊임없이 머리를 짜내게 만들었다. 이러한 공습이 조직에게는 오히려 유익하게 작용하였다. 1943년 11월 22일 공습으로 부처가 파괴되고 나서 나의 역설적인 반응을 보라. "업무를 하면서 작성하였던 쓸모 없는 문서들이 공습에 불타 없어지면서 우리는 안도의 한숨을 내쉬었으나, 이런 신선한 이벤트(공습)가 계속되리라는 것을 기대할 수는 없었다"(Speer, 1970, 213쪽).

일본 자동차산업의 자기변신

그림 6-1에서 보여지는 생태순환의 학습주기와 같이 1945년 일본 패망 후의 위기 상황으로부터 갱신은 시작된다. 산업시설의 대부분을 상실한 상태에서 정치는 개혁되어 보다 열린 그리고 민주적인 구조를 가지게 되었으며, 전쟁 전에 지배적이었던 “자이바추”(zaibatsu, 가문을 중심으로 하는 지주회사)와 같은 상업제도는 붕괴되었다. 이전까지 회사를 경영하던 간부들 중의 상당수가 회사를 그만두어야 하였고, 과거의 규제와 관습들은 미국 지배하에서의 평등한 분위기 속에서 완화되어 갔다. 간단히 말해, 엄청난 혼란이 있기는 하였지만 사업활동에 대한 규제가 제거되는 등 정치와 경제활동을 영위하는 “숲”에서의 여러 가지 장애가 사라지면서 과거보다 훨씬 더 많은 일을 할 수 있게 되었다.[8)]

혼돈 속에서 등장한 많은 리더와 역할 모델들은 미국인들이었다. 정치 분야의 맥아더(Douglas MacArthur) 장군으로부터 제조공정의 경영기법을 전수한 에드워드 데밍(Edwards Deming)과 조셉 쥬란(Joseph Juran)에 이르기까지 미국인들은 다양한 분야에서 활약하고 있었다. 당시 일본에서 데밍과 같은 전수자들은 일본인들의 진지한 경청 자세에 놀라곤 하였는데, 그 이유는 바로 생태순환의 학습주기에서 찾을 수 있다. 전쟁 후 모든 것이 파괴되고 남아 있는 자산도 거의 없는 상황에서 일본인들은 열렬한 학습자가 될 수밖에 없었던 것이다. 그러나 반대로 같은 시기 미국의 자동차회사들은 생태순환의 성과주기에 있었고, 재무구조가 최상의 상태에 있는 등 절정에 달해 있었으며, 심지어는 고객들조차 행복해 보였다. 무엇인가 학습해야 할 것이 있다고 말하는 사람은 바보 취급을 당하였다.

8) 흥미롭게도 “숲”에 대한 비유는 일본 문화에서 중요성을 가지는 듯하다. 일본 철학자 다케시 우메하라(Umehara Takeshi)는 일본의 고대 문화를 “숲의 문명”(The Civilization of the Forest)이라고 이야기하였기 때문이다(Hampden-Turner and Trompenaars, 1993, 138쪽).

| 그림 6-1 | 일본 자동차산업의 자기변신

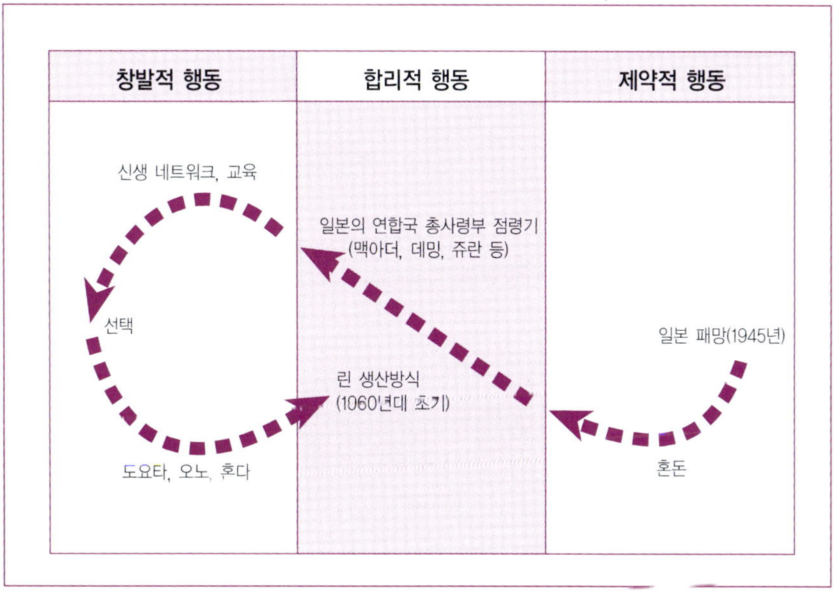

일본 문화는 전통적으로 공동체 중심적이어서[9] 다음 단계에서 보여지는 갱신주기에서 – 사업활동에 필요한 여러 가지 요소를 제공하는 창조적인 네트워크의 구축 – 일본이 큰 성공을 거두게 된 것은 그리 놀라운 일이 아니다. 오래전의 퀘이커들과 마찬가지로 일본인들도 단순히 교환 형태만 존재하는 경제 시스템을 받아들일 수 없었다. 그들은 공동체 의식의 공유와 시장 참여자들의 상호 배려를 필요로 하였다. 그래서 등장한 네트워크 조직이 "케이레추"(keiretsu)였는데, 이는 회사들의 주식이 서로 맞물려 있는 기업집단을 의미하였다.

9) 요시노(Yoshino, 1968)가 지적하는 바와 같이, 집단성은 일본 문화에 깊이 뿌리내리고 있으며 이것은 "하우스"(house)라는 개념으로, 가족의 개념을 넘어서서 모든 종류의 사회집단에서 하나의 역할 모델로 작용하고 있다. 불운이나 불행도 개개인에게 주어진다기보다는 조직 전체가 나누어 짊어지게 되고, 마찬가지로 기업에서의 이윤도 주주, 경영자 그리고 노동자가 동등하게 나누게 된다.

또 다른 중요한 요소는 교육 시스템이었다. 일본의 학교교육은 언제나 훌륭하였으며, 전쟁에서의 쓰라린 패배 후에는 기술상의 격차를 따라잡는 데 교육의 초점이 맞추어졌다. 유능한 학생들을 뽑아 기술자가 되도록 장려하였고, 회사는 이들을 고용한 후 서구 선진국으로 보내 최신 기술을 배워오도록 하였다. 그리고 곧 일본은 생태순환의 학습주기에서 성과주기로 이동할 준비를 갖추게 되었다.

이 시기 자동차 제조업에서의 가장 주목할 만한 혁신은 바로 린 시스템(lean production)의 개발이다.[10] 이 시스템은 도요타 가문의 일원인 도요타 에이지(Eiji Toyoda)가 오노 다이이치(Taiichi Ohno)와 함께 만든 것으로서 완벽한 체계를 잡기까지 거의 20년의 세월이 걸렸다. 또한 혼다 소이치로와 같은 여타 사업가들 역시 그 당시 비슷한 시스템을 개발하였었다.

1950년 미국의 포드 공장을 방문하고 돌아온 후 도요타는 미국의 생산 시스템을 일본의 실정에 맞게 적용하는 문제로 고심하고 있었다. 그는 일본의 시장규모가 미국과 달라서 대량생산체제에서 오는 단일 모델의 자동차를 모두 수용할 수 없다는 것을 깨달았다. 게다가 1949년 도요타는 노동자들을 정리해고하려고 하였는데, 이는 엄청난 파업으로 이어졌고, 결국 일본에서는 미국과 같은 방식으로 노동자들을 해고할 수 없다는 사실을 알게 되었다. 이러한 방식의 정리해고는 외국에서 온 노동자 및 이민자들도 받아들일 수 없는 것이었으며, 결과적으로 생산 수준을 유지하기 위해 자동차 모델을 계속 바꿀 수 있도록 공장을 운영해야만 하였다.

또한 전후 일본의 경제는 너무나 취약하여 대량생산체제 기술 도입을 위한 엄청난 자금을 확보할 여유가 없었다. 상대적으로 작은 규모의 제조설비를 가지고 보다 다양한 제품을 생산해야만 하였는데, 생산설비의 신속한

10) 린(lean, 절감한)이라는 용어는 IMVP(International Motor Vehicle Program)의 구성원이었던 존 크라프칙(John Krafcik)이 1990년에 창안하였는데, 이 시스템은 대량생산체제에 비해서 모든 것이 덜 사용되었기 때문이다(Womack, Jones, and Roos, 1991).

변화는 오히려 강점으로 작용하였으며, 공장 노동자들이 이러한 과정을 스스로 진행하면서 일의 느슨함도 방지할 수 있었다.

위와 같은 방식의 생산 시스템을 가동하면서 도요타와 오노는 작은 규모의 생산 과정이 기대하지 못한 수익을 가져온 것을 알게 되었다. 먼저 재고량이 눈에 띄게 줄어들었고 무엇보다도 제품생산 과정 자체가 단축되었다. 그리고 이것은 제품의 결함을 찾아 해결하는 시간을 줄여 주었기 때문에 계속되는 생산 과정 속에서 시스템을 향상시킬 수 있었다. 게다가 시스템상에서 공장의 노동자들이 자연스럽게 제품의 결함을 발견하고 이를 수정하는 역할을 수행할 수 있게 되면서, 간반(kanban) 시스템이라고 하는 도요타의 즉각적인 생산 시스템이 린 생산공정의 전 과정에서 구현되었다. 이 시스템은 또한 도요타와 하청업체들 사이의 경계를 무너뜨리면서 결과적으로 하청업체와 도요타, 그리고 고객으로 이어지는 전체 체계 안에서 제품의 결함을 발견하고 수정할 수 있게 하였다. 조립공정을 수행하는 도요타와 부품을 공급하는 하청업체 사이의 협력관계는 비용을 절감시켰으며, 이로부터 발생한 이윤은 서로 나누었다.[11)]

즉각적인 생산 시스템은 대량생산체제에 비해서 완충장치가 적었기 때문에 사소한 고장이 공장 전체의 가동 중단과 같은 중대한 결과로 이어질 수도 있었다. 이런 상황에 효과적으로 대응하기 위해 노동자들은 전체 생산 과정을 충분히 이해하고 다양한 역할을 수행할 수 있어야 하였으며 팀 단위로 활동해야만 하였다.[12)]

11) 하청업체와 도요타 사이의 협력관계는 "하우스"(house)라고 표현되는 집단성의 개념과 잘 들어맞는다. 도요타와 하청업체의 관계에 대한 보다 자세한 내용은 Kamath and Liker(1994)에 있다.
12) 팀에 대한 강조는 집단성에 대한 일본 문화의 편견과 물론 관계가 있다.

> "일본에서 하나의 과업은 개인이 아닌 그룹에 의해서 수행되며, 일에 대한 책임 또한 그룹 전체가 지게 된다. 확실히 개개의 그룹은 공식적인 리더를 가지고 있지만 과업은 그에게 부과되는 것이 아니며 그가 이끌고 있는 그룹에 부과된다. 중요한 것은 그룹의 성과이며, 개인이나 공식적인 리더의 성과가 아니다. 조직의 기본 단위는 개인이 아니라 집단이다" (Yoshino, 1968, 202~203쪽).

이에 대한 직접적인 결과로 일본식 조직에서 효과적인 리더십을 발휘하기 위해서는 기술적인 북미의 소비자들이 아는 바와 같이, 린 생산공정을 통해 생산된 제품은 보다 세심한 부분까지 제품의 생산을 통제할 수 있었다. 예를 들어, 도요타가 고급 세단의 렉서스 자동차를 처음 생산하였을 때, 여기에는 수공업으로 생산된 자동차에 비견될 정도로 세심한 주의가 기울여졌다. 도요타의 린 생산공정은 대량생산체제의 라이벌들이 따라올 수 없는 것이었으며, 고객들은 생산규모의 차이를 알게 되었고, 이를 "품질"의 차이라고 말하였다.

린 시스템의 발명과 일본 자동차산업의 부흥은 혁신과 사회적 역동성 사이의 상호 관계를 분명하게 보여 준다. 그러나 도요타와 오노의 새로운 기술은 사회적인 시스템을 변화시킬 정도는 아니었으며, 그들의 계속되는 성공은 새로운 기술의 도입이 아닌 새로운 사회기술적인 시스템의 도입에 기인한다.[13)]

구속

지금까지 나는 조직에서의 구속이 본질적으로 나쁜 것인 양 이야기해 왔다. 그러나 이것은 기술적으로 옳지 않다. 구속은 조직을 이루는 필수적인 요소이며, 조직한다는 것은 곧 구속한다는 것을 의미한다. 즉, 어떠한 활동을 특정하고 진행하는 과정에서 우리는 다른 이들의 행동을 최소한 묵시적으로라도 통제하게 된다. 그리고 많은 경우에 구속은 금지의 형태로 나타난다. 물론 초기에는 계속적인 성공을 위해서 조직을 구성한다는 최상의 이유를 가지고 있으며, 실제로 구속은 사업을 영위하는 데 중요한 역할을 한

면보다는 사회성을 중시해야 한다. 리더는 그룹 전체를 조화롭게 유지할 수 있어야 한다.

13) 에머리(Emery)도 산업혁명에 대해서 이와 같은 시각을 보여 준다. "산업화의 첫 번째 단계는 증기기관과 같은 특정한 기술의 발달에 기인한 것이 아니다. …그것은 신기술이 아니라, 작업 조직의 형태, 즉 공장 시스템의 등장에 기인한 것이다"(Emery, 1982, 1099쪽).

다. 그러나 시간이 지남에 따라 환경은 변하고 한때 이로운 역할을 하였던 여러 가지 구속들이 새로운 학습과 조직의 변화에 걸림돌이 되는데, 특히 눈에 명확하게 드러나지 않는 암묵적인 구속의 역기능이 가장 심하다.[14)] 제약을 가하는 규정이나 정책과 같은 정형적인 조직의 구성요소들은 쉽게 드러나고 변화될 수 있다. 그러나 보다 교묘한 구속은 복합적인 기술의 사용, 눈에 보이지 않는 문화적인 영향, 그리고 조직의 성장 과정에서 비롯된다. 시간이 흐르면서 기술 및 문화와 결합된 조직의 성장은 조직변화에 대한 강력한 방어벽을 만들어 낸다.

하나의 고전적인 예가 바로 미국의 자동차산업인데, 70년 간의 지배시기가 끝날 무렵인 1970년대와 1980년대에, 그들은 일본 자동차산업의 위협에 맞서 재빠르게 대처할 수 없는 자신들의 모습을 발견하게 된다. GM의 예를 통해 세계에서 가장 크고 성공한 자동차회사에서 어떻게 여러 가지 구속들이 등장하는지 살펴보는 것이 필요하다.

미국 자동차산업의 진화

생태순환주기의 한 쌍의 순환고리는 미국 자동차산업의 흥망성쇠와 뒤이은 갱신의 시도를 추적하는 데 유용한 방법이다.[15)] 성과주기는 그림 6-2와 같다.

14) 케네스 볼딩(Kenneth Boulding, 1978)은 조직운영 시스템의 구성요소로 위협(threat), 통합(integration) 그리고 교환(exchange)을 드는데, 경영학에서는 이 세 가지 요소가 가장 널리 퍼져 있다. Etzioni(1961)는 조직을 제어하는 세 가지 방법으로 강제성(coercive), 규범성(normative), 실용성(utilitarian)을 들며, 이와 비슷하게 McClelland's(1961)는 권력(power), 제휴(affiliation), 성취(achievement)를 든다. Ouchi(1981)와 Lawrence and Dyer(1983)는 조직현상을 분석하기 위한 렌즈로 관료제(bureaucracies), 당파(clans) 그리고 시장(markets)의 세 가지 요소를 말한다.

15) 자동차산업의 진화에 관한 설명은 전반적으로 다음에 기초해 있다. Halberstam(1986); Lamming(1993); Sloan(1967); and Womack, Jones, and Roos(1991).

❙ 그림 6-2 ❙ 미국 자동차산업의 흥망성쇠

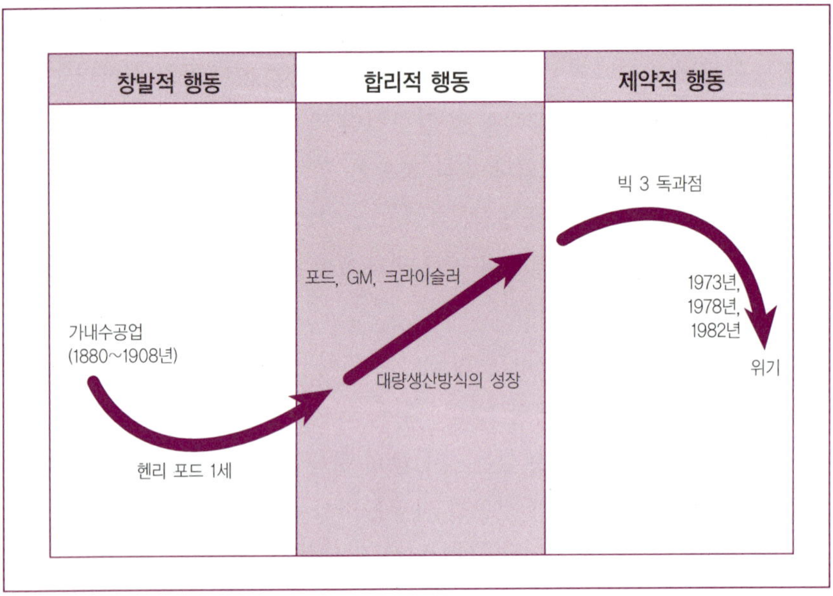

가내수공업

미국 자동차산업에서 소규모 가내수공업 생산시기는 생태순환주기에서 나타나는 기업가적 실행과 부합한다고 볼 수 있다. 그 시기는 1880년부터 헨리 포드 1세(Henry Ford I)가 (대량생산체제로) 모델 T를 발매한 1908년까지이다. 같은 해에, 빌 듀란트(Bill Durant)는 25개의 자동차 공장을 합쳐 제너럴 모터스(General Motors: GM)를 세웠다. 약 30여 년 가량 되는 이러한 기간 동안에는 새로운 분야를 개척하는 수백 명의 사람들과 조직들이 산업에 진입하였다. 1900년대 후반부에 들어서자, 해마다 50개의 회사들이 사업에 착수하는 것으로 어림잡아졌으며, 대개 디트로이트에서 일어났다.

초창기에는 휘발유를 연료로 선택할 수 있을지 확실하지가 않았다. 증기력이 검증된 기술이었으며, 전력은 전망이 우수하였다.[16] 결과적으로 엔진과 변속기 부문에 다양한 시도가 있었으며, 마모율 관련 기술은 중도에서 포기되었다. 산업에 진입하는 많은 자들이 업계에서 사라지기 전까지 전형적인 자동차만을 만들었다. 이 기간 동안 모든 자동차들은 숙련공들이 조립하여 만들었으며, 주요 완성 부품들을 조립하는 데 12시간 이상 걸리곤 하였는데, 모델 T를 생산한 지 6년도 되지 않아 포드는 이러한 과정을 1시간 반으로 단축할 수 있었다.

대량생산

자동차산업에서 대량생산 시기는 생태순환주기에서 도구적으로 합리적인 단계와 대응하는데, 관리자들이 그들의 성공에 논리를 세우고 성공의 비결을 모든 작용 과정에 반영하려는 시기이다. 포드의 생산체계에는 많은 구성요소가 있었으며, 이 중 가장 중요한 것은 그 유명한 조립라인이 아니라, 자동차 부품의 완벽한 호환성이었다. 이것은 지속적으로 미세한 허용오차를 지탱할 수 있게끔 해 준 금속가공업의 발달에 의해 차례로 가능해졌다. 수공업체계에서 생산시간 대부분은 각각에 맞추어진 호환성 없는 부품들을 조립하는 일이 차지하였다. 부품의 표준화로 인해 조립공의 사용 또한 줄일 수 있었다. 나아가, 자동차 소유자는 대량판매시장의 본질적 특성인 자가수리가 가능해졌다.

포드는 자동차 부품의 호환성을 개척하였는데, 이것은 곧 표준 창설을 통해 산업 전반으로 확대되었다. 예를 들어, 미국자동차공학회(Society of Automotive Engineers: S.A.E.) 표준은 갖가지 로크와셔(lock washer)를 800개에서

16) 나는 전기자동차에 관한 브리태니커 백과사전(1911)의 언급을 인용하지 않을 수 없다.

"이따금 선풍적인 발표가 있기는 하지만, 전기자동차는 축전지의 무게가 크게 감소되지 않았기 때문에 시내와 근거리 지역에서 이용되기에는 여전히 사치품이다"(vol. 18, 919쪽).

16개로 줄였다. 이러한 동안 내내 산업의 규모는 성장하였다. 포드가 가격과 중간 이윤을 낮추자, 수요가 폭증하였다. 1908년도 발매 당시 모델 T의 가격은 약 1,000달러였는데, 9년 뒤에는 360달러로 인하되면서 1년 동안 자그마치 73만 대를 판매하였다.

사냥꾼에서 정착농으로

모델 T는 고전적인 r-전략가의 예이다. 시장은 활기에 차 있었으며, 자동차는 생산되는 대로 판매되었다. 저렴한 가격의 범용 자동차인 모델 T는 초기 시장을 장악하였다. 그리고 1922년 무렵에는 절정에 이르렀다.

이러한 시기 즈음에 GM의 알프레드 슬로언(Alfred Sloan)은 r-전략의 소산으로 듀란트가 (많은 자동차 브랜드로) 뒤죽박죽 모아 놓은 양식에 대해 불만을 표현하기 시작하였다.

> 우리는 시장규모와 추후 실질적 성장 가능성이 큰 저가 상품 분야에서 포드의 경쟁상대가 되지 못하였을 뿐만 아니라, 우리가 두 배로 역량을 집중하던 중등품 분야에서도 밀렸다. 어떤 의미에서 우리는 단지 서로의 시장을 빼앗기 위해 차를 팔고 있다는 사실 외에 무엇을 하려고 그리 애를 쓰고 있는지 모르고 있었다. 일종의 합리적 정책이 요청되는 것이었다.[17)]

그의 "합리적 정책"은 가격과 품질을 기준으로 시장과 상품을 6단계로 세분화하는 것이었다.

저가품 시장에서 시보레(Chevrolet)는 다소 비싸지만 현저하게 우월한 품질로 모델 T와 경쟁하였다. 이것은 대단히 효과적인 조처였다(또한 이러한 방법은 아마도 60년 후 일본 기업이 미국 기업과 경쟁하여 사용한 방법과 크게 다르지

17) Sloan(1967), 84쪽.

않을 것이다). 결과적으로 포드가 1927년 K-전략으로 전환하면서 모델 A를 생산하기 위해 설비를 재정비하기까지 18개월 동안 공장을 닫게 되었다.

1923년, 다지(Dodge)는 자동차의 지배적인 디자인이 된 것을 도입하였는데, 차체를 철강으로 하는 것이었다. 그리고 1925년까지 미국에서 생산되는 자동차의 50%가 이를 따랐다.[18] 주요 시장 참가자들이 K-전략을 채택하게 되자, 대량생산체제의 낯익은 특성들이 산업 전반으로 널리 퍼졌다.

- 특히, 하나의 제품만을 반복적으로 만들어 낼 수 있는 기계로 대규모 생산해 내는 주요 기계 부품
- 매장에서부터 디자인, 엔지니어링, 재무관리 직원에 이르기까지 모든 단계에서의 작업 분화
- 조립 단계에서부터 "빅 3"(Big Three)특정 산업 부문 중에서 시장지배력이 강한 상위 세 기업로의 산업 집중
- 제품 제조에 소요되는 수 년 간의 기간과 막대한 자본 투자를 조율하는 대단히 복잡한 과정을 목적으로 하는 부품의 제조 및 최종 조립 과정의 종적인 통합[19]

독과점 지배의 등장

1960년대에 독점 공유 형태로서 "빅 3"의 출현은 미국 자동차산업이 생태순환주기 중 성과주기의 구속 부분에 진입한 것으로 기록된다. 전체로서의 시스템은 이제 공고하게 연계되었다. 개별 회사들은 재무적 관심과 그들의 막대한 규모에 외적으로든 내적으로든 구속되어 버렸다. 모든 프로젝트의 첫 번째 질문은 "월스트리트의 투자가들이 어떻게 생각할까", "트리플 A

18) Utterback(1994), 36쪽.
19) 이 일람표는 Lamming(1993), 12쪽에서 인용하였다.

인 우리 회사채 등급에 어떤 영향을 미칠까" 내지 덜 주제넘게는 "올해 성과급에 어떤 영향을 줄까"와 같은 식이었다. 핼버스탬(Halberstam)이 후에 기술하듯이, 그것은 마치 회사의 진정한 고객이 자동차를 구입하는 사람들이 아니라 주주인 것과 같이 되어 버린 양상이었다.[20] 대규모, 대형차에서 고수익을 달성하고 무슨 일이 있어도 모든 생산라인을 가동해야 한다는 강박관념에 사로잡혀 있었다. 품질 개선은 원칙적으로 생산라인이 둔화되지 않는 한 바람직한 것일 뿐이었다. 소형차는 중요하지 않았다. 왜냐하면, 이윤과 수익이 모두 낮았기 때문이다.

그러나 주요 생산자들 각각에서 당시 조직을 지배하던 새로운 전문관리자들의 사고방식에 보다 잠행적인 구속요인들이 내재해 있었다. 성공적인 유형을 명확화하고 영속시키기 위해서 그들의 개개 사업에 시스템이 녹아들어 가게 하였으며, 지금까지도 그들은 시스템을 완벽하게 구축하였던 보존자들로서 자신의 위치를 확고히하고 있다. 도구목적적 합리성이 이제 오래된 가치들을 억눌렀다. "자동차 (자체에 관심이 있는) 사람들"(car people), 즉 과거 조직을 움직이던 생산과 디자인 쪽을 맡았던 사람들은 영향력을 완전히 상실하였다. 두 그룹은 서로 이야기조차 나눌 수 없게 되었다. 포드의 최고 생산책임자였던 할 스퍼리치(Hal Sperlich)는 신중하고 보수적인 회장 필립 칼드웰(Philip Caldwell, 1979년 헨리 포드 2세에 의해 임명됨)과의 관계를 다음과 같이 말하였다.

> 오랫동안 나는 우리가 서로 다른 언어를 쓰듯 다른 배경으로 인해 서로 단순히 이해할 수 없는 것뿐이라고 생각하였다. 그리고 한참이 지나 내가 떠나고 나서야 나는 그 이상의 문제가 있었다는 것을 깨달았다. 그것은 자동차 그 자체와 열정을 목표로 하는 사람과 자동차 자체에는 흥미가 없고 그것을 성공과 권력의 수단으로 생각하는 사람 사이의 투쟁이었던 것이다.

20) Halberstam(1986), 545쪽.

의사소통에 차이가 있던 것이 아니라 사업 자체가 달랐던 것이었다.[21]

조직 내에서 이렇듯 숨막히는 구속이 미치는 영향과 회사의 규제에 복종할 필요가 있다고 하는 사고방식은 포드의 한 중역이 직원을 해고하면서 하였던 한 마디의 설명으로 간추려졌다. “빌(Bill), 이 회사에서 좋은 직원이란 말이야, 상사가 그들의 견해를 표현할 때까지 잘 기다리는 자일세. 그리고 나면, 상사의 견해를 지지할 수 있는 무언가를 덧붙일 수 있을 뿐이지.”[22]

1970년대 초반까지 35년 간의 끊임없는 성공 후에 빅 3 체제의 미국 산업은 그 엄청난 성과물에 완전히 구속당하고 말았다. 새로운 고안품이 이렇듯 획일적이고 육중한 체계에서 시기적절하게 소개된다는 것은 거의 불가능한 일이었다. 지나치게 오랜 기간 잘 보존된 성숙한 숲과 같이 불에 탈 준비가 된 것이었다.

위기

산업계가 급하강 곡선을 그리며 위기로 치닫게 한 획기적인 세 가지 사건이 발생한다.

① 1973년, 첫 번째 오일쇼크(oil shock)가 일어났을 때 석유산업이 석유의 생산과 가격에 대한 통제를 완전히 상실하였다.

② 1978년, 리 아이어코카(Lee Iacocca)가 포드를 떠나 크라이슬러에 합류하였을 때 이란의 국왕이 폐위되었다.

③ 1982년, 북미에서 이자율이 20% 이상 상승하였을 때 자동차 판매는 폭락하였고, 이러한 위기의 조짐이 GM에서 처음으로 명백해지기 시

21) Halberstam(1986), 588쪽.
22) Halberstam(1986), 610쪽.

작하였다.

돌이켜보면, 쇠퇴가 갑작스럽고 피할 수 없는 것처럼 보일지라도, 당시에는 그것이 특히 산업 내부에서 야기된 것으로 보이지는 않았다. 1973년과 1982년 사이에 빅 3는 전반적 경기회복으로 두 차례나 회생할 수 있었으며, 이것은 제2장에서 보았듯이 사건의 판단을 어렵게 만들었다. 현상태 그대로를 유지하고자 하는 사람들은 문제는 일시적인 것이며, "단순히 경기순환"에 따른 문제일 뿐이라고 주장하였으며, 대부분이 그렇게 받아들였다.

그럼에도 불구하고, 9년이란 시간이 흘러 진원지로부터 멀리 떨어져 있는 관찰자들에게는 세계에서 가장 강력하고 윤택한 산업이 붕괴하는 것처럼 보였다. 가장 약한 멤버였던 크라이슬러가 맨 처음 문제에 봉착하였다. 이어서 포드가 1980년에 대규모 손실을 입으며 뒤따랐다. 업계 최강이었던 GM이 재앙의 조짐을 가장 늦게 깨달았다.

미국의 대응

재무적 손실과 일본의 자동차 생산 선두업체들의 도전에 대한 미국 자동차산업계의 대응은 그림 6-3에서 볼 수 있듯이 생태순환주기에서 갱신 부분에 해당한다.

처음에 업체들은 생존의 위협을 느끼며 무시무시한 혼돈과 굉장한 스트레스를 겪었다. 그러한 압박감의 강도는 빅 3에 부품을 납품하는 회사에서 가장 강하였으며, 특히 그 재정 상태가 불확실할수록 강하였다. 조립업체들은 원료 구매자의 힘을 이용하여 단가를 낮추기 위해 필사적으로 노력하였다. 그들의 목적은 전체적 시스템 개선이 아니라, 가치사슬의 다른 구성원에게 비용의 부담을 더는 것이었다. 독과점의 비호 아래 융성하였던 전통적인 입찰 과정과 편안하였던 관계가 조각나기 시작하였다.

그림 6-3 미국 자동차산업의 갱신

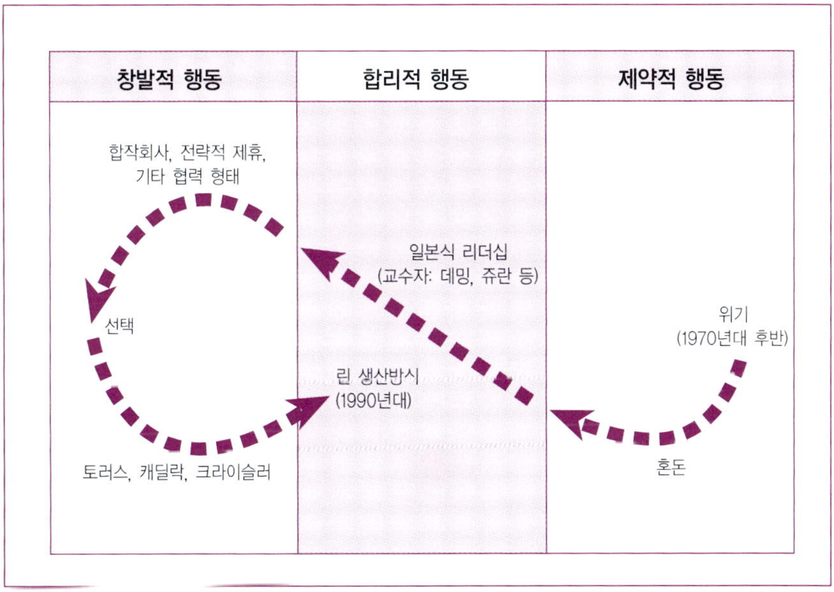

크라이슬러는 안정적 시기에 수직적 통합의 결여가 항상 이윤을 줄인다고 생각하였는데, 이러한 폭풍의 시기에서는 이것이 긍정적인 이점이 된다는 것을 알았다. 조직 내 작용에 미치는 효과를 걱정하지 않고서 신속하게 부품의 경쟁입찰을 할 수 있었던 것이다. GM의 경험은 정확하게 반대편에 있었다. 외부 공급업체들로부터의 보다 낮은 가격은 회사 소유 공장의 생산규모 감소와 맞바꿔져야 하였다. 이것은 안정적인 시기에는 순조롭게 움직이다가 혼란기를 맞으면 체계적으로 위험에 노출되어 버리는 대규모 조직이 얼마나 단단하게 연계되어 있는지를 보여 주는 훌륭한 예였다. 처음에는 힘의 원천으로 작용하던 것이 그 다음에 이르러 취약점의 근원으로 종종 바뀌는 것이다.

시간이 흘러 빅 3는 그들의 역할 모델을 찾기 시작하였다. 얼마 동안은

린 생산방식이 일본에 특수한 문화적 현상이었다고 주장할 수 있었지만, 1982년 혼다를 시발점으로 하여 일본의 "현지 공장"이 미국에 들어오면서 이러한 주장은 설득력을 잃었다. 이제 미국 자동차산업의 역할 모델은 일본의 선두업체들이었으며, 그들로부터 시스템을 배웠다. 이제 산업은 30여 년간 눈여겨보지 않았던 데밍과 쥬란을 돌아보기 시작하였다. 갱신주기에서는 훨씬 덜 방어적이 되는데, 미국 생산업체들 역시 학습의 준비가 된 것이었다.

이러한 과정에서 등장한 대규모 학습수단으로는 합작회사(joint venture), 전략적 제휴, 빅 3와 일본 생산업체 간의 기타 협력 형태 등이 있었다. GM과 도요타의 합작회사인 누미(NUMMI), 포드의 마쓰다(Mazda) 지분 25% 인수, 크라이슬러와 미쓰비시의 제휴는 모두 이러한 학습수단을 보여 주는 예들이다.

그러나 많은 사례에서 미국 기업들은 이러한 상황에서조차 학습에 많은 곤란을 겪었다. 왜냐하면, 그들은 통상 잘못된 것을 발견하려고만 들었기 때문이었다. 대부분의 미국인들은 경제학의 기본(Economics 101)에서 노동과 자본은 상호 대체관계에 있으며, 복잡한 사회기술적 관계는 파악하기 어렵다고 배워 왔다. GM의 합작회사인 프리몬트, 캘리포니아의 누미에서의 경험은 그 핵심을 보여 주었다. 이렇게 이례적으로 성공한 작용은 낮은 기술 수준을 사용하였으나, 그로부터의 교훈은 기술이 헌신적인 노동자들을 대체할 수 있다는 것을 증명하려는 GM의 시도를 막지 못하였다. 수십억 달러의 비용을 지불하고 나서야 그들은 기술력이 사람을 대체할 수 없다는 사실을 배울 수 있었다.[23)]

비용은 덜 치렀지만, 다른 것들에서도 유사한 실수들이 있었다. 린 생산

23) Hampton and Norman(1987)을 참조하기 바란다. GM이 새턴(Saturn) 모델을 테네시 스프링힐에서 생산하기로 한 결정은 디트로이트로 대변되는 과거의 사회적 전통과 단절하고 작은 규모에서 새로운 사회기술적 시스템을 창조하려는 극적인 시도를 나타내는 것이다.

방식의 사회적 특성을 제대로 이해하지 못한 채 미국 기업들은 눈에 보이는 시스템적 기술들, 예컨대 품질주기, 다기능팀, 그리고 다양한 분석방법 등을 마치 "기밀"이라도 되는 양 포착하려 들었다. 그리고 나서 그들은 이러한 기술들을 문제해결을 위한 정보로 사용하려 하였다. 즉, 그들이 마치 생태순환주기에서 성과주기에 있는 것처럼 이러한 기술들을 도구적으로 합리적인 방식으로 실행하려고 노력하였던 것이다.

보통 갱신주기에서 지름길로 가려는 이러한 시도들은 거의 성공을 거두지 못한다.[24)] 또 다른 중요한 논점은 일면 당연하게도 근로자들이 자기들의 일자리를 대가로 치르게 하려는 것과도 같은 과정 개선에 참여하지 않으려 들었다는 것이다. 물론 이것은 정년을 보장하는 도요타와 혼다와 같은 회사에서는 문제가 되지 않았다. 그러나 시간이 흘러, 많은 시행착오를 겪고 나자 개별 회사들은 학습시도에 대한 대가를 얻기 시작하였다. 포드는 1985년 토러스(Taurus)/세이블(Sable) 라인을 론칭하면서 시장을 석권하였다. 캐딜락(Cadillac)은 고급차로 부흥하였다. 그리고 1990년대 초기에 크라이슬러는 중형차의 새로운 장을 열었다. 미국과 일본 생산업체 사이의 간격이 완전히 좁혀지지는 않았지만, 1990년대 초반까지 빅 3는 상당 수준 일본 업체들을 따라잡는 데 성공할 수 있었다.

보다 많은 구속들

미국 자동차산업이 "산불"을 피하기 위해 요구되는 "빠르게 변화할 수 있는 능력"을 상실하였었던 사실은 잘 알려져 있으며, 현시점에서 회상해보면 어떠한 결점들이 있었는지가 명확해진다. 우리가 만약 그때 당시에 관리자로 있었다면, 무슨 일이 일어날지를 미리 예측하고 즉시 개선책을 찾았

24) 예를 들어, 논문 「품질의 균열」("The Cracks in Quality," 1992)을 보면, 영국과 미국에서는 단지 20~30%의 프로그램만이 의미 있는 효과를 거두었다고 추산하고 있다.

을 것이다. 그러나 다음의 세 가지 예는 조직 내부에서의 여러 구속들이 굉장히 교묘하고 천천히 악영향을 끼치기 때문에 조직의 구성원들이 이를 발견하기란 아주 어렵다는 것을 보여 준다.

사례 1: 기술적 구속에 천천히 얽혀들다

수 년 동안 전자통신산업에 정교한 컴퓨터 하드웨어와 소프트웨어를 공급하며 상당한 성공을 거두었던 컴퓨터산업은, 프로젝트 마감시한을 넘기기 일쑤였고, 바이러스에 감염된 소프트웨어를 선적하는 등 고객들의 엄청난 비난에 직면하고 있었다. 프로젝트 마감시한은 정해져 있었지만 실제로는 아무도 이를 지키지 않는 것처럼 보였다. 평등한 문화를 가진 수평적인 조직구조 속에서 중간관리자들은 고객들의 불만 사항에 대처하는 업무 등이 점점 늘어나고 있다는 것을 발견하였다. 모두가 이러한 상황을 알고 있었으며, 여기저기서 불만이 터져 나왔다. "10년 전에는 이 정도 업무는 오후 반나절이면 다 처리하곤 하였는데, 지금은 어디서부터 손을 대야 할지 모르겠어"라는 말이 가장 많았다. 조직규모의 성장과는 별개로 조직의 구성원들은 왜 이렇게 급격한 변화가 일어났는지 알지 못하였다.

조직문화에 대한 조사 결과, 과중한 업무량은 직무만족도를 떨어뜨리고 구성원들로 하여금 각자의 업무를 스스로 통제할 수 없다고 느끼게 만든다. 그리고 대부분의 구성원들은 무력감과 좌절감을 드러낸다. 해당 조직의 역사를 살펴볼 때, 전자통신 시스템에 들어가는 소프트웨어 부품사업은 상당한 규모로 성장해 왔으며, 생산품에 대한 수요 역시 급격히 늘어났었다. 초창기에 소프트웨어 코드가 단지 수십만 라인에 불과하였을 때에는 10여 명 정도의 프로그래머들을 동원해 쉽게 변화를 시도할 수 있었으며, 누구나 시스템에 접근해서 문제점을 발견하고 오류를 시정할 수 있었다. 그러나 10년이 지나자 코드는 수백만 라인으로 늘어났고, 한 번 변화를 주기 위해서는 수백 명의 프로그래머들이 필요하였다. 여기서 조직에 해로운 구속들은 구조적인 문제인 것으로 판명되었다. 비록 표면적으로 하드웨어와 소프트웨어가 조각조각 나누어질 수 있는 것처럼 보였지만, 전체 시스템은 더 이상 누구도 이해할 수 없는 거대한 단일구조로서 작동하고 있었다.

프로그래머들은 문제점을 미리 예측할 수 없었으며, 시스템의 급격한 변화에 따른 결과는 거의 재앙 수준이었다. 따라서 시스템에 대한 모든 변화는 작은 규모로 철저한 테스트 및 디버그 과정을 거쳐 이루어져야 하였다. 또한 근로자들은 비교적 적은 양의 일을 마감시한에 정확하게 맞추어 완성해야 하였다. 프로젝트는 사전에 미리 계획되고 예산 배정도 할 수 있었지만, 프로젝트 사이의 상호작용은 정확히 예측될 수 없었다. 왜냐하면, 잠재적으로 존재하는 심각한 결과 발생의 위험에 대비하여 모든 결정은 조직의 최상층부에서 이루어졌기 때문이다. 중간관리자들은 철저한 테스트를 거쳐 제품을 내놓을 것인가, 아니면 고객의 취향을 위해 아직 준비가 덜 된 제품을 미리 내놓을 것인가 사이에서 선택을 해야만 하였다. 그리고 이것은 더 많은 문제점을 노출시켰고, 더 많은 사후 수리를 필요로 하였으며, 프로젝트를 지연시켰다.

조직의 자랑이자 경쟁력의 원천 중 하나인 시스템 구축은 이렇듯 해로운 구속이 되어 버렸으며,[25] 이것은 한 번에 드러나지 않고 시간을 두고 천천히 나타났다. 조직에서 이러한 구속을 제거하기 위해서는 "성숙한 숲"처럼 해당 시스템이 "불태워"져야 하였다. 즉, 단일 시스템이 해체되고 적당한 규모의 여러 부분들로 나누어져 해당 부분들이 상호작용을 해야 하였다. 프로그래머들은 이제 코드에 접근해서 급격한 변화를 일으킬 수 있었는데, 그들은 이러한 변화가 시스템에 해가 되지 않는다는 것을 알고 있었다. 프로

25) 시스템 구축 자체가 바로 결점에 해당하지는 않는다. 시스템은 제대로 설계되어 있으나 그 운용이 형편 없고, 마치 획일적으로 고안된 것과 같이 기능하는 인터페이스에서 통제될 수도 있는 것이다.

그래머들은 부시맨 사냥꾼들처럼 전체적인 시스템 안에서 위험을 감수하고 행동할 수 있게 되었다. 이와 같이 여러 부분들로 시스템을 나누는 것은 단지 기술적인 문제만은 아니었는데, 단일의 시스템이 창궐하는 동안 보수적인 전문기술자들이 관리자로서 대거 활약하고 있었기 때문이다. 조직은 기술적인 변화를 따라가며 기술주의에 지배되어 버렸다. 자연히 기술자 출신의 경영자들은 조직의 혁신과 함께 조직의 계층구조를 변화시키려는 노력들을 반기지 않았다.

사례 2: 문화를 약화시키다

1950년대와 1960년대에 가문 소유의 자동차 제조회사들은 이익 분배, 팀워크 및 조직 구성원 참여 등에 있어서 선구자 역할을 하였다. 회사의 운영 시스템을 지탱하는 철학은 카리스마 있는 최고경영자에 의해 개발되었으며, 그는 시스템이 작동하는 전제조건으로서 성과를 강조하였다. 수많은 위원회의 상호 협력과 조직 전체에 걸친 구성원들의 참여 등 시스템 자체의 작동은 복잡하였다. 초창기에 최고경영자의 리더십과 더불어 운영 시스템은 제대로 작동하였으며, 경영 과정에 있어 하나의 통합적인 역할을 수행하였다. 회사는 번창하였고, 회사의 시스템은 저널에 실렸으며, 경영대학원에서 사례 연구로 채택되는 등 많은 관심을 불러일으켰다.

그러나 사업이 성장함에 따라 운영 시스템을 유지하고 이해하기가 더욱 어려워졌다. 조직이 급격하게 성장하면서 신규 직원들을 충분히 훈련시키지 못한 상태에서 운영 시스템으로 투입하였다. 그리고 본사로부터 멀리 떨어진 곳에 새로운 시설을 만들게 되자 카리스마 있는 리더의 행동 속에 구현된 철학이 직접적으로 전달될 수도 없었다. 얼마 지나지 않아 시스템은 경영 과정에 있어서 부차적인 것으로 생각되었다. 앞 세대의 리더가 자리에서 물러나자 회사의 시스템은 정책과 절차에 있어서 완전히 제도화되었고,

새로운 관리자들은 설립자의 도전정신을 이해할 수 없었다.

단지 상호간의 인간관계를 좋게 할 목적으로 많은 사람들이 서로 좋은 모습만을 보여 주려 하였다. 성과에 대한 공통목표가 없는 상황에서 회사의 운영 시스템은 알맹이 없이 이름뿐인 조직문화를 양산하기 시작하였다. 초기 가문 중심의 회사는 노조가 없는 것에 자부심을 가지고 있었으나 지금은 사실상 노조(de facto union)를 가지게 되었다. 이것은 노조보다 나빴는데, 노조는 조직 내의 구속을 명확히 드러내고 최소한 정기적으로 이를 재협상하는 역할을 수행할 수 있기 때문이다. 그러나 이러한 문화에서는 조직 내의 구속은 암묵적으로 존재하며, 공식적인 방법으로 이를 협상하는 것은 불가능하다. 그러한 까닭에 경영 시스템을 효과적으로 이용하는 대신 오히려 15년이란 시간에 길쳐 당해 시스템은 구속이 되어 버리고 말았다. 경영자들은 시스템을 성가신 것으로 여겼으며, 시스템을 통하지 않고 일을 처리하려고 하였다.

한때 회사의 자랑이자 경쟁력이었던 운영 시스템이 회사 내부의 구속이 되어 버리자, 여러 가지 불건전한 움직임이 일어났다. 좋은 인재를 회사로 끌어들였던 과거의 명성은 이제 내부적 역기능으로 작용하였다. 즉, 변화는 필요 없고 자기들이 최고라며 현실에 안주하게 되었고, 다른 회사들을 비꼬고 화려한 미사여구가 현실인 양 간주되었다. 성과에 대한 스트레스가 없어지면서 경영자들은 중대한 결과가 발생하지 않아도 도중하차할 수 있게 되었고, 능력보다는 인간관계가 승진을 위한 척도가 되었다. 조직 내의 분위기는 순식간에 정치적으로 변해 버렸으며, 어떤 경영자들은 자신의 경력 관리를 목적으로 사내방송을 이용하기도 하였다.

이전 사례에서 기술적 시스템의 구성은 자유 없이 획일적이었다. 여기서 참여적 시스템의 제도화가 그것을 획일화시켰다. 앞선 사례에서 기술적 시스템의 구축은 단일화되어 있었으며, 여기에서 참여 시스템의 제도화가 이를 단일화시키는 데 기여하였다. 이러한 경우에 위기는 상급 관리자들을 교체하는 극적인 방법을 사용하면서 위기로부터의 위협을 약화시키기 위해 참여 시스템을 개혁하는 결과를 만들었다. 예를 들어, 회사 전체보다 특정 공장에서 시스템을 형성하는 것이 조직의 규모를 줄이고 공장 간 변동성을 인정하는 데 도움이 되었다.

사례 3: 인수(aquisition)를 통해 구속되다

놀랄 만한 성공의 기세를 몰아 왔던 북미 철강 공급업체의 경영자들은 그들 스스로를 마치 사냥꾼과 같은 "산업계의 개성 강한 독립적 주체"(mavericks of industry)로 생각해 왔다. 그러한 그들에게 몇 개의 탐날 만한 철강기업들로부터 인수의향을 묻는 기회가 찾아왔다. 철강산업이 전반적으로 성숙기에 접어들었기 때문에 어느 정도의 구조조정은 필수불가결하다는 사실을 인식하고 있던 상황에서 경영자들은 누군가가 이 역할을 맡아 해야 한다는 데 뜻을 모았다. 피인수대상 일순위 후보는 한때 업계 선두자리를 지켜 오다가 전반적인 경기침체를 맞아 어려움에 처하게 된 회사였다. 이 회사는 잠재적 인수기업과 같은 규모였으며, 설비나 시스템은 탁월하게 갖추어져 있었지만, 수익성이 현저하게 떨어졌다.

인수를 통한 이점과 그것이 "사냥꾼" 문화에 미치게 될 효과에 대해 내부적으로 격렬하게 논쟁을 치룬 끝에 성장지향적 관점과 산업 전반의 합리화에 부응한다는 측면에서 인수가 성사되었다. 사냥꾼 문화를 신중하게 고려하였기 때문에 선택적 합리화의 관점에서 인수 초기의 경영은 두 부분으로 나누어 이루어졌다.

그러자 놀랍게도 거의 즉각적으로 피인수기업으로부터 인수기업에 대한 부정적 구속행동이 나타나기 시작하였다. 서로 독립적인 관계에 있을 때, 두 기업은 경쟁자로서 고객을 놓고 맹렬하게 부딪쳐 왔었다. 그러나 이제 그러한 분쟁은 내부화되어 마치 시민전쟁 때와 같은 온갖 사나운 행동들이 나타나기 시작하였다. 판매지역과 고객층을 두고서 유리한 고지를 선점하려는 내부적인 분투가 끊이지 않게 된 것이다. 이를 통제하기 위한 수단으로 등장한 것은 실제적인 내부적 실적을 측정해 주는 수치들이었다. 이러한 객관적인 지표들로 각각의 사업영역이 할당되었던 것이다. 상황이 이렇게 되자, 두 회사 간의 차이를 말해 주는 모든 관점은 냉정하기 짝이 없는 수치들에 입각하게 되었는데, 회계처리 정책에서부터 운반차량의 할당 및 휴가 정책, 직급의 구별, 복리후생 정책에 이르기까지 논의되는 모든 것이 단 한 가지 논리로 결정되었다. 이처럼 내부적으로는 두 회사 간에 정착농과 같은 영역과 소유를 둘러싼 다툼이 치열한 가운데 외부적으로는 1980년 후반 경제 호황기가 막을 내리고 긴 침체기로 빠져들고 있었다. 내부적 분쟁이 분명 회사 전체의 경영권을 분열시키고 혼란을 안겨 주었을 뿐만 아니라, 이중으로 돌아가는 운영체제의 합리화를 도모할 수 있는 많은 프로그램의 도입을 지연시키는 결과를 가져다 주었다. 또한 피인수기업에 속해 있던 유능한 인재들이 제일 먼저 회사를 떠나갔으며, 뒤를 이어 많은 사람들이 떠나가기에 이르렀다. 결과적으로 인수기업의 입장에서는 남아 있는 사람들 자체를 그다지 매력적인 인재들로 인식할 수 없게 되었다.

이어서 추진되었던 합리화 전략들은 그리 순탄하게 진행되지 못하였다. 우수한 인재들을 상당 부분 잃은 시점에서 선두 지휘를 맡게 된 이들은 인수기업의 관리자들이었는데, 그들은 스스로를 동로마제국인 비잔티움에서와 같은 관료체제와 복잡한 문화들로 뒤엉킨 조직에서 살아 남은 "사냥꾼"으로 생각하였다. 경제 상황이 점점 악화되어 가는 가운데 직원들의 대규모 교체는 긍정적인 영향을 주지 못하였다. 불과 몇 년이 지나지 않아 피인수기업은 과거의 존재를 뒤로 하고 그림자처럼 사라지고 말았다. 설상가상으로 철강업계 전반은 위축되어 갔고, 인수기업은 이에 따르는 막대한 비용을 지불해야만 하였다.

사례를 통해 얻는 교훈들

처음의 두 사례를 통해 우리는 어떻게 구속의 본성이 이로운 역할에서 해로운 역할로 변해 가는지 살펴보았다. 사례에서와 같이 조직이 문제점에 대해 인식하기까지는 상당한 시간이 걸리며, 그 과정에 있어 어떠한 명확한 전환점도 발견되지 않는다. 변화는 한때 조직의 핵심적 경쟁우위로 간주되던 내부적 시스템과 외부 환경과의 관계에서 일어나게 된다. 환경이 변화함에 따라 조직의 강점은 어느새 약점이 되어 버린다. 또한 위협적 요소가 어느 방향으로 전개될 것인지에 대해서 내부에서 인지하고 판단하기는 불가능하다. 구속이 갖는 부정적인 영향이 명확하게 가시화될 때까지 자유로운 상태를 옭아매려는 철저한 행동들은 여전히 남게 된다.

세 번째 사례에서 볼 수 있듯이, 인수가 "자초한 부상"(self-inflicted wound)이 되어 치명적인 결과를 가져올 수 있다는 것은 거래 직후 바로 감지되었다. 그러나 그때는 이미 거래를 이전으로 되돌리기에 너무 늦어 버렸다. 물론 시장을 다시 탐색하여 인수자를 물색한 뒤 팔아 넘기는 것도 가능할 수 있겠지만, 이미 지불한 대가 이상을 기대하기는 불가능한 일일 것이다. 또한 고위 경영진에서 사업을 구제하기 어렵다는 것을 확신하기도 어려웠다. 결국 인수라는 (역설적으로) 전략적인 절묘한 일을 하면서 그들은 막대한 대가를 지불해야 하였던 것이다. 이렇게 큰 대가를 지불하고 얻어 낸 것을 어느 누가 잠시 굴려 보다가 보다 싼 가격에 팔아 넘기겠는가? 예상할 수 있듯이 이에 대한 집착과 욕심은 커져 갔고, 그랬기 때문에 조직은 그것이 합리적 선택을 하였다는 것을 보여 주기 위해 사소한 행동 하나까지도 더욱 강력하게 구속하려는 성향을 나타냈던 것이라 할 수 있겠다.

앞선 사례들로부터 우리가 도출할 수 있는 결론은, 조직 내에서 발견되는 구속의 해로운 근원적 요소들은 매우 다양하고 그들의 영향력은 매우 미묘하게 나타나기 때문에 내부적으로 경영자들이 이를 적기에 인식하기란 쉽지 않다는 것이다. 영향력 있는 경영자들일수록 그들이 어떠한 행동을 취하기 전에 그들 자신이 평가받는 것을 참지 못한다. 즉, 이것이 의미하는 바는 조직이 탄생하는 시점과 거의 동시에 조직의 경영자는 선제적으로 위기를 창조하는 체계적인 과정을 밟아 나가야 한다는 것이다. 그들은 끊임없이 작은 불씨를 지펴야 하며, 자유롭고 유연하게 조직구조를 개방하여야 한다. 그들이 진정 커다란 재앙을 피하고 싶다면 말이다.

갱신주기의 경영행동

시스템적[26] 관점에 따르면 갱신주기 동안 경영자는 직접적으로 변화를 시도할 수는 없다. 그들은 변화 그 자체보다는 조직이 가진 변화 능력 — 나의 동료였던 브렌다 짐머맨은 "조직의 변화 능력[27]이라 칭하였다 — 을 경영한다고 할 수 있다. 학습의 순환고리에서 관리자의 위치는 정원사와 흡사하다고 말할 수 있다. 정원사는 식물을 자라나게 할 수는 없다. 그는 단지 식물 스스로가 자연적인 자기발육 과정을 이끌어 낼 수 있도록 하는 최적의 조건을 만들어 줄 수 있을 뿐이다.

이는 왜 조직의 갱신에 있어 경영자가 그 어떤 기술적인 해답을 가지고 행동할 필요가 없는지를 말해 주는 것이라 하겠다. 그들은 학습이 가능한 사회적 맥락을 이해할 수 있는 최소한의 자세만 갖추면 된다. 즉, 갱신주기를 통해 내부적으로 실질적인 행동을 이끌어 낼 수 있는 유인을 형성하는

26) 시스템적 사고는 이성적 · 선형적 사고에 따른 분열 상태를 극복할 수 있는 훌륭한 대안이 된다. 만약 어떠한 현상을 하나의 단계 또는 시스템들의 부분이 되는 하나의 시스템으로 바라본다면, 인과관계의 선형적 연쇄성을 발견하기 어려울 것이다. 시스템적 사고는 제약과 발생의 개념뿐만 아니라 도구적/가치기반 합리성의 개념을 아울러 받아들이게 한다(Senge, 1990).

27) Zimmerman(1992a).

그림 6-4 갱신주기의 경영행동

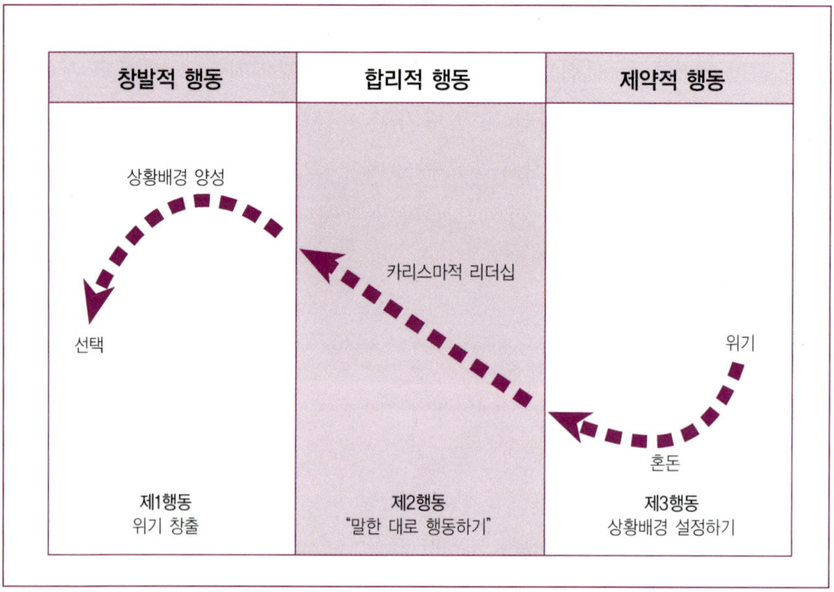

데에만 힘을 기울이면 되는 것이다. 성과주기의 전략적 경영 단계에서 우리는 더욱 효과적으로 행동하기 위한 방법을 생각한다. 여기서 논리는 행동하기 위한 준비에 불과하다. 그러나 학습주기에서 우리는 더욱 효과적으로 생각하기 위한 방법들을 실천에 옮겨야 한다.[28] 여기서의 논리는 성공적인 행동으로부터 산출된 "결과물"(output)이다. 경영자들은 갱신의 과정 동안 생각하는 것을 멈추지 않는다고 말하지만 진정 필요한 생각은 시스템적 사고(systems thinking)이다. 이것은 도구적으로 합리적인 것이라기보다는 염두에 두고 의식하는[29] 것을 의미한다.

28) Quinn and Cameron(1988), 134쪽의 톰슨(Thompson)을 참조하기 바란다. 메리 파커 포레트(Mary Parker Follet)는 몇 년 전 약간 다른 맥락에서 같은 주장을 밝혔다. "동의 이론은 생각과 행동이 분리 가능하며, 우리가 '마음'(mind)를 가지고 생각할 때도 있고 그렇지 않을 때도 있다는 주지주의적 맹신의 오류에 기초하고 있다. …우리는 주의깊은 논증 과정에 의해 타인의 생각을 바꾸도록 설득할 수는 없었지만, 이후 그들이 어떤 행동 과정에 들어서게 함으로써 그들의 '마음'이 변화하는 경우를 자주 보아 오지 않았던가" (Follet, 1951, 198쪽).

그림 6-4가 보여 주듯이 갱신 과정에서의 경영행위는 크게 세 가지로 분류해 볼 수 있다. 이 분류체계는 놀랍게도 티치(Tichy)와 셔먼(Sherman)의 묘사[30] – "자각"(Awakening), "구상"(Envisioning), "재설계"(Rearchitecting)로 구성되는 GE의 "3막 드라마"에서 나타나는 변혁적 리더십(transformational leadership) – 와 유사하다. 이 장의 남은 부분부터 다음 장에서는 각각의 행동 범주에 대해 살펴보도록 하겠다.

제1행동: 위기 창출

위기 창출[31]의 목적은 조직을 성장주기의 마지막 단계로서 보수적 성향의 유지 단계에 고착시키는 해로운 구속요인을 제거하는 데 있다. 제2장의 마지막 부분을 돌이켜보면, 우리는 성공적인 성과조직의 모든 구성요소들이 어떻게 조직의 갱신 과정을 방해하는지 살펴볼 수 있을 것이다. 이는 특히, 1980년대 GE의 사례에서 볼 수 있듯이, 장기간에 걸쳐 재무적인 성공을 거두었던 조직에서 더욱 확실하게 나타난다는 것을 알 수 있다. 보상 시스템은 오히려 잘못된 방향의 행동들에 대해 보상하게 되고, 정보 시스템은 부적절한 정보들을 제공하게 된다. 그리고 매뉴얼이다 지침이다 하는 정형화된 관습에 의해 운영되는데, 이는 여전히 과거 조직경영자들의 "죽은 손"에 의해 경영되는 것이나 마찬가지이다. 경영자들이나 주주들 모두 "그 전략"만을 고수하는 형상이 된다. 우리가 미국 자동차산업의 빅 3 사례를 통해

29) "깨어 있는 마음"(mindfulness)에 대한 개념은 Langer(1989)가 전개시켰다.
30) Tichy and Sherman(1993), 305쪽.
31) "위기"(crisis)라는 단어는 그리스어 크리네인(krinein)–"이동"(Shift)을 의미함–에서 유래하였다. 나는 이처럼 본래의 의미로 되돌아감으로써 이 과정을 더욱 확실히 이해할 수 있을거라 생각한다. 많은 관리자들은 위기적 상황을 만들어 가며–사람들의 감정적인 위기를 불러일으키며–경영해 나가고 있다. 일반적으로 두려움과 위협이라는 요소를 적절히 혼용하면서 그들이 원하는 거의 대부분의 일들이 수행되도록 하고 있다. 하지만 성과의 신장을 보여 주는 그 어떤 것도 일시적인 것에 머무르는 것 같다. 이러한 과정을 거치면서 관리자들은 실제적인 지위를 더욱 확실히 강화시킨다. 과도한 감정적 억압은 조직의 시스템 자체를 얼어붙게 만드는 경향이 있는데, 이는 그것이 효과적인 학습 과정을 배제시키면서 관료적인 성과조직의 구조 속에 갇히게 만들기 때문이다.

살펴본 문제점과 같이, 아니 그보다도 더 심각한 문제는, 바로 성공을 유지하던 기간 동안 조직에 들어오거나 승진한 이들은 모두 현재 상태를 넘어서는 도전 능력이 아닌 현재 상태를 유지하는 능력으로 선발되었다는 점이다.

어느 경우에 있어서나 생태순환주기 모델이 제시해 주는 의미는, 만약 경영자들이 스스로 선제적 위기를 창조해 내지 못한다면, 심지어 당장은 성공적인 결과로 보인다 할지라도 사후에는 다른 상황이 전개된다는 것이다. 이는 방화선을 잃는 것과 다름없다. 어느 누구도 산불이 나는 것을 막을 수는 없다. 그러나 그 규모를 줄여서 산불이 가져오는 파괴적인 파급효과를 줄일 수는 있다. 그러므로 진행되는 혁신 과정은 조직의 모든 단계에 걸쳐 현재 상태에 전 범위적으로 지속적이고 건설적인 손상을 요구하는 것이다.[32)]

위기의 외부적 요인

유지 단계에 접어든 조직에서 위기에 견줄 수 있는 "산불"을 일으키는 것은 갱신을 시도하는 첫 걸음이자 가장 쉬운 일이라 볼 수 있다. 그러나 설사 그렇다 할지라도 이를 수행하는 데에는 종종 어려움이 따르며, 보통 외부적 요인으로부터 도움이 요구된다. 우리가 살펴보았던 성숙하고 성공적인 조직은 큰 암흑기를 맞이한 후에야 변화의 채비를 갖추는 게 보통이었다. 즉, 그들의 지위를 위협하는 명백한 실패를 눈으로 확인한 후에야 일치하여 행동에 착수하였던 것이다. 그리하여 갱신 과정을 맞이하는 경영자로

32) 그 이론은 "질서"와 "혼돈" 그 경계 끝에 "아슬아슬하게 균형을 이루고 있는"(poised) 시스템이 진화의 최적의 요건이 된다는 사실을 알아 내는 데 이르렀다:

> "질서의 변방과 혼돈에 위치한 네트워크는 유용한 방향으로 변모해 옴으로써 신속하고도 성공적으로 (환경에) 적응할 수 있는 유연성을 가지게 되었을 것이다. 그렇게 '아슬아슬하게 균형을 이루고 있는' 시스템 안에서, 대부분의 변이체들은 시스템의 비지속성으로 인하여 작은 변화만을 겪게 된다. 그러나 몇몇 변이체는 폭포와 같은 엄청난 변화를 겪게 된다. 그러므로 보통은 아슬아슬하게 균형을 이루고 있는 시스템이 점차 변화하는 환경에 천천히 적응하나, 만약 필요한 경우에는 급격한 속도로 변화하기도 한다. 이러한 속성들이 유기체 안에서도 발견된다"(Kauffman, 1991, 82쪽).

서는 역설적인 상황에 직면하게 된다. 변화의 시도는 기존 질서의 실패가 명백해지기 전에는 이루어질 수 없으나 만약 이처럼 막대한 손실이 발생되기 전에 조치가 취해졌더라면 갱신 과정은 보다 수월해지고 그 결과 성공 확률은 더욱 높아질 수 있으리라는 것이다.

한편, GE의 잭 웰치(Jack Welch)는 이러한 패러독스를 슬기롭게 잘 풀어나갔던 사람으로 알려져 있다. 1980년, 잭 웰치가 최고경영자로 임명되었을 당시, 티치와 셔먼은 GE의 생산운영 부문에서 문제가 발생하고 있다는 점을 지적하였으며, 이와 관련하여 주가가 부진한 성적을 보이고 있다고 하였다. 그러나 표면적으로 인지되는 위기는 나타나지 않았다.[33] 오히려 웰치 자신이 임명되면서부터 위기가 본격적으로 촉발되기 시작하였다. 당시 조직 지위상의 그 어떠한 이해관계도 갖지 않았던 웰치는 거대한 관료제 조직 성향이 가장 작게 나타나고 있던 가장자리 사업영역에 그의 모든 역량을 쏟았다. 관료적 지위에서 분명한 영향력을 행사할 수 있었던 자리에 있었음에도 그는 자신의 경영방향의 전환을 시도하였고, 이것이 조직에 가져올 영향에 대해서 누구보다 더 잘 인지하고 있었다. 최고경영자로 부임하게 되자 그는 조직이 가진 보수적 성향에 정면 공격을 가하기 시작하였다. 그는 모든 조직 구성원을 대상으로 변화와 혁신의 필요성에 대해 역설하며 자각과 각성의 움직임을 촉구하였다.

러셀철강의 사례에서 두 번의 위기의 시기 – 1982년부터 1983년, 그리고 1990년과 1991년 사이의 경제침체기 – 중에는 갱신주기가 순조롭게 진행되었다. 각각의 위기는 회사의 존립 자체를 위협할 만큼의 긴장된 신호를 보내며 찾아들었다. 시장에서의 산업 관련 지수가 동요하기 시작하였고 금리 지수에서부터 정치적 요인들까지도 상황을 불안하게 만들었던 것이다. 실제로 1980년대 후반 캐나다와 미국 간에 체결된 자유무역협정은 당시 많은

33) Tichy and Sherman(1993), Chapter 3.

기업들에 그 영향을 미쳤으며, 이로 인해 여러 분야의 산업영역은 심한 타격을 입었다. 이에 더하여 1981년 LBO(leveraged buy out)기업매수자금의 대부분을 매수 대상 기업의 자산을 담보로 한 차입금으로 충당하여 매수하는 것 방식으로 소유권이 이전되자 조직의 불안은 더욱 커질 수밖에 없었다.

위기의 내부적 요인

위기를 가져오는 외부적 요인은 갱신의 단초를 제공하는 데 많은 도움을 주지만, 내부적 요인에 의해서도 – 의도하지 않던 다른 행동의 부수적 산물일 테지만 – 위기가 촉발될 수 있다. 보다 흥미로운 점은 조직 내부적으로 정교하게 계획되어 태동하게 된 변화는 조직의 "간극"(gap)을 드러낼 수 있다는 것이다. GE의 사례에서 볼 때, 개개의 산업 분야에서 1등 또는 2등만 살아 남는다는 웰치의 주장은 외부의 객관적 기준과 배치되게 벤치마킹하려는 그의 노력과 더불어 조직 내에서 구성원들이 "간극"을 인식하게 만들었다. 고객에게 주의를 기울이는 것과 성공적이긴 하나 많은 노력을 요하는 작업을 함께 수행하는 것은 비슷한 효과를 가져올 수 있다.

이러한 측면에서 세계적인 초우량 다국적기업으로 알려진 3M의 사례를 예로 들 수 있다. 3M은 성숙 단계에 정체되어 있는 조직에 내부적 시스템의 변화를 유도해 냄으로써 이를 제도화하는 모습을 보여 주었다. 회사는 당시 50개 이상의 모든 사업 부문에 출시 4년 미만의 제품군의 매출이 전체 매출액의 30% 이상이 되어야 한다고 주장하였다. 동시에 조직문화 자체는 직원들에게 일과 이외의 활동을 적극적으로 장려하는 분위기를 조성하고 있었다. 예를 들어, 업무시간의 15%까지는 개인적인 활동을 허용하고 있었다.[34)]우리에게 잘 알려진 이야기인 포스트잇(Post-it)은 고안 초기에 최고경영진으

34) 3M에 관한 자료의 출처는 Mitchell(1989)과 Mitsch(1992)이다.

로부터 받아들여지지 않았다가 발전해 온 데서 조직 구성원의 잠재된 능력을 동원해 낼 줄 아는 3M의 보다 묘한 조직문화를 엿볼 수 있게 해 주는 부분이다.[35)]

경영자들은 종종 그들의 경영방식에 있어 방화벽 – 보호의 개념과 외부와의 단절이라는 의미를 교묘히 은유한 말이다 – 을 만들려고 한다. 그러나 이로써 외부 환경으로부터의 단절이 계속될 수는 있지만 그만큼 변화를 도모하기는 어렵게 된다. 3M의 접근방식은 이와는 다른 관점을 지녔다고 말할 수 있다. 조직을 방화벽 안에 가두어 두기보다는 오히려 불이라는 위기에 적응하도록 개방시켰던 것이다. 3M은 사업을 외부 환경에 노출시킴으로써 갱신을 가능하게 하였다. 이러한 모습은 마치 미 서부지대에서 자라는 관목으로 잘 알려진 떡갈나무의 자연서식 상태와 매우 유사한 면이 있다. 떡갈나무는 성장 과정에 있어 불에 의존적이다. 나무들은 성장하면서 군락을 이루게 되고, 군락을 형성하면서 휘발성의 기름물질과 발화성의 에스테르를 분비하게 된다. 그러다 번개나 다른 원인에 의해 발화하게 되면, 나무는 맹렬하게 타버린다. 불은 제멋대로 자라던 무성한 나무들을 모두 태우고, 타고 남은 재만이 여기저기 쌓인다. 이러한 재 성분은 토양에 영양분을 남기게 되는데, 이것은 씨앗과 뿌리가 원기왕성하게 자라게 해 줌과 동시에 그들 스스로 불로부터 방어하도록 해 준다.[36)] 3M의 사례와 마찬가지로 내부적 요인으로 발생한 불이라는 위기로 인해 떡갈나무는 성장이 촉진됨과 동시에 종족 번식이 가능해지는 것이다.

35) 포스트잇에 관한 이야기는 Nayak and Ketteringham(1986)으로부터 들은 것이다.

36) 강인한 영속성과 내구성을 보여 주는 떡갈나무류 관목의 생장주기는 전 세계 지중해기후를 따라 나타난다. 연소 후 5년 동안 나타나는 성장률은 이전에 비해 25배에서 60배로 측정된다고 한다. 5년 이후에 들어서면 성장은 점점 느려지다가 종자에 따라 20년에서 30년 이후에는 이전과 유사해지게 된다. 대략 비슷한 주기로 화재가 발생하고 또 연소되면서 떡갈나무는 건강한 성장을 하게 된다(Wright and Bailey, 1982, 179쪽).

남부 캘리포니아에서 엄청난 야생산불을 촉진시키는 것은 그 지역의 떡갈나무이다. 논문 「방화범의 성냥」("The Arsonist's Match," 1993)을 참조하기 바란다.

측정

우리가 러셀철강이 치른 비용들을 감안해 볼 때, 재무적 수치 측정에 전적으로 의존하는 관리방식은 과거지향적이며, 갱신에 소극적이기 마련이다. 이러한 경향은 특히 그들이 "좋은 시절"이라 안주하면서 그 감회에 빠져 있을 때, 조직 구성원 모두가 숫자 만들기에 열을 올릴 때 더욱 강해진다. 반면, GE와 3M의 두 조직은 모두 현재보다 미래에 영향력을 발휘할 수 있는 측정지표들을 관리해 오고 있었다. 말하자면, 비재무적 요소들을 성과지표로 하는 고객만족이나 직원의 도덕성 및 규율에 관한 것들이 그것이다. 이러한 측정지표들은 조직으로 하여금 기회요인이나 차별요인을 앞서 인지해 내는 데 전적으로 도움을 줄 뿐만 아니라 갱신을 제한하는 내 · 외부적 요인들을 자각할 수 있도록 해 준다.

우리에게 가장 잘 알려진 예로써, 일본은 조직경영의 비계량적 지표를 도입하여 그 성공적인 결과를 보여 주었던 것으로 유명한데, "지속적 개발"(continuous improvement: CI), "전사적 품질관리"(total quality management: TQM) 등에서 엿볼 수 있듯이 실체적인 공정관리와 직접적으로 관계되는 변수들을 총괄적으로 측정하려고 하였다. 그러나 이러한 프로그램에 의해 궁극적으로 관리되는 목표변수들 간에는 종종 상충되거나 상호 모순적인 경우가 있었다. 예컨대, 고품질 대 저원가와 같은 경우이다. 게다가 목표들은 종종 완벽을 요구하면서 "무결함운동"(zero defects)[처음부터 완벽한 물건을 만들기]과 같이 현재 수행 수준이나 상식을 초월하기도 하였다. 이러한 목표치들은 과거 목표를 달성하기 위해 시도하였던 것들을 무시하는 데 효과적인 동시에 잠재적인 개발을 극대화시켜 주었다.[37)]

37) 아이젠하르트(Eisenhardt)와 웨스트콧(Westcott)(Quim and Cameron, 1988)은 일본 기업의 창조적인 긴장을 발생시키는 것은 적시생산관리 철학(just-in-time philosophy)의 3대 요소 – 상충적인 목표로 여겨지는 모순적인 다수의 목표들, 완벽함의 추구, 환경변화에 대한 역동적인 관점 – 라고 제시하였다.

티치와 셔먼은 상호 모순되는 목표들의 상충이 GE의 변혁에 핵심 요인이 되었다고 지적하였다. "웰치는 GM의 관리자들로 하여금 패러독스를 다스리는 방법을 배워야 한다고 강조하였다. 그의 관점에 따르면 두 가지 가치 있는 목표 간의 명백한 상충이 두 가지 모두 달성할 수 없다는 변명의 여지를 남기는 것은 절대 아니다. 이는 장단기 경영전략이 연속선상에 있음을 인지하여 동시적으로 추구하자는 것으로 넓혀서 생각해 보아야 할 것이다."[38]

우리는 "고객만족"이라는 측정지표를 고려하게 되면서 창조적인 패러독스가 가지는 강력한 영향력을 경험할 수 있었는데, "적시배송"(on-time delivery)이라는 목표가 바로 그러하였다. 사실 이는 미터법에 따라 측정하는 것이 복잡하다는 것보다는 정보수집이 수월하다는 점에서 매력적인 것으로 간주되었다. 측정 과정을 만들어 가는 과정에서 개별 지점은 배송 지연에 대한 사후적인 이유들을 고려해 보아야만 하였다. 소위 이러한 "사유 코드"들은 곧 각 서비스 센터들 간에 비교가 가능하도록 표준화되었다.

지연배송 사유 코드

① 너무 촉박한 매출의 리드 타임(sales lead time too short) – 기획에서 제품화까지의 소요시간, 발주에서 배달까지의 시간, 기획에서 실사까지의 시간 등 –

② 외상(한도) 초과(credit hold)

③ 공정 과정의 지연(processing delay)

④ 품질 이상(quality hold)

⑤ 재고 위치(에 따른) 지연(inventory location delay)

⑥ 운반차량의 지연(delivery truck delay)

38) Tichy and Sherman(1993), 21쪽.

⑦ 제3자에 의한 배송 지연(third-party delivery delay)

⑧ 외부 처리장치 지연(outside processor delay)

⑨ 지점 간 공급지연(interbranch delay)

과도하게 낙관적인 매출 예상이 배송오류의 근본 원인이 될 수 있다는 것은 그리 놀라운 일이 아닐 것이다. 그러나 적시배송 단계가 측정될 수 있다는 사실은 이 단계가 여러 부분으로 나누어질 수 있음을 시사함과 동시에 운영상 단위별로 보다 많은 변수들로 측정하도록 강요하게 된다. 성과를 향상시키기 위해서 각각의 단위는 보다 작은 규모의 팀을 구성하여 보다 밀착된 하부 차원에 대한 조사와 운영을 맡도록 한다. 이로써 성과 수행의 적시성과 시장점유율이 향상되었지만,[39] 각 단위는 그 스스로 사유 코드를 한 번 더 분류하여 보다 정교한 판별을 하고자 하였다. 결국 처음 9가지 사유는 43가지의 하부 사유 코드로 보완되었으며, 이로써 각 공정의 모든 부분이 세분화되어 관리되었다는 것은 의심할 여지가 없게 되었다.

적시배송 단계가 세분화됨에 따라 조직이 관리하는 수치들은 보다 정교하고 세밀한 공정의 세부항목에까지 초점이 모아지기 시작하였다.[40] 이는 이전까지 시도되지 못하였던 새로운 장을 열게 된 것이나 마찬가지였다. 새로운 장이 펼쳐지자, 보다 어려운 분석기법들과 보다 상위 수준에서 요구되었던 섬세한 공정 기술들이 작은 단위의 영역에서도 복제되듯 적용되었다. "초점화" 과정은 통제력을 회복시키면서 잠재의식 속에 내재되어 있던 습관적 행위들의 수정 과정이 이루어지는 생태학적 피드백 과정과 매우 유사하다. 이를 위해서는 시스템 내부에 깊이 묻혀 있는 과정들을 분리시키고

39) 9개월의 기간 동안 적시배송은 66%에서 90%까지 향상되었다. 시장점유율은 보다 측정하기 어렵지만, 같은 기간 동안 약 5%에서 6%까지 증가한 것으로 나타났다(Zimmerman and Hurst, 1993).

40) "초점화"의 비유는 원래 사진촬영술에서 유래한 것이나, 여기서는 컴퓨터 그래픽에서 차원분열도형으로 알려진 구조의 복잡성을 연구하기 위해 초점화 기능을 사용하는 데서 도출하였다(Zimmerman and Hurst, 1993).

그 내부의 변화를 감지해 내는 민감한 측정도구들을 필요로 한다. 시행착오의 과정은 과거 무의식적인 과정들을 의식적 통제 아래 작동하게 만드는 좋은 예가 되기도 한다. 나는 이 과정이 가지는 조직적인 의미에 대해 제7장에서 더욱 심도 있게 논의해 볼 것이다.

리엔지니어링과 갱신

지금까지 독자들은 생태순환주기의 경영학적 함의가 최근 관심이 모아지고 있는 리엔지니어링(reengineering)과 구별되는 점이 무엇인지 궁금증을 가졌을 것이다.[41] 결론부터 말하면, 리엔지니어링의 고전적 정의는 "비용, 품질, 서비스나 스피드 등과 같은 성과를 결정적으로 측정하고, 극적인 향상을 달성하기 위해 경영 과정에 대한 근본적인 재고(fundamental rethinking)를 시작으로 발본적인 재구성을 도모하는 것"이라고 할 수 있다.[42] 근본적이고 극적인 변화를 추구한다는 데 있어 이 두 가지 개념은 공통점을 가진다. 그러나 이러한 유사성은 단지 피상적인 비교에서 발견되는 것이다. 왜냐하면, 이 두 가지에는 다음과 같은 심오한 차이가 있기 때문이다. 리엔지니어링은 명백하게 도구적으로 합리적인 경영기법이지만, 생태순환의 학습주기는 도구적 맥락에 있어서는 분명 비이성적이라고 볼 수 있기 때문이다.

두 가지의 차이점에 대해서는 다음 장에서 갱신 과정의 리더십 개념을 살펴보면서 보다 확실하게 이해할 수 있겠지만 근본적인 차이점은 바로 여기서 드러난다. 리엔지니어링을 지지하는 가장 잘 알려진 두 명의 학자는 리더에 대해 다음과 같이 정의한다. "자신이 원하는 것을 다른 사람이 하도록 만드는 사람이 아니라, 자신이 원하는 바를 다른 사람이 원하도록 할 줄

41) Hammer and Champy(1993).
42) Hammer and Champy(1993), 32쪽. 저자들은 "근본적인", "발본적인", "극적인" 및 "과정"을 강조한다.

아는 사람이다(원문에서 강조)."[43] 그러나 주목할 부분은 여기서 리더 자신은 스스로 원하는 바를 알고 있는 사람을 가리킨다는 점이다. 이 부분에 대해서는 다음 장에서 논의되겠지만 이것이 확실하다면, 명백하게 성과주기에 귀속된다고 볼 수 있다. 학습주기가 가정하는 전제에서는 조직 내 어느 누구도 "원하는 바"에 대한 부분을, 기술적인 맥락에서, 알지 못하기 때문이다.

위기가 조직과 구성원을 묶고 있는 구속요소들을 파괴한 후에 조직의 기억 속에 선택적 삭제가 일어날 때, 조직 전체적으로 어떠한 부분이 필요한가를 결정하는 데에는 그 어떤 논리적 구조도 존재하지 않는다. 갱신주기의 남은 두 가지 단계에서는 "우리는 무엇을 원하는가?"에 대한 해답을 줄 수 있는 학습 과정과 상황배경의 창출을 그 목적으로 할 것이다.

43) Hammer and Champy(1993), 105쪽.

Chapter 7

도덕적 혼돈 상태

제2행동: 말한 대로 행동하기

제3행동: 상황배경 설정하기

조직에 대한 시사점: 양쪽 모두 생각하기

패러독스

갱신의 리듬

Chapter 7

도덕적 혼돈 상태

앞 장에서는 조직의 생태순환주기 모델 가운데 가장 쟁점이 되는 주제인 성공을 거둔 성숙한 조직의 경영자가 과연 신중하고 선제적인 위기를 창출할 필요성이 있는지에 대해 생각해 보았다. 그러나 위기의 창출, 그 자체만으로 충분한 것은 아니다. 이것은 갱신주기를 겪어 나가는 과정의 시작이자 가장 쉬운 단계일 뿐이다. 이전 단계들은 합의를 도출하기 어렵지 않지만 수행하기는 훨씬 더 어려운 것이 사실이다. 왜냐하면, 그들은 경영자들의 완전성－조직이 현재 안고 있는 문제로부터 벗어나 있는 것이 아닌 현실에 함께 참여하고 몰입해 그들과 운명적 공동체라는 의식을 공유하고 있는가－을 시험하고자 하기 때문이다. 관리자들은 위기를 창출해야 하며, 그들이 이끌어 낸 위기 상황 가운데에서 함께 동참하여야 한다. 그것은 혼돈 상태이지만 도덕적 혼돈 상태인 것이다.

제2행동: 말한 대로 행동하기(walking the talk)

위기를 겪은 후 조직의 혼란이 수습되고 구속요소들이 철저히 파괴되면서, 이제 우리는 합리적 행동이 다시금 가능한 갱신주기에 도달하게 된다. 이 단계는 티치와 서먼이 “비전화”(envisioning)라고 일컬었던 과정으로 자칫 개인적이고 지적인 활동으로 그려지는 것을 경계해야 할 필요가 있는 부분이다. 그것은 미래에 대한 사회적 비전을 담고 있는 가치목적적 행동들로부터 시작된다. 어떻게 보면 비전화라는 것은 단순한 직감에 의존한 것이라고 볼 수도 있다. 그러나 보다 정확히 정의하자면, 이는 미래를 멀리 내다보며 장기적인 궁극적 목표를 새기는 것이라고 할 수 있다. 그렇기 때문에 정신적 시야의 범주라는 측면에서 이상적이며 심지어 유토피아적이라고 할 수 있는데, 이는 마치 일찍이 퀘이커들이 지녔던 야망 — 총제적인 사회적 변화를 부르짖던 것 — 과도 같다고 하겠다. 이 단계에서 중요한 것은 바로 비전이 갖는 사회적 측면이다. 왜냐하면, 만약 경영자들 자신이 모두가 납득할 만한 미래를 향한 기술적 비전을 갖고 있다면 그들은 생태주기의 반대편에 서 있어야 하기 때문이다. 즉, 그들이 기술적 “해답”에 대해 이미 알고 있다면 구성원들이 따라오도록 만드는 논리구조가 정립되어 있어야 한다. 구성원들을 “사들이기 위해”(buy in) 권한을 위임하고자 하는 것처럼 보이는 것은 오히려 위험한 속임수에 가까운 것이다. 그리고 나 자신의 경험에 비추어 볼 때, 이 경우에 있어 조직 구성원들은 이미 다음과 같은 느낌을 받는 게 일반적이었다. — 우리는 이용되고 있을 뿐이다.[1] 우리는 권한을 부여받는다기보다는 감정적으로 메말라 가고 있을 뿐이다.[2]

1) 하나는 일본인 관리자들에 의해 운영되고 다른 하나는 미국인 관리자들에 의해 운영되는 두 쌍의 유사한 조직의 성과를 조사한 연구에서 이러한 관점을 뒷받침하는 증거를 제시하고 있다. 이 회사들은 GM의 밴 누이스(Van Nuys) 사업과 비교되는 NUMMI, GM과 도요타의 합작투자회사와 파이어스톤(Firestone)과 비교되는 브리지스톤(Bridgestone)이었다. 두 회사 모두 유사한 관리기법을 사용하였으나 일본인이 운영하는 사업장의 성과가 뚜렷하게 우세하였다. 연구자들은 그 차이가 일본인이 운영하는 회사의 관리자들이 그들의 시스템 효율성과 근로자들의 역량에 신뢰를 두는 데 있다고 보았다. 그들은 높은 기대하에서 소통하였고, 근로자들은 확실하게 차이점을 말할 수 있었다(Mahoney and Deckop, 1993).

2) 여기에서 윌리엄 딜스(William Dills)의 지적이 유용하다: “조직의 생애는 계획과 적응, 선언과 청취, 주도와 추종 간에 일종의 교대가 이루어지는 것이다. 전략은 계획, 선언, 주도와 관련되어 있으며, 적응, 청취, 추종과 관련된 활동들을 다루는 데까지 이어져 있는 것처럼 주장되는 것은 당신의 동기가 정직한 것으로 받아들여지는 것에 방해될 뿐이다”(Schendel and Hofer, 1979, 50쪽).

만약 경영자가 기술적인 해법을 알고 있다면, 구성원들과의 효율적인 의사소통이 여전히 요구되기는 하나 뼈를 깎는 듯한 힘들고 벅찬 변혁주기를 겪을 필요는 없게 된다. 직무는 현존하던 관료적 구조의 틀 안에서 처리과정의 리엔지니어링(reengineering)을 통해 완수될 수 있기 때문이다. 이는 많은 시간을 절약해 주며, 책임을 지고 있는 경영자들이 하찮은 일에 노력을 낭비하지 않게 한다.

제5장에서 살펴보았던 컴팩(Compaq)의 근본적인 변화가 — "사냥꾼"에서 "정착농"으로의 구조적 변신 — 바로 이러한 접근으로 이루어진 것이라고 볼 수 있다. 에크하르트 파이퍼(Eckard Pfeiffer)는 그가 원하는 바를 알고 있었으며, 고전적이고 도구적인 이성적 접근으로 그의 전략을 이루어 나간 것 같다. 경영자들은 이러한 예들을 그들 자신의 리엔지니어링의 업적이라고 주장해 왔으나 이는 다소 순진한 발상으로 보인다.[3] 파이퍼의 자신이 옳다는 확신과 컴팩에 필요한 것은 극적인 비용 절감이라는 인식은 어떠한 분석적 기법에 의존하였던 것은 아니었다. 그보다는 그의 초창기 시절 텍사스 인스트루먼트(Texas Instruments)에서의 가격파괴 경험에서 비롯된 것이라고 할 수 있다. 그는 상품의 생산주기를 꿰뚫고 있었던 것이다.

원가 절감으로 인한 가격파괴 전략은 실로 성공적이었다. 당시 시장의 추세와 요구에 정확히 부합되었기 때문이다. 개인용 컴퓨터산업은 고가의 고성능을 추구하는 r-전략으로부터 대량생산으로 저가를 추구하는 맥락에서의 K-전략으로 급격하게 변화해 가는 중이었다. 이렇게 변화하는 파도의 물살을 타듯이 파이퍼와 컴팩은 그야말로 눈부신 성장세를 보여 주었다. 그러나 중요하게 짚고 넘어가야 할 점은 컴팩의 급상승은 단지 휩쓸려 오는 파도의 기운에 힘입었기 때문이라는 점과 그것이 특별하게 큰 파도 — 상품의 수명주기에 나타나는 단 한 번의 절정기 — 였다는 점이다.

3) Furey and Diorio(1994).

이러한 평가는 성공의 맥락을 다소 비판적으로 본 것이기도 하지만, 리엔지니어들과 그 밖에 도구적 이성기법을 추종하는 사람들은 보통 이러한 측면을 인정하려 하지 않는다. 자칫 너무 과도하다 할 만큼 경영자들이 언제든지 조직의 방향을 알고 있다는 듯한 인상을 주고 있는 것이다. 이것은 성공적인 조직변화를 회고적으로 묘사해 내는 데 있어, 마치 경영자가 특정한 기법을 구사해 왔다는 식으로, 심지어 그 기법이 현실적으로 이행될 수 없는 상황에서도, 너무도 간편하고 쉽게 결론내릴 수 있게 해 준다.

따라서 컴팩에서 나타났던 변화는 조직구조의 변형을 추구하였고, 그것이 어느 정도 근본적이었다고 볼 수는 있지만 조직의 갱신으로 볼 수는 없다. 왜냐하면, 그 일련의 변화는 생태순환의 성과주기를 따라 일어났기 때문이다. 파이퍼가 보여 주었던 것은 기술적인 비전이었으며, 이를 달성하기 위한 행로는 이전에 밟아 왔던 맥락 속에서 비롯된 것이었다. 그렇지만 갱신주기에서 경영자의 행동은 사회적 비전의 모델이어야 한다. ㅡ 모든 조직 구성원들로부터 기대되는 행동이어야 한다. ㅡ 왜냐하면, 기술적 논리는 발견되어질 것으로 남아 있기 때문이다. 경영자는 그것이 무엇인지 잘 알지 못하며, 모든 구성원들의 도움을 필요로 하게 된다. 구성원 모두가 동참하여 기여하는 것으로까지 전개된다면 이는 보다 더 평등 지향의 비전이 되는 것이며, 이것이 바로 생태순환주기에서 필요로 하는 리더십의 핵심이다.

그러한 연후에 위기를 창출하는 것은 "도덕적 혼돈 상태"에 두는 것과 같다. 리더라 할 수 있는 경영자는 단지 갱신을 위해 이것이 필요하다는 것만을 알고 위기를 조성할 것이다. 그 어떠한 숨겨진 안건도, 옮겨야 할 도구적 합리성도 없으며, 이는 리더의 행동으로 보다 명확해질 수 있다. 리더가 취하는 행동은 어떠한 결과물을 얻기 위한 것이 아니라 리더 자체가 조직과 그 구성원에 대해 전적으로 관계되어 있고 몰입되어 있다는 것을 보여 주기 위한 것이다. 이러한 행동들은 결국 "생활방식"(way of living)이 된다. 왜냐하면, 공유되는 가치 아래 운명공동체임을 직접 느끼고 인식하지 못한다면,

조직 구성원들은 위기의 조성 그 자체를 전략적 차원의 속임수로만 간주해 버릴 수 있기 때문이다.[4] 그것은 계속하여 "늑대다!"라고 부르짖는 것처럼 보여 종국에는 구성원들로 하여금 행동에 동참하게 하기는커녕 냉소만을 낳게 할 수도 있다.

리더십

북미 대륙에서 유행하던 리더십의 개념은 합리적이며 경제적 사고를 강조하는 개인주의적 심리학과 제2차 세계대전을 겪으며 진행되었던 순조롭고 통제 가능한 변화 속에서 비롯되었다. 우리는 종종 리더십이라는 것을 관료주의적 지배와 혼동하곤 하는데, 말하자면 위로부터의 명령에 자연스럽게 순응하게끔 만드는 것이라고 생각한다. 그러나 최근 "거래적 리더십"(transactional leadership)리더가 원하는 목표와 하급자들이 원하는 보상 간의 거래가 효율적으로 달성되도록 하는 리더십과 "변혁적 리더십"(transformational leadership)문화 자체를 변혁시키고 집단의 욕구체계를 바꾸려는 리더십으로 비전의 설정뿐만 아니라 성취에 대한 자신감을 고취시키며 조직에 대한 몰입을 강조과의 차이에 대한 보다 명확한 논의가 진행되었다.[5] 조직에 몰

4) 경영과 속임수는 종이 한 장 차이다. 위기를 기꺼이 도구적으로 활용하는 데 대해서는 Dumaine (1993)을 확인하라.

5) 거래적 리더십과 변혁적 리더십의 차이는 Burns(1978)에 의해 이루어졌다. Zaleznick(1977)은 경영자와 리더 간에 이러한 차이를 지은 것으로 가장 잘 알려져 있지만, 그는 그들을 어떠한 유형의 순환적 상황배경에 설정하지 않은 채 그 차이를 두었다. 그러나 그는 경영자 및 리더와 윌리엄 제임스(William James)가 묘사한 "한 번 태어난 사람"(once-born)과 "두 번 태어난 사람"(twice-born)으로 묘사한 것과의 관계를 만들었다. 제임스는 다음과 같이 말하였다.

> "한 번 태어난 사람의 종교에서 그의 세계는 일종의 직선이거나 단층 사건이다. 그의 이야기는 한 가지 교파로 설명되고, 그의 역할은 원래 가지고 있는 가치이며, 플러스와 마이너스의 단순 대수학적 합계가 전체 가치를 만든다. 행복과 종교적 평화는 자신의 계정에 플러스 쪽 삶으로 구성된다. 반면, 두 번 태어난 사람의 종교에서 그의 세계는 복층의 미스터리이다. 인생에 있어 플러스의 추가와 마이너스의 제거만으로 단순히 평화에 다다를 수 없다" (Wilshire, 1971, 236~237쪽).

(개인적인 삶에서 갱신의 과정을 겪어 본) 두 번 태어난 사람이 조직의 갱신주기를 가장 잘 다룰 수 있다는 것은 (정답은 없지만) 아주 흥미로운 생각이다.

입하도록 만드는 것을 일컬어 우리는 카리스마적 리더십이라고 한다. — 베버는 이를 하급자의 리더에 대한 지각이라고 보고, 리더가 남들이 갖지 못한 천부적 특성을 가지고 있다 느끼게 될 때, 리더는 리더십을 발휘한다고 보았다. 즉, 리더가 갖는 어떤 특성을 실제보다 큰 것처럼 느끼게 됨으로써 리더를 믿고 따르게 된다는 것이다(그렇지만 우리가 앞서 제5장에서 다루었듯이 카리스마의 개념은 많은 문제를 내포하기도 한다). 그렇기 때문에 내가 여기서 할 수 있는 것은 이러한 측면들을 강조해 두고 갱신주기에 있어서는 어떤 유형의 카리스마적 리더십이 요구되는가를 분명히 해 두는 것이라 하겠다.

위기라는 것이 카리스마적 리더십의 전제조건이 되는 것은 아니지만 위기는 종종 이를 불러내는 역할을 하기도 하며, 특히 우리가 잘 알고 있는 영웅적 리더에 대한 해석에서 더욱 그러하다.

> 영웅적 리더 — 단순히 대중적 인기만을 추종하는 리더와는 대조되는 개념 — 는 보통 심각한 위기를 겪고 있는 사회에서 그 특징적 모습이 드러난다. 잔존해 오던 가치체계가 위협받게 되고 전통과 권위 등 과거 합법화되어 온 것들이 무너지게 되는 때 모든 것들은 강한 긴장관계 속에 놓이게 된다. 게다가 집단의 괴리감과 사회적인 분열현상이 동반된다. 오랫동안 고수해 오던 가치들은 새로운 것으로 대체되거나 변형될 준비를 하게 된다. 때를 맞추어 수많은 제2류의 리더들이 등장해 목청을 높이기 시작한다. 즉, 신뢰와 정통의 위기는 사회 전체적인 시스템과 이데올로기, 제도들을 무력화시키며 압도하게 된다. 그러한 가운데 동정과 연민에 호소하는 한편, 역동적이며 수완이 비상한 — 권위와 전통에 대항하는 — 보기 드문 리더가 비로소 나타나게 된다.[6)]

영웅적 리더의 특징적 모습들은 우리의 역사 속에서 두드러지게 나타

6) Burns(1978), 244쪽.

난다. 불운하게도 영웅들은 거의 공통적으로 어두운 면을 가지고 있었다. 아마도 이러한 측면이 1930년대 독일의 역사적 경험과 함께 피터 드러커에게 개인주의적 리더십, 특히 카리스마적 리더십에 대한 영구적인 불신을 심어 준 듯하다. – "리더십, 그것은 하나같이 모두 마약과 같은 것이다. 우리는 이러한 리더를 동 세기에 세 명이나 겪어 볼 수 있었다. 히틀러(Hitler), 스탈린(Stalin) 그리고 마오(Mao)가 그렇다. 그리고 우리는 그들이 남기고 간 파괴적인 폐허를 지켜보아야만 하였다."[7] – 어떤 이유에서든 드러커는 그의 저서를 통해 리더십이라는 단어를 사용하는 데 인색하였으며, 자신이 바라보는 현상의 원인을 개인적인 특성에서 찾기보다는 집단적인 특성에서 찾으며 이러한 집단적인 측면을 강조해 왔다.[8]

조직이 갱신주기를 겪는 동안 창조력을 불어넣기 위해 요구되는 카리스마적 리더십은 평등주의적이고 집합적이어야 하며 착취적이지 않아야 한다. 이러한 유형의 카리스마적 리더십은 일찍이 퀘이커교의 창시자들로부터 그리고 현대에 이르러서는 마하트마 간디(Mahatma Ghandi), 넬슨 만델라(Nelson Mandela) 및 테레사 수녀(Mother Teresa)가 보여 준 그것이라고 할 수 있다. 이러한 종류의 카리스마는 히틀러나 스탈린, 마오가 보여 준 리더십보다 덜 자주 떠오르는 것이 사실이지만, 이것은 진정한 것이다. 분명 위기에 처한 사람들은 어두운 쪽을 혐오함에도 불구하고 그 현상이 해결되지 않는다는 것을 무시한 채 두 가지 유형의 카리스마를 모두 받아들일 수 있게 된다. 어두운 쪽을 피하려면 우리는 밝은 힘을 드러내는 카리스마를 확실히 이해할 필요가 있다.

이에 대한 이해를 돕는 한 가지 단서가 될 수 있는 것으로 우리는 단어 "lead"의 유래를 살펴볼 필요가 있다. 이는 "도랑을 만들다"(furrow)라는 뜻

7) Huey(1994), 54쪽.
8) 811쪽이나 되는 자신의 저서, *Management*(1974)에서 드러커는 리더십의 유형을 단지 세 가지만 소개하였는데, 내용은 비록 흥미로웠으나 플라톤과 마찬가지로 그는 전제정치에 대한 대안으로서 이를 소개하였다.

을 가진 라틴어 "lira"로부터 유래되었다. 이러한 유추는 자연스럽게 흐름을 연결시켜 주는 길을 창조해 내는 리더의 이미지를 연상시킨다. 이는 마치 "자기조직화 또는 학습이 가능한 상황을 창조해 내는 것"이라 할 수 있다. 다시 말해, 이는 구성원들이 스스로를 조직화하도록 하는 여건을 만들어 내는 능력이다. 이와 같은 견해를 가졌던 사람들 가운데 메리 파커 포레트(Mary Parker Follett, 1893~1933)는 처음으로 조직 경영과 관리에 있어 과정적 관점을 소개한 사람이다.

> 리더는 조직을 이끌어 감과 동시에 조직에 의해 이끌어지며 항상 그 조직의 일부로서 자리한다. 어느 누구도 조직을 벗어나 진정으로 조직을 이끌 수 없다는 것이다. …리더는 우리가 겪고 있는 일상적인 것들에 대해 바로 해석할 줄 알아야 하며, 이를 모든 다양한 측면에서 바라볼 줄 아는 사람이어야 한다. 그는 모호하고, 잠재적인 어떤 것에 일정한 형태를 부여해야 한다. 리더는 우리가 현명한 결론을 내릴 수 있도록 이끌어 주는 사람이지 우리에게 자신의 현명한 결론을 강요하는 사람이 되어서는 안 된다. 우리는 전지전능한 신을 필요로 하는 것이 아니라 리더를 원하는 것이다. …능력 있는 리더는 개인적 역량을 발휘하는 사람이 아니다. 리더는 지배함으로써 조직을 통제하는 것이 아니라 표현함으로써 이끌어 나가는 것이다. 리더는 우리 안에 있는 최고의 잠재력을 자극시킨다. 리더는 우리가 느끼는 것들을 하나로 통합하고 모아 단순히 분류하여 나누어 줄 뿐이지만, 우리와 그가 통합되어야 한다는 관점을 결코 벗어나지 않는다. 미완성 상태의 에너지를 모든 사람 각각에게 나누어 주는 자가 바로 리더이다. 우리에게 가장 깊은 영향력을 주는 사람은 훌륭한 업적을 이루어 낸 사람이 아니라 우리가 훌륭한 일을 할 수 있다는 것을 느끼게 해 주는 사람이다.[9)]

9) 포레트(Follet)는 경영관리에 관한 초창기 저자들 중 한 명이지만, 불행히도 북미 대륙에 과학적 경영관리가 휩쓸고 간 시기에 저술하였다. Follet(1918, 229~230쪽)에서 인용하였으며, 그녀의 저

웰치는 이를 "이끌려지는 가운데 이끄는 것"[10]이라고 은유적으로 표현하지도 않았지만 여전히 역설적으로 말한 바 있다.

모델링과 구조화

이러한 리더십에 따른 행동의 목적은 공통된 가치와 미래의 비전을 공유함과 동시에 자신이 조직의 한 구성원임을 자각하고 있는 능력 있는 개인들을 느슨한 하나의 네트워크로 묶어 주는 데 있다. 이러한 행동의 가장 중요한 두 가지 성과는 헌신[11]과 신뢰[12]이다. 이전에는 자기중심적이고 사소하였던 개인적인 노력들이 점점 중요한 가치들과 연결을 맺게 되고 새로운 의미로 나타나게 된다. 편협한 이기심이 집단적이고 이타적인 이익을 감싸

술에 관한 나의 평론을 참조하기 바란다(Hurst, 1992).

10) Tichy and Sherman(1993), 62쪽.

11) 캔터(Kanter)는 조직은 세 가지 개인적 헌신-도구적 헌신, 도덕적 헌신, 감정적 헌신-을 유도해냄으로써 그것의 응집성을 성취할 수 있다고 제안하였다. 첫 번째는 이름에서 제시하듯이, 합리적 비용-수익 계산의 결과이다. 그것은 물질적 보상과 인센티브 구조에 의해 유발되는 헌신의 일종이며, 생태순환주기의 관습적 고리에 속해 있다. 두 번째인 도덕적 헌신은 조직의 요구가 개인의 가치와 일치하는 정도에 기초해 있다. 선택은 조직과 그에 속한 구성원 양자 모두에 있어 이것이 존재하는지 여부가 결정되는 가장 중요한 요소이다. 이 가운데 마지막 신념인 감정적 헌신은 상호관계성과 조직의 단결력에서 비롯되는 것으로 갱신주기에서 말하는 것과 가장 밀접한 연관성을 가진다(Kanter, 1972, 69쪽).

12) 신뢰는 상황이 가장 좋을 때에조차 규정하기 힘든 개념이다. 우리는 그것을 볼 때 알게 되지만, 종종 그것이 상황에서 왜 결여되었는지를 이해하는 것은 어려운 일이다. 우리가 갖는 문제 중의 하나는 우리는 이를 동사로 해석하기보다는 명사로 이해하는 데 있다. 즉, 우리는 이것을 어떠한 "과정"으로 보기보다는 "무엇"으로 간주한다. 신뢰는 돋아나는 것이지 저장될 수는 없는 것이다. 이는 매 순간마다 다시 불러져야 하는 것이다. 진실의 이러한 과정적 특성을 바로 이해하기 위해서는 신뢰보다는 "신뢰하기"(trusting)로 보는 편이 낫다. 스미스(Smith)와 버그(Berg)는 신뢰의 문제를 집단역학의 중심 패러독스의 하나로 보고 있다.

> "집단생활은 한 사람이 다른 사람들을 믿어야 할 필요가 있으나 신뢰의 발전은 이미 존재하는 신뢰에 달려 있다는 딜레마로 가득차 있다. 우리가 다른 사람을 기꺼이 믿고자 하기 전에, 우리는 그들이 우리를 어떻게 대할지 알고 싶어한다. 이는 단순한 수용 또는 거절의 정도가 아니다. 우리의 강점뿐만 아니라 약점, 희망뿐만 아니라 공포, 아름다움뿐만 아니라 추악함에 관해서까지 어떻게 대할지 알고 싶어한다. 다른 사람이 어떻게 대응할지 알기 위해, 집단의 어떤 이들은 자신의 약한 부분, 두려워하는 부분, 추악한 부분을 기꺼이 노출시켜야만 한다"(Smith and Berg, 1987, 115쪽).

안을 만큼 넓어진다. 조직에 소속되었다는 데 대한 긍지뿐만 아니라 개인으로서 자부심도 높아진다. 따라서 리더십에 따른 행동은 개인과 조직 내 팀 간의 역동적인 균형관계를 유지시켜 준다.

카리스마적 리더는 조직을 재창조하기 위해 요구되는 행동들을 구상하고 모델링함으로써 이러한 개인적인 변화들을 가능하게 한다.[13] 요구되는 행동들은 모두 밀접하게 연관된 것들이다. 매일 반복되는 일상 가운데 조직 구성원들이 보여 주기를 기대하는 행동들을 앞서 보여 주는 것이다. 리더는 구성원들이 그가 밟아 온 길을 따라와 주기를 기대함과 동시에 그러한 행동들을 구성해야 한다. 과거의 이야기를 말해 주고 미래에 대한 비전을 조리 있게 전달함으로써 말이다. 그리고 이것이 그들이 공유하게 되는 이야기가 되고 비전이 된다.

이러한 행동들은 어떠한 형태의 조직에 있어서든 리더십의 역할이 다방면에서 그 영향력을 발휘하도록 해 준다. 예를 들어, 제3장에서 소개되었던 러셀철강의 갱신 과정을 보면 웨인 망은 직원들과 오랜 시간에 걸쳐 강도 높은 상호작용을 맺고 이를 공유한 후에 비전을 만들었다. 나의 역할은 복잡한 패턴의 행동들을 잘 풀어 가고 그것들의 중요성을 이야기해 주는 것이었다. 나와 우리 사이에, 비전과 역사 가운데, 우리는 진화와 목표 달성을 위한 진행 과정의 의미를 만들어 갔다. 그리고 과거와 미래 사이에, 조직 구성원들에게 큰 의미를 부여해 줄 수 있는 현재가 있다. 각각의 사건들과 행동들은 그 자체로 새로운 의미를 갖는다. 의미는 우리가 소유하는 것이 아니라 만들어 가는 것이며, 우리 스스로가 의미를 만드는 주체이다. 매순간 우리가 우리의 이야기를 나눌 때마다, 우리는 다른 사람들이 그들이 누구인가에 대한 의미를 만드는 데 도움을 주는 것이며, 이는 결과적으로 그들로 하여금 그들이 어떻게 행동해야 하는지를 알게끔 만든다. 그들의 자존심과

13) 이러한 구분을 통해 Shamir, House, and Arthur(1993)에 의해 제안된 모형의 사용이 가능하다.

자기표현의 욕구는 그들의 리더이자 경영자가 보여 준 행동들을 모델로 하여 긴밀하게 연결되는 것이다. 즉, 모든 조직 구성원들은 그들의 역할을 찾는 가운데 조직의 행동역할과 모델이 되는 것이다. 행동역할이 갖는 중요한 메시지는 마치 전염병과 같이 퍼져 나가게 될 것이며, 이러한 현상은 오직 생태순환의 학습주기에서만 퍼져 나갈 수 있다.

가치 중심의 행동들은 일련의 역할 또는 행동지침으로 축소될 수 없으며, 구성원들에게 통보될 수도 없다.

메리 파커 포레트는 다음과 같이 말하였다.

> 도덕성은 결코 정적인 것이 아니다. 그것은 삶이 진보함에 따라 함께 진보한다. 당신은 당신이 가진 이상들을 천정에 걸어 둘 수 없으며, 어떠한 위기 상황에서는 2순위로, 다른 이들에게는 4순위로 끌어내릴 수도 없다. *우리의 도덕성에 대한 진실한 시험은 우리가 "기준"(standard)이라는 것에 집착하는 경직성에 대한 문제가 아니라 우리의 삶 가운데 기준을 세워 가는 것을 보여 주겠다는 믿음이라고 할 수 있다.* 우리의 도덕성을 시험하는 방법은 우리가 단지 이상을 따라가는 것이 아니라 창조해 나가고 있는지, 우리의 삶이 보다 향상된 질을 추구하도록 비전 속에 충분히 몰입되어 있는지를 생각해 보는 것이다.[14)]

경고 목록은 아마 도움이 될 수도 있으나, 실제 행동으로 보여 주는 것이야말로 진정 창조적인 것이며, 또한 구성원들이 그것을 학습할 수 있도록 일련의 관계 속에서 행해져야 할 것이다.

14) Follett(1918), 55쪽.

상징, 패턴 그리고 설정

조직 내의 개방성을 도모하고 헌신과 신뢰를 이끌어 낼 수 있는 리더십 행동들과 의사소통 접근법들은 다양하다(심지어 그러한 과정을 파괴시킬 수 있는 방법들은 더욱 많다).[15] 조직에 처음 발을 내딛게 된 모든 구성원들은 그들의 상위 관리자들의 행동을 매순간 유심히 살피게 될 것이다. 관리자들의 자동차, 주차 장소, 그들이 입는 옷, 말투, 표현법, 그리고 무엇을 먹고 몇 시에 퇴근을 하는지에 대한 것 등 셀 수 없이 많은 것들을 머릿속에 입력시켜 거대한 해독 과정을 거침으로써 끊임없이 조직의 분위기와 성격을 파악하고자 한다.

구성원들이 끊임없이 주시하고 음미하여 "말"(talk)과 "행동"(walk)의 일치성을 찾아 내려는 일련의 과정은 매우 복잡하고 다방면적인 것이라 하겠다. 상사는 "나"(I) 또는 "우리"(We)라는 말을 사용하는가? 손님이 찾아왔을 때 그는 책상에 앉는가 아니면 앞으로 나와 앉는가? 상사는 웃었는가? 무엇 때문에 웃었는가? 그가 가장 좋아하는 분위기는 무엇인가? 그런데 이러한 것들은 세상을 바라보는 방법으로는 종종 소용 없는 일이 된다. 새로운 국면의 철강사업을 위해 전략팀을 만든 한 대기업의 최고경영자가 신문사와의 인터뷰에서 한 말을 보고 나는 얼마나 실망하였었는지 모른다. 그는 자신과 그의 중간관리자들을 "우리는 청부업자들(hired guns)이다"라고 표현하였었다.

갱신을 추진하는 과정에서 경영자들의 이야기가 주는 함축적 의미는 매우 심오하다. 이는 가치 중심의 행동들은 결코 기만될 수 없다는 것을 의미한다. 왜냐하면, 구성원들은 경영자의 모든 표현들을 깊이 관찰하고 되새김으로써 그의 모든 범주에 걸쳐진 전반적인 유형들을 알아 내기 때문이다.

15) 이 소단락의 제목은 Peters(1978)로부터 따왔으며, 그 내용은 MaCaskey(1979)의 논문과 더불어 근간을 이루었다.

구성원들은 단순한 신문기사나 캔 속에 넣어 둔 것같이 단절된 비전의 어구를 통해서가 아닌 살아 있는 상호 의사소통이라는 채널을 통해 리더를 알아가고자 한다는 것이다.

갱신을 이루어 나가는 과정에 있어 경영자는 모든 구성원들에게 이상적이고 바람직한 모델이 된다. 생태순환의 학습주기에 비추어 볼 때, 행동을 변화시키기 위해 모델이 된 경영자의 행동을 따라하게 된다는 것이다. 이는 다시 말해 "행동으로 말하기"(talking the walk)라 불려질 수 있는데, 행동이 우선이고 말은 그 다음이기 때문이다. 경영자들은 그들의 행동이 사회적 비전에 어떻게 기여하고 있는가에 대해서 설명할 수 있어야 하며, 그들의 조직 구성원들이 하고 있는 일에 대한 맥락에서 벗어나 존재할 수도 없다. 경영자들은 요리사이다. 그러나 요리사일 뿐만 아니라 요리의 재료이기도 하며, 갱신이라는 요리를 위한 요리법에서 다음과 같은 마지막 지시를 따라야 한다. "당신 자신을 다른 재료들 속에 던져 섞이게 하라."

갱신을 위한 노력들에 대한 구성원들의 반응

조직에서 변화에 대해 가장 개방적 자세를 취하고 있는 구성원들은 젊은, 즉 조직의 지위적 관행에 가장 적게 물들어 있는 사람들이다. 왓슨즈(Watsons)에 따르면 IBM은 소위 "야생오리"(wild duck) IBM의 조직문화를 잘 나타내 주는 아이콘 중의 하나 – 철새인 야생오리는 결코 한 곳에 안주하지 않는다. 저수지에서 유유자적하고 있는 것 같지만 환경이 변화하면 언제든지 비상할 준비가 되어 있다. 어떤 면에서 보면 야생오리는 새로운 환경에 잘 대처하면서 그 생명력을 유지해 가는 상징과 같다. 라 불리는 그들만의 조직문화 양식을 추구해 왔으며, 이것은 IBM 펠로우(Fellow) 프로그램[16)]을 이끄는 최소한의

16) 이것은 IBM을 커다란 위기에서 구원해 준 것으로 드러나지는 않았지만, 차원분열도형의 발견자인 브노와 만델브로(Benoit Mandelbrot)는 토마스 제이 왓슨(Thomas J. Watson) 연구소에서 그의 업적을 남길 수 있었다.

논리적 근거가 되었다. 그들은 이러한 문화코드를 통해 조직 내에서 보다 큰 지각적 다양성을 유지할 수 있었다. 사실, 이것은 GE의 잭 웰치가 보여 주었던 바로 그것이었다고 볼 수 있다. 조직이 자신의 구조적인 지위적 성향에 길들여지지 않은 방랑자 같은 리더를 원할 때, 웰치는 그렇게 준비되어 있었고 바로 그 자리에서 제 역할을 할 수 있었던 것이다.

그러나 이미 성숙한 조직의 갱신을 이끌어 내는 과정 가운데 더 심각한 문제는 어떻게 오랫동안 길들여 있던 성과주의적인 구조적 관습들과 새롭게 요구되는 행동들과의 차이를 극복할 수 있는가이다. 이러한 문제는 GM의 인력개발부서와 같이 구조적 기능이 구태의연한 과거의 관료적 성향에 총체적으로 의존해 있는 경우에 더욱 그러하다. 확실히 몇몇 조직은 이러한 과정을 성공적으로 해낼 수 없겠지만, 이와 같은 사회적, 심리적 그리고 물리적인 일련의 과정들은 대부분의 구성원들에게 필요한 행동을 불러일으킬 수 있다. 한 예로 1978년부터 가속화되었던 크라이슬러의 갱신 과정은 한때 포드에서 구속적 행동가로 불리던 리 아이어코카가 어떻게 새로운 조직에서 갱신을 주도하는 카리스마적 리더로서 역할을 해냈는지를 보여 준다. 크라이슬러의 총체적인 갱신 과정에서 그는 회사가 지향하는 모든 것을 체화시킨 실체로서 존재하였다. 그는 외부 고객과 접견하는 대변인이자 경영관리팀의 역할 모델이었다. 팀 구성원 모두는 한때 다른 자동차회사에서 구속적 행동가였던 그에게 호감을 느끼게 되었다. 구성원들은 아이어코카와 크라이슬러의 위기가 형성한 상황배경 속에서 그들의 역할과 위치를 찾아 변화하기 시작하였다.[17)]

17) 그러한 상황배경이 기업가정신과 혁신을 고취시켜 주었다고 주장하는 데에는 또 다른 연혁적 증거들이 있다. 인도의 자이나교도(Nevaskar, 1971)와 조로아스터교도 파르시, 유럽의 유대교도, 프랑스의 위그노교도, 영미의 청교도, 스페인의 바스크인(Whyte and Whyte, 1988), 바다 건너 중국(Kraar, 1994)이나 보다 최근의 인도차이나 난민들이건 간에 이러한 네트워크 유형의 공동체는 구성원들이 사회에 창조적인 공헌을 하게끔 이끈다. 이스라엘 외 유대인 거주지는 그러한 공동체의 정수이다(Sombart, 1969). 당연하게도이 분야의 역작은 다양한 소집단들이 각 사회마다 독특한 공헌을 하는 데 대하여 고찰한 토인비(Toynbee)의 『역사의 연구』(*A Study of History*, 1947)이다.

제3행동: 상황배경 설정하기

생태순환주기에는 세 가지 상황배경이 있다. 그 상황배경 각각은 여러 경영행위 중 어느 한 가지는 강조하면서 동시에 그 외 다른 행위들은 그 효과를 제한한다. 이러한 역할을 하는 상황배경들에 대하여 경영자가 효과적으로 대처하기 위해서는 생태순환주기에 따라 움직이는 이러한 세 가지 상황배경에 따라 변화할 수 있는 자질이 반드시 필요하다. 실행과 성과가 반복되는 과정 속(성과주기)에서 이성적인 측면을 강조하는 모든 경영자들은 그들이 처한 상황배경 속에서만 모든 의사결정을 하려고 한다. 실제로 도구적 합리성은 경영자들이 자신의 경영행위들을 정당화하기 위한 논리의 틀을 강조할 수 있게끔 하는 원동력이 된다. 생태순환주기의 구속 단계에서 만약 조직이 새롭게 갱신하기 위해서는 경영자들은 그들이 처한 상황배경을 뛰어넘어야 할 필요가 있다. 제6장에서 본 것처럼, 경영자들은 시스템을 창조적으로 파괴하면서 그들이 처한 상황배경을 뛰어넘고, 그러면서 조직을 둘러싸고 있는 구속요소들을 제거하게 된다. 이러한 경우 분명 경영자들은 논리보다 가치를 더 강조하지만, 학습주기가 포함하고 있는 합리성의 영역에 의해서 다시 예전의 그 상황으로 돌아오게 된다.

갱신주기의 세 번째 단계에서, 경영자들은 상황배경을 유지해야만 한다. 이렇게 유지된 상황배경에서 학습이 조직 전반에 걸쳐서 일어나게 되고, 이러한 학습을 통해서 새로운 행동양상이 나타나게 된다. 이 책에서 계속 주장하고자 하는 것은 이러한 상황배경이 가지고 있는 특징과 학습의 공동체라는 것은 인간의 유구한 역사 전반에 걸쳐 나타난다는 것이다. 가령 칼라하리사막에서 수렵과 채집을 하는 유목민 집단이나 퀘이커, 실리콘 밸리의 기업들과 같이 다양한 조직구조에서도 마찬가지로 비슷한 특징들을 찾아 낼 수 있다.

칼라하리사막에서 실리콘 밸리로

어떤 사람들은 캘리포니아 북부에 있는 실리콘 밸리의 기업공동체[18]는 거기에 속해 있는 각 기업들이 해박한 전문적 지식을 가지고 있고 상호 유기적인 네트워크로 연결되어 있는 일종의 단일조직이라 생각할 수도 있다.[19] 여기서 네트워크는 기술, 재정, 네트워킹 서비스의 복합체를 의미하는 것일 뿐만 아니라, 스탠퍼드대학, 무역협회와 같이 조직구조 형태로서 '제도'의 개념을 포함하고 있다.[20] 이러한 제도 내에서는 개별 구성원이 얼마나 참여하느냐, 현대판 사냥꾼 또는 현대판 퀘이커식 모임은 무엇이냐가 거기서 수행해야 할 프로젝트가 된다. 대부분의 개별 구성원들은 그 수행기간이 일정하지 않더라도 프로젝트팀을 구성하여 집중적으로 노력하면 일정기간 내에 끝낼 수 있는 일을 선호한다.[21] 한 프로젝트가 끝나면, 또 다른 새로운 프로젝트를 수행하게 되고, 이러한 것을 반복하는 과정에서 새로운 프로젝트를 찾을 때는 단기적인 수익이 크고 성공확률도 높은 기술을 선호하게 된다.

대부분의 개별 구성원들은 자신들이 프로젝트를 수행하고 있는 기업과 같이 형체가 있는 공식적 조직구조에 충성하는 것을 매우 꺼린다. 즉, 공동체 개념이나 전문적 능력에 대한 존중, 또는 각 개인의 애정과 관심에 의해서 혁신을 열광적으로 바라게 만들어 주는 장(場)으로서, 네트워크가 존재하지 않는다면 영속성이라고 하는 개념은 쉽게 제공되지 않는다.[22] 개개인이 자신의 기술을 끊임없이 계발하되 그 기술들을 시대흐름에 맞추어 유연

18) 실리콘 밸리에 관한 정보는 Gregory(1984); Malone(1985); Rogers and Larsen(1984)에서 얻었다.
19) Gregory(1984)는 실리콘 밸리의 많은 "job-hopper"(이리저리 직장을 옮기는 사람)가 1950년대의 "organization men"(조직에 헌신하는 사람)보다 안정적인 삶을 살고 있다고 지적한다. 이러한 의미에서, "실리콘 밸리 전체가 하나의 조직과 같다"(220쪽).
20) Saxenian(1990), 96쪽.
21) 이러한 현상은 Gregory(1984)에서 잘 나타나 있다.
22) Saxenian(1990), 97쪽.

하게 유지할 수 있게 하고, 항상 첨단 기술이나 최대 관심 이슈를 다루는 프로젝트를 찾아 내지 않는다면 그 조직은 금방 사멸하고 말 것이다.

하지만 이러한 조직의 변화양상은 계층구조와 활동영역이 확고하게 구축되어 있는 정착농의 조직구조에서는 발견될 수 없다. 실리콘 밸리는 개방적인 능력 위주의 사회이다. 이것은 순간순간 부딪히게 되는 상황이 중요하고 이를 해결하기 위한 기술이나 개인 능력이 강조되는 사회를 의미한다. 개별 구성원들은 그 자체로서도 중요하지만 각 개인들이 가지고 있는 자신만의 고유 기술이나 능력을 팀에 어떻게 적절하게 조화시킬 것인가가 무엇보다 중요하다. 사냥꾼인 부시맨이나 초기 퀘이커들과 마찬가지로 실리콘 밸리 내에서 성공한 기업들은 시간의 흐름에 따라 변화하게 되는 개인들의 특성과 공동체 간의 균형 수준을 잘 맞추어 왔었다. 이는 인텔(Intel)과 같은 스파르타식의 문화에서도 똑같이 적용이 되었고, 이와는 반대 성향을 가진 아테네식의 휴렛패커드(Hewlett-Packard: HP)에서도 똑같이 적용되었다.[23] 두 기업 모두 극단적인 평등주의를 추구하였지만, 휴렛패커드는 가족 가치를 강조하고, 인텔은 팀의 가치를 추구하였다.

> 인텔이 지금까지 세워 놓은 기업철학을 이해하기 위해서는 구성원이 많은 연구팀의 모습이 도움이 된다. 연구팀에서 모든 구성원들은 프로젝트 팀장이나 바닥을 닦는 사람들이나 모두 동일한 대접을 받는다. 개별 구성원들은 그들만의 전문적인 영역에서 최종목표를 성공적으로 완수하는 데 모두 똑같은 공헌을 하는 것이다. 따라서 최종적인 성공, 그런데 그 성공이라고 하는 것은 단지 최소 수준의 목표 달성이 아니라 새로운 발견, 새로운 성장 가능성에 대한 목표 수립, 경쟁자의 위협조차도 뛰어넘은 막강한 승리를 의미하는데, 그것 이외에는 다른 것들은 사실 중요하지 않다.[24]

23) 이 비교는 Gregory(1984), 405쪽에 의해 이루어졌다.
24) Malone(1985), 147쪽.

부시맨이나 퀘이커들이 사용하는 언어는 대단히 공격적이다. 하지만 비록 그 표현법이 집단에 따라 다르다고 할지라도 그 집단의 사회적 역학관계는 동일 선상에 있다. 놀랍게도 실리콘 밸리와 부시맨의 변화 모습은 비슷한 양상을 그리고 있었다. 두 문화 모두 평등주의를 강하게 지향하고 있고, 수직적인 계층질서를 거부하고 있다. 또한 개인주의와 집단주의 사이의 균형을 시대의 흐름에 따라 적절하게 맞추려고 노력한다. 두 집단 내 개인 구성원들은 상호 의존적인 상황배경하에서 자신의 목표를 명확히 하려고 한다. 물론 경쟁은 있지만 그 경쟁은 협력의 관점에서 이루어지는 경쟁이다. 각각의 사회의 조직은 시간의 흐름에 따라 그 모양과 흐름이 바뀌어 간다. 그리고 그 사회의 모습은 수직적인 계층질서가 존재하지 않는, 역동적인 네트워크의 조직체계로서 설명될 수 있다.

조직 내에서의 상황배경

각 조직의 내부에서 상황배경을 만든다는 것은 티치와 셔먼이 "재설계"(rearchitecting)한다고 이야기한 단계를 의미한다. 재설계는 평범하게 받아들여질 수도 있지만 실은 무언가 좋지 않은 의미를 가지고 있다. 이 단어는 사전에 없지만 그 단어가 가지는 이미지는 컴퓨터와 외부 사람들에게 제시할 문서를 작성하는 양식을 만드는 청사진을 가지고 외롭게 일하는 개인들의 모습이다. 그렇지만 티치와 셔먼은 재설계라고 하는 것이 조직구조에서 내부적이고 사회적으로 제 역할을 하고 있고, 그 조직 내에서 구성원들을 서로서로 갈라 놓는 장벽을 허물도록 도와 준다고 주장한다.

자동차회사 혼다는 씨빅(Civic)과 어코드(Accord) 차종이 젊은층의 시장에서 입지를 잃기 시작하자, 시티 개발 프로젝트(City development project)에 착수하였다. 그 사업을 위해 구성된 팀원들의 평균연령은 겨우 27세에 불과하였다. 혼다는 그 젊은 팀원들에게 지금 사람들이 생각하는 자동차의 개념과 완전히 다른 새로운 개념을 만들어 내라고 지시하였다. 그 팀원들에게 새로운 개념의 자동차라고 하는 것은, 젊은 사람들이 타고 싶어하는 차종을 의미하는 것이었다.

그러한 새로운 개념에 대한 은유(metaphors)는 기존의 자동차와 반대의 개념을 가진 것으로 다음과 같이 묘사되었다. "좌우는 짧고 위아래는 긴 차!" 노나카가 이에 대해 다음과 같이 이야기하였다. "은유는 아이디어나 이미지를 결합함에 있어서 무한한 패턴을 줄 수 있는 새롭지만 모호한 의미(심지어 모순된 의미까지)를 제공한다는 관점에서, 이러한 비전은 은유로서 역할을 하고 있다고 간주될 수 있다. …은유로서의 글로벌 비전은 사람들이 새로운 의미를 찾는 데 많은 힘을 주고 있다."[25)]

중견 경영진은 그 팀에게 모든 것을 일임한 뒤 그들이 어떻게 환경을 새롭게 정의하려고 노력하며, 그것을 수행하는지 주시하였다.

> 때때로 경영진은 변혁적인 무언가를 원한다. 그래서 그들은 가령 목표를 수립하는 것, 팀에게 모든 책임을 부여하는 것, 기밀을 유지하는 것과 같은 행위를 하도록 한다. 이는 팀원들을 2층에 올려놓고 사다리를 치운 후 점프해서 내려오라는 요구와 다를 바가 없다. 분명 창의성이라고 하는 것은 사람들을 막다른 곳으로 몰아넣고, 아주 극단적으로 상황으로 몰아붙이면 생기기 마련인 것이다.[26)]

25) Nonaka(1990a), 82쪽. 혼다 시티 프로젝트에 관한 자료는 Imai, Nonaka, and Takeuchi(1985)와 Nonaka(1988, 1991)로부터 취하였다. 노나카는 매니지먼트에서 은유의 역할을 다음과 같이 말하고 있다.

> "혼다 시티 개발 프로젝트의 이야기는 일본 기업들이 비유적 언어를 회사 내 모든 단계와 제품 개발의 모든 과정에서 어떻게 사용하는지를 제시해 주고 있다. …특히, 중요한 비유적 언어의 한 종류로 은유가 있다. …그것은 인식의 독특한 방법이다. …다양한 상황배경과 경험에 기초한 개인들이 어떠한 것을 분석이나 개념화하지 않고 상상과 상징을 사용하여 직관적으로 이해하는 방법이다. 은유를 통해 사람들은 그들이 새로운 방식으로 알게 된 것을 조합하고, 그들이 알고는 있으나 아직 말할 수 없는 것을 표현하기 시작한다. 그러한 식으로, 은유법은 지식 창출의 초기 단계에서 창조적 과정에 대한 직접적 전념을 조성하는 데 있어 대단히 효과적이다"(Nonaka, 1990, 100쪽).

표면적으로, 이 이야기는 북미 경영진의 전략과 대동소이하다. 그들은 목표를 계속 제시하고는 압력을 가한다. 하지만 혼다의 경우는 북미의 경우와는 다른 것이다. 둘 간의 차이는 사회적 상황배경의 차이에서 찾을 수 있다. 혼다는 생태순환주기의 학습주기에 있었다. 목표가 뚜렷하거나 가시화된 것이 아니었으며, 게다가 압력이 일어나는 상황배경은 평생고용에서 비롯된 것이다. 목표를 향한 도전은 실행하는 것이 아니라 이미 깔려 있는 사고방식을 뛰어넘는 것이어야 한다. 즉, 분명 아무도 해고되지 않을 것이지만, 구성원들은 자신들의 평판이나 미래에 대해 항상 최고를 꿈꾼다. 그래서 수행목표 또한 야심차다. 그런데 이에 대한 압력은 개개인에게 정확하게 할당되는 것이 아니라 상황에 따라 달라지게 된다. 야심찬 사업을 위해 경영진이 손수 뽑았던 젊은 직원들로 구성된 팀은 손익 차원에서 최소한의 투자만 받았다. 그것은 어떻게 보면 사냥 시스템의 축소판이고, 스트레스를 만드는 환경을 조성하여 그 젊은 팀원들로부터 r-전략을 끄집어 내도록 유도하였다.

대화

급변하는 환경에 처해 있어 불안정한 조직들이 가지고 있는 문제 중에서 중요한 것은, 경영자들이 자신의 현재 모습을 깨달을 수 있는 상황은 단순히 불확실한 것이 아니라 애매모호하다는 점이다. 어려움이라고 하는 것은 결과에 대응하여 존재하는 확률분포상에 있는 것이 아니라 발생한 사건들에 대하여 어떻게 의미를 부여하는가에 달려 있다. 예를 들어, 러셀철강의 재무적 위기 초창기에는, 접하게 되는 모든 모순된 정보들을 이해할 수 없다. 이는 문제해결을 하느냐 하지 못하느냐의 문제가 아니라, 문제를 찾아 내느냐 그렇지 못하느냐의 문제이다. 따라서 우리는 올바른 답을 찾으려

26) 혼다 부사장 가와모토(Kawamoto)의 말이다(Imai, Nonaka, and Takeuchi, 1985, 345쪽).

하기 이전에 현실을 제대로 파악하여 올바른 문제가 무엇인지 반드시 찾아야 한다.

조직 내에서 문제를 발견하고 그것이 무엇인지 정의하는 것이 필요할 때 정보처리에 대한 기존의 개념들은 사실 충분하지 않다.[27] 여기서 중요한 것은 정보의 질이지 정보의 양이 아니다. 정보는 사냥꾼들이 사냥 후 모닥불 둘레에 모여 앉아 이야기를 나누는 상황처럼 소규모에 서로 눈을 마주치는 상황에서 가장 풍부하게 교환될 수 있다. 그렇기 때문에 가장 기초적이면서 창의적인 우리의 지각 프로세스를 잘 활용할 수 있도록 가장 기본이 되는 집단을 활용할 필요가 있다.[28] 이것은 부시맨들이 캠프파이어를 하던

27) Weick and Van Orden(1991); Daft and Lengel(1986).

28) 프로이드(Freud)에 따르면, 개인적 독창성을 가진 학생들은 원초적 또는 무의식적인 정신 과정과 이차적이고 의식적인 정신 과정을 구별해 낸다(Rothenberg, 1979; Arieti, 1976). 이러한 과정이 모든 문화에서 일깨워질 수 있음에도 불구하고, 유독 일본 문화에서는 어떠한 이유로 원초적 과정이 그토록 효과적으로 환기되는지 살펴보는 것은 흥미로운 일이다. 일본 문화는 극단적으로 평등주의를 강요하고("너무 자란 손톱은 깎아야 한다"), 우리가 보아 왔듯이 상당히 집단주의적이다. 그러나 또 다른 미묘한 요소가 있다. 일본에는 가나(kana)와 간지(kanji)라는 두 개의 문자체계가 있다. 전자는 표음을 기본으로 하고, 후자는 표의를 기본으로 한다(Springer and Deutsch, 1989, 89쪽). 영어에서는 두 가지 체계가 섞여 있다. 아마도 일본인들은 이를 사용하기 위해 양 체계를 각각 또는 순차로 배워야 하는데, 이것은 그들에게 보다 심미적 감각을 주면서 두 가지 인식 모델 사이에서 긴장관계를 창출해 냈을 것이다.

요시노(Yoshino)는 저술에서 나카무라(Nakamura)를 인용한다.

> "우리는 여기서 의사결정시 직관적 접근법에 대한 의존성 또한 분석적 문제해결 접근방식보다 직관적 판단을 강조하는 일본 문화의 한 단면과 일치한다는 점에 주목해야 한다. … 일본어는 직관적 표현과 개인 감정의 표현에 잘 맞아떨어지지만, 논리적으로 정확한 표현에 아주 적합한 편은 아니다. …일본인들은 가정적 사고에 근거한 과학적 추론보다는 직관적 인식에 가치를 두어 왔다" (Yoshino, 1968, 259쪽).

이것은 제쳐 두고, 공동체적 가치를 유지하려고 하는 일본의 문화적인 특성은 기존 구조를 파괴할 수 있는 천재들을 양성해 내는 데 실패하였으며, 이것이 서구 사회의 지적 과정의 역사와 비교하였을 때 드러나는 두드러진 차이점이다.

베이트슨(Bateson)은 일차 과정의 본성에 대한 탁월한 논의를 하였으며, 우리 자신의 문화적 문제에 있어 애매한 점을 밝혀 주었다.

> "느낌과 감정이 정확하고 복합적인 알고리즘의 표시를 보이는 것이라는 생각에 불편함을 느끼는 앵글로색슨은 보통 이러한 문제들, 자신과 타인 간의 관계 문제, 자신과 환경 간의 관계 문제가 사실은 "감정"이라 불리는 사랑, 증오, 공포, 자신감, 걱정, 적대심 등의 주제라고 들어 왔다. 관계의 양상을 나타내는 이러한 관념들이 이름을 부여받아 왔으며, 대개 "감정"은 정확한 패턴에 의해서라기보다는 양에 의해 주로 특징지어진다는 가정하의 방식으로 다루어져 왔다는 것은 불행한 일이다. 이것은 왜곡된 인식론에 끼친 정신분석학의

때나 그렇지 않은 지금이나 똑같이 적용되는 원리일 것이다.

캠프파이어의 원형이 물리적 맥락으로 효과적인 이유는 현재 경영관리 저술에서 주목하듯이 대면식 의사소통 또는 대화의 질이 더 높기 때문이다.[29] 대면식 커뮤니케이션에는 여러 가지 장점이 있다.[30] 첫째, 정보를 주고받는 모든 사람들이 항상 같은 시각, 같은 장소에 모여 있어 굳이 구체적으로 설명하지 않아도 많은 상황배경적인 요소들을 공유하고 있다. 그리고 이로 인해 교환되는 정보가 더욱 풍부해질 수 있다. 이때 활용된 의사소통 채널은 대단히 광범위하여 가능한 한 많은 사람들이 서로 완벽하게 의사소통을 할 수 있도록 해 준다. 여기서 완벽한 의사소통은 단순히 정보만 전달하고 전달받는 상황이 아니라 인간이 가지고 있는 오감을 모두 활용하여 감정적인 반응요소까지 모두 이끌어 내는 것을 의미한다. 이러한 대면식 커뮤니케이션을 활용하여 칼리하리사막의 부시맨들은 큰 갈등 없이 특정한 사안들에 대해서 아주 세밀한 부분까지 서로 이야기하고 있다. 또한 대면식 커뮤니케이션은 사람들의 상호작용 구조에 방해, 회복, 피드백, 학습을 위한 막대한 역량을 제공한다.

독자들은 "대화"에서 나온 이 모든 이야기들이 단순히 의사소통을 조금 더 원활하게 하기 위한 하나의 방법으로 보고 대수롭게 여기지 않을 수도 있다. 하지만 이러한 의사소통의 형태를 둘러싸고 있는 상황배경을 살펴보면서 의사소통을 보다 더 개선하기 위한 무언가를 할 수 있는 기회가 생길 수도 있다. 특히, 대면식 커뮤니케이션을 특징짓는 가장 중요한 것은 우리가 생활하고, 우리가 일하고 있는 이 물리적 공간이 어떻게 구성되어 있는가이다.[31]

터무니없는 공헌 중 하나이다" (Bateson, 1972, 140쪽).

29) 예를 들어, *Organizational Dynamics*(1993) 가을호 전 이슈를 참조하기 바란다.
30) 다음 열거의 출처는 Nohria and Eccles(1992), 293쪽이다. 그들은 이러한 특성들을 전자통신의 발달이 얼굴을 마주보며 하는 1대1 의사소통을 대체하지 못한다는 주장으로 발전시켰다.
31) 뒤이은 사례들은 조직 내 물리적 공간에 대해 다루고 있다. 산업 내 물리적 공간 또한 대단히 중

물리적 공간

연구실이나 연구 기자재에 대한 연구자들의 행동습관을 조사한 연구[32]를 보면 다음과 같이 결과를 요약할 수 있다.

- 연구자들은 자신들의 아이디어에서 80% 이상을 동료 연구자들과 직접 대면하고 이야기하면서 찾아 낸다. 반면 학회에 참석하거나 학술논문을 읽으면서 아이디어를 이끌어 내는 경우는 거의 없다.
- 연구자들은 아이디어를 교환할 때 자신의 자리에서 300미터 이상 떨어지지 않으려고 한다.
- 연구자들은 정보를 요구하려는 목적에서 전화통화하는 것을 질색한다.
- 연구실의 기자재나 가구의 배치가 연구자들의 아이디어 교환에 가장 큰 영향을 미친다.
- 각 층을 수직으로 구분하는 것보다, 각 연구실을 수평으로 구분하는 것이 의사소통에 더 효과적이다.
- 자주 볼 수 있고 쉽게 볼 수 있을 때 의사소통이 원활해지고 새로운 아이디어도 더 많이 나오게 된다.

이러한 결과로, 애플사, 코닝유리사, GE, 3M과 같은 회사들은 구성원 간 의사교환의 기회를 더욱 확대시킬 수 있는 연구개발 부서를 만들기 위해 고심하였다. 그 회사들은 동선을 최소화하기 위해서 계단이나 엘리베이터뿐만 아니라 에스컬레이터나 이동식 계단을 만들어 부서 간 또는 직원 간 이

요해 보이는데, 예를 들어 Dyer(1994)는 자동차 제조업자들과 부품업자 사이의 물리적 접근성과 얼굴을 맞댄 의사소통의 중요성에 대해 논의하였다.

32) 연구의 기초는 MIT의 경영대학원(Sloan School of Management)에서 이루어졌으며(Leibson, 1981), Davis(1984)와 Sommer(1969)의 논문과 더불어 이 소단락의 근간이 되었다.

동을 용이하게끔 하였다. 사무실이나 회의실은 유리벽으로 만들어 언제든지 서로 볼 수 있게끔 개방하였다. 특히, 회의실에 있는 원형 탁자는 평등문화를 강조한다. "블립스"(blips)로 불리는 토의공간은 바깥 통로쪽에 위치하고, 각 토의공간에는 불현듯 떠오르는 아이디어를 이야기할 수 있도록 탁자와 의자, 화이트보드가 배치되어 있다. 새로운 기회가 생기면 그것을 단순한 기회로 남기지 않고 의사교환을 극대화한다.

그림 7-1은 보통의 서구 사회[33] 임원 사무실의 모습[34]인데, 앞서 이야기하였던 연구개발 부서와 크게 다르지 않다.

전통적인 배치인 "마호가니 열"(Mahogany Row)은 기업이 성공할 것임을, 혹은 기업이 성공하고 있음을 외부 사람들에게 알려 주는 상징적 증거를 제시하기 위해서 고안되었고, 동시에 구성원들의 지위나 중요성은 이러한 배치가 가지고 있는 다중적인 의미에 가려 크게 부각되지는 않게 된다. 전체적으로 임원과의 접촉은 제한되고, 이에 다른 구성원들과의 의사교환은 그리 많지가 않다. 특히, 이 배치구조는 구조화된 시간계획("우리가 필요할 때 당신을 부르겠다")과 맞물려 기업 내에서 무언가 새롭고 창의적인 것을 기대하는 것이 쉽지 않게 된다. 자발적 의견개진 또한 기대하기 어렵다.

"동굴과 공유지"(Caves and Commons)[35]로 불리는 한 가지 대안은 아주 다른 근본 철학에서 비롯된다. 이 배치구조는 내부 구성원들 간의 의견교환을 최대화하기 위해서 고안되었다. 의견교환은 개방되고 공유된 공간("공유

33) 임원 사무실의 배치에 대한 자료는 Steele(1983)에 토대를 두었다.

34) 반면에 일본의 사무실은 집단성의 가치를 나타내는 경향이 있다. 파스칼(Pascale)은 혼다에서의 상황을 다음과 같이 묘사하고 있다.

> "혼다의 40인의 최고중역들은 단지 6개의 개별 책상과 5개의 대형 원형 회의 테이블이 놓여진 하나의 개방된 공간에 있었다. 그 방에는 40개의 의자가 있었으며, 그들은 누군가의 일이 마쳐지면 다른 누군가의 옆으로 회의 테이블 주변에 정렬하였다. 그들 각각은 하나의 파일 서랍을 가지고 있었으며, 비서는 열한 명뿐이었다. …최고임원들이 본부에 너무 안주해 버리는 것을 막기 위한 시도였다. 모두가 똑같이 중요하고, 회의 테이블에서 볼 수 있는 접근성은 임원들을 서로 소통하게 만들었다"(Pascale, 1990, 258쪽).

35) Markoff(1993).

그림 7-1 임원실의 두 가지 배치도

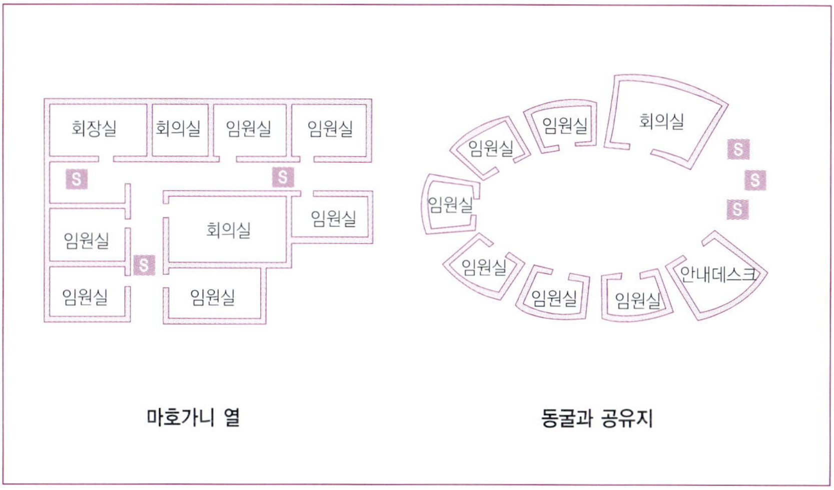

출처: Steele(1983), 68, 74쪽, Organizatinonal Dynamics에서 승인받아 리프린트함.

지") 주위에 개인을 위한 사적 공간("동굴")이 계속 나열된 구조 속에서 이루어진다. 공유지에는 쉽게 이용할 수 있도록 두 개의 큰 방이 있다. 하나는 조금 더 큰 회의를 위한 것이고, 또 다른 하나는 시각자료 등 프리젠테이션을 위한 공간이다. 구성원 모두 자신의 "동굴"에서 서로서로를 볼 수 있어, 쉽게 접촉할 수 있는 기회가 자연스럽게 많이 만들어지게 된다. "공유지"는 그 사용에 있어서 특정한 규율이 있는 것이 아니다. 말 그대로 "개방된 공간"이어서 아무런 통제 없이 사람들의 의사교환은 새롭게 나타나고 또 건설적인 방향으로 발전하게 된다.

그렇다고 제1장에서 언급하였던 사냥 캠프식 배치를 떠올릴 필요는 없다. "사냥 캠프"나 "동굴과 공유지" 모두 이미 1만 년 전부터 있어 왔던 조직의 배치구조지만, 모두 유목민이나 사냥꾼들의 생활양식들을 현대적 실정에 맞게 변화시킨 것이다.

이와 함께 진지하게 생각해 볼 것은 일반적인 목적으로 세워진 대부분의 건물들은 네모난 박스 형태의 변형이라는 것이다. "동굴과 공유지" 배치 구조는 가운데에 어떤 시설물도 있지 않은 원형공간이 필요하다. 그렇기 때문에 임원들이 서로 의견교환을 하는 물리적 공간을 바꾼다는 것은 절대 쉬운 일이 아니다. 더욱이 만약 어떤 작업장의 규모[36]나 거기서 활용되는 기술력들이 앞에서 이야기하였던 효과적인 의사소통을 위한 요건들을 해칠 수밖에 없는 상황일 때, 의사소통 때문에 과연 그 작업장을 쉽게 바꿀 수 있겠는가?

많은 사람들이 인터넷이나 기타 전자 커뮤니케이션 수단들이 이러한 문제들을 해결할 것이라 이야기하지만 아직 요원하다. 예를 들어, 이메일의 대역폭은 1 대 1로 대면하는 "사회적 현실"(social reality)을 구현하기에는 너무 제한적이다. 게다가 이메일을 통한 의사소통은 항상 실제 만나는 것보다 사기나 속임수일 가능성이 더 크다. 이에 몇몇 연구자들은 전자 커뮤니케이션의 역할은 창의성보다는 효율성의 측면에서 시장이나 전통적인 계층구조 사회에서 더 적합하다고 주장한다.[37]

그렇다면 관리적인 조직구조에서는 어떻게 해야 의사소통이 보다 효과적으로 이루어질 수 있을 것인가? 이에 대한 답은 본부에서 개인 사무실을 모두 없앤 덴마크 보청기기 제조업체인 오티콘(Oticon)의 사례에서 찾을 수 있다. 개인 사무실이 없는 오티콘의 직원들은 모두 개인 사물을 이동식 사물함에 보관하고, 정해진 자리 없이 자유롭게 앉아 일을 하며 책상이나 컴

36) 한 장소에서 효율적으로 일할 수 있는 사람의 수에 대해서는 여러 가지 의견이 있다. Kanter(1972)의 유토피아 공동체에 대한 저술은 필연적으로 최선은 아닐지라도 200명의 모달 넘버(modal number)를 제시하고 있다. 성공적인 공동체인 미국의 허터파(Hutterities)는 100여 명 규모의 마을을 형성하고 있다. 그녀는 이스라엘 키부츠의 설계자들을 인용하면서 1,000명이 넘는 사람들이 한 장소에 있게 되면 문제에 봉착하게 된다고 하였다.

캐나다의 성공적인 자동차 부품회사인 마그나(Magna)는 그들의 공장규모를 150명 수준으로 제한하려고 노력하였다. 반면, 휴렛패커드(Hewlett-Packard)는 2,000명의 상한선을 두었다.

부시맨의 수렵-채집 집단의 융합-분열 역학은 "그"(the) 조직을 정의내리는 것을 어렵게 만든다. 그 집단이 150명까지의 사람들로 구성될 수 있으나 생활 목적에 따라 세 개 이상의 소집단으로 나뉠 수도 있는 것으로 보인다(Lee and DeVore, 1976).

37) Nohria and Eccles(1992), Chapter 11.

퓨터도 어떤 것을 쓰든 상관하지 않았다. 이를 통해서 사람들은 쉽게 이동할 수 있고 상황에 따라 유연하게 대처할 수 있게 되었다. 그들에게 있어 유일하게 고정되어 있는 자리는 컴퓨터 네트워크상의 자신의 메일 박스뿐이었다. 이러한 메일 시스템은 시스템 내로 유입되는 모든 메일을 점검할 수 있고, 법적 문서를 제외한 모든 것을 쉽게 없앨 수 있어 사람들에게 널리 활용되었다(이를 통해 서류작업의 80%가 사라지게 되었다).[38)]

교육

구성원들이 일하는 물리적 상황배경은 변화하기가 어려울지 모르나 그들이 배우고 학습하는 상황배경은 상대적으로 변화가 용이하다. 불행하게도 학습에 관한 상황배경을 변화시킨다는 것은 양날의 칼과 같아서 사람들이 쉽게 배울 수 있으나 학습한 지식과 행동을 다시 작업장에 적용하는 것은 결코 쉬운 일이 아니다. 내부 교육제도를 보면 이러한 모습을 더욱 잘 알 수 있다.

티치와 셔먼은 구성원들이 지적, 감정적, 심지어는 물리적인 위험(물리적인 위험이란 외부와 연계된 훈련을 의미하는데, 사람들은 이 위험을 더 많이 떠올린다)에 처해 있다는 것을 알리기 위해서 변화의 대리인 개발에 대해서 설명한다.[39)] 만약 그 위험이 심각한 수준일 경우 사람들은 과거 행동에 고착되거나 상사로부터 받은 지시에 맹목적으로 따르면서 이른바 "얼어 버리게 된다"(freeze). 하지만 위험이 그렇게 심각하지 않을 때는 당연히 사람들은 새로운 행동을 시도하려 한다. 이러한 새로운 행동들은 보통 학습이 이루어지는 상황배경이 작업장과 근본적으로 다른 경우 보다 쉽게 나타난다.

38) 오티콘(Oticon)에 대한 정보의 출처는 「서류없애기와 조직구조」("Eliminating Paper and the Organizational Structure," 1992)이다.
39) Tichy and Sherman(1993), 132쪽.

이러한 현상은 철강회사에 있는 사람들에게, 기존과는 판이하게 다른 배치구조에 대한 세미나를 실시하였을 경우의 행동변화를 통해서 보다 직접적으로 알 수 있다. GE가 변화를 위한 최초의 노력으로 경영자들에게 초점을 맞추었다면, 우리는 조직 내 구성원 모두를 대상으로 하였다. 각 기업에서 트럭기사, 판매사원, 전화교환원, 관리자, 임원 등 50명 단위로 그룹을 만들고 3일 동안 의견교환과 팀 구축작업을 수행하였다. 모든 세미나는 각기 다른 일을 하는 다양한 사람들로 이루어져 있지만, 필요한 사업의 축소판이었다. 그들의 작업이 지구핵을 찾아 구멍을 뚫는 것과 유사하다 하여, 이 세미나를 "핵심 샘플"(core sample) 세미나라 불렀다.

그 세미나를 위한 상황 설정은 임원교육을 위한 가장 전통적인 방법과 유사하였다. 그리고 교육은 팀 구축활동과 토론, 하버드의 케이스 스터디[40]로 이루어졌다. 세미나의 목표는 GE의 "작업수행 프로그램"과 매우 유사하다. GE의 "작업수행 프로그램"은 다음과 같다.

- 신뢰 구축
- 자율성 부여
- 불필요한 작업 제거
- 새로운 패러다임 개발

세미나는 비록 변동이 있긴 하였지만, 앞의 두 가지 목표에 대해서 높은 성과를 보였다. 정말 가장 훌륭한 성과는 공식적인 것이 아니라 비공식적인 모임 – 아침 · 점심 · 저녁 식사시간, 파티 – 에서 이루어졌다. 놀랍게도 식사시간에는 크지도 않은 탁자에 모든 사람들이 모두 모여 앉았다. 대화도

40) 하버드 경영대학원의 사례 연구인 「에반스 칼슨과 그의 부대원들」("Evans Calson and the Calson Raiders")(Zak, 1981)은 비즈니스 조직이 어떻게 작용하는지에 대해 정규 훈련이 되어 있지 않은 사람들도 접근하기 쉽게 해 준다.

당연히 더 많이 이루어지고 있었다. 고위 임원들이 임석한 이 비공식적인 모임은, 어쩌면 불편한 결과를 초래할지도 모르는 상황에서까지도 아주 자연스럽게 분위기를 유도할 수 있었다.

초기 단계에서는 사업 프로세스를 어떻게 처리할 것인가가 사실 더 고심할 부분이다. 기술들이 분석적인 기법과 명시적으로 제시된 방법, 즉 하드한(hard) 기술과 소프트한(soft) 기술이 결합될 때 그제서야 사업 프로세스에 대해 솔직하게 따져 볼 수 있을 것이다. 그리고 앞에서 제시한 세미나를 통해서 자율성이 가지는 문제를 찾아 내기란 그리 쉬운 일이 아니고 많은 시간이 필요하다. 즉, 구성원들이, 변화에 대한 기대 속에서 자신이 역량과 자율성을 가지고 있다고 느끼게 되면, 작업장 속에서 물리적이고 심리적으로 변하지 않는 상황배경을 찾고 거기에 더 집중하게 된다. 이러한 모습은 "게릴라"에 비유하여 설명할 수 있다. 게릴라들은 지하로 다녀야 하고 기회가 나타날 때까지 기다려야 한다. 하지만 이러한 지적 설명들은 감성적인 부분까지 모두 아우르지 못한다. 그래서 구성원들이 몇 시간 동안 세미나를 통해 가지는 지적 흥분감과 개인의 변화에 대한 의지나 감정은 종종 작업장에 다시 돌아오자마자 금방 사라져 버리곤 한다.

이것이 대부분의 조직체에서 나타나는 교육 프로그램과 관련한 핵심적인 문제이다. 만약 그 프로그램들이 효과적이라면, 그들은 일상과 자신이 가지고 있는 기계적이고 반복적인 절차들을 모두 없애고 조직체가 원하는 방향의 변화를 지향하게 될지도 모른다. 하지만 성과 상황배경 속으로 다시 들어오게 되면, 그 순간부터 그들이 새롭게 배운 행동들은 실제 행동으로 연결되지 못한다. 물론 가끔 필요로 하는 기술을 학습하고 이로써 실제 활용되는 학습환경이 만들어질 수 있다. 하지만 새롭게 배운 그 기술들이 과연 어떻게 성과에 기여하게 할 수 있을까? 어떻게 사냥꾼들이 정착농들 사이에서 살 수 있을까? 이러한 질문에 대한 해답은 학습이 이 모든 상황을 다 포괄한 채 이루어지고 있는 상황배경의 조직에서만 가능하다.

조직에 대한 시사점: 양쪽 모두 생각하기(think double)

조직은 생태순환주기에서 성과주기와 학습주기 모두를 동시에 강조해야 한다. 그리고 이는 경영자가 구조와 프로세스에 대해서 "양쪽 모두 생각"(think double)[41]상호 모순되는 신념이 옳다고 동시에 수용하여 사고하는 것으로 위선 또는 중립과 차별화됨 해야 한다는 것을 의미한다. 기업은 단지 수직적인 성과구조에 의존한다거나 요즘 새롭게 각광받고 있는 수평적 구조[42]에만 의지할 수 없다.[43] 기업은 이 두 가지 모두를 생각해야 하고, 이들을 시간과 공간 속에서 한꺼번에 구현하여야 한다.

우리는 러셀철강이 겪었던 위기에서 두 가지의 이슈를 생각해 볼 수 있다. 하나는 "수평적"(혹은 "학습") 주도권이고 다른 하나는 "수직적"(또는 "성과") 이슈이다. "하드" 성과구조 위에 "소프트" 학습 주도권을 얹혀 놓은 구조는 마치 잘 짜여진 옷감과 같다. 이것은 "소프트" 매트릭스라고 불린다.[44] 그림 7-2는 1991년 고위 임원 수준에서의 페드멧(fedmet)[45] — 철강 유

41) "양쪽 모두 생각"한다는 것은 단순히 오웰(Orwell)의 "이중 사고"(doublethink)의 반대 선상에 있는 것이다. 양쪽 모두 생각한다는 것은 논리의 사용과 다른 정신적 과정의 존재를 부정하고, 모순적인 생각들을 동시에 받아들임으로써 빚어진 패러독스를 다루는 과정이지만, 다른 칸에 벽을 쳐서 동시에 고려되지 않도록 한다(Orwell, 1949).

42) 그것이 "수직적" 조직이라고 불림에도 불구하고(Ostroff and Smith, 1992), 그것은 사실 대단히 감축된 수평적 요소를 가진 매트릭스이다. 그러나 때때로 수평구조에 대한 요구는 계층구조의 필요성을 간과한다. "잘 짜여진"이란 은유는 이러한 경향을 중화시켜 주는 데 도움을 준다.

43) "옷감짜기"의 비유는 메리 파커 포레트(Mary Parker Follet)의 연구에서 가장 강렬하게 묘사되었는데 다음과 같다. "그렇다면 집단적 사고와 집단적 의지를 만들어 내는 집단화 과정의 핵심은 바로 무엇인가? 그것은 바로 '작용과 반작용'이라는 하나의 동일한 과정이며, 이 과정이 (집단 내에서의) 차이점을 만들고 그 차이점을 다시 하나의 단일체로 묶는 역할을 한다. 즉, 사회화 작용이란 복잡한 상호작용이며 그룹 구성원이 씨줄과 날줄로 서로 촘촘하게 얽혀지는 것과 같은 것이다."

44) 쾨슬러(Koestler, 1964)에 따르면, 매트릭스라는 단어는 라틴어의 "자궁"(womb)으로부터 유래하였으며, 모양이 만들어지고 다듬어지는 어떠한 양식이나 틀을 위해 비유적으로 사용되었다. 쾨슬러는 매트릭스를 프레임워크와 필드의 가운데 쯤에 있는 것으로 보는데, 그 명확성 안에 여성적 연관성과 더불어 내가 그 단어를 좋아하는 이유이다.

매트릭스 조직에 대한 개념은 문헌에서 더이상 새롭지 않지만(Galbraith, 1977), 페드멧 경영관리 팀은 "소프트" 매트릭스 개념을 전통적인 "하드" 매트릭스와 구별하기 위해 분명하게 하고 있다(Goggin, 1974).

▌그림 7-2▐ 페드멧 소프트 매트릭스

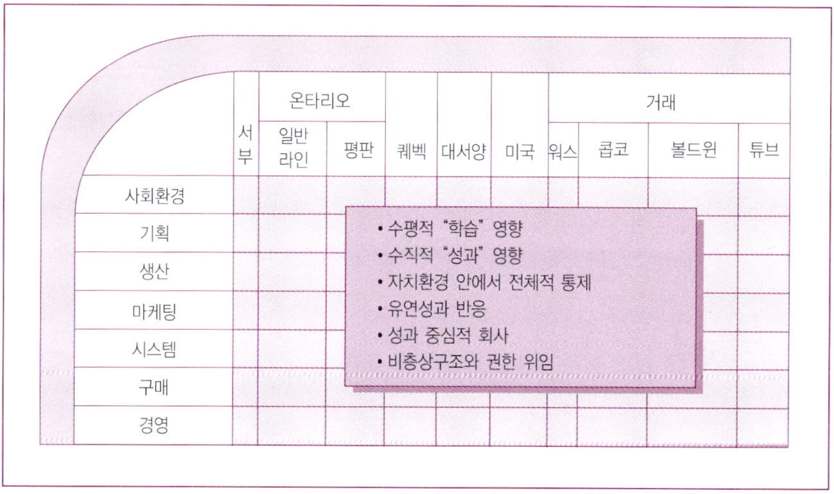

봉 과정이 그 당시에는 이렇게 불렸다 — 을 나타낸 것이다.

수평적 프로젝트 팀은 일시적이고 스스로를 관리하는 조직이다. 그래

소프트 매트릭스는 고어 앤드 어소시에이츠(W.L. Gore & Associates)[고어텍스를 개발한 대표적 혁신기업으로 사장, 직급, 직책 및 명령 없이 동료직원 간에 조언과 협의로 경영되고 있음]가 "격자"(lattice)라고 부르는 개념과 대단히 유사하다. 듀퐁(Du Pont)에서 빌 고어(Bill Gore)의 팀 경험에 입각하였을 때, 그 이름은 아마도 그의 과학적 배경을 반영하는 것 같다. 격자구조의 특성은 쉬퍼(Shipper)와 만츠(Manz)가 다음과 같이 설명하고 있다.

"① 의사소통의 라인은 중개인을 통하지 않고 개개인끼리 직접 이루어진다.
② 고정되거나 배정된 권한은 없다.
③ 상사가 아니라 후원자가 있을 뿐이다.
④ 자연발생적 리더십은 리더를 추종하는 것으로 정의된다.
⑤ 목표는 "그것들이 일어나게 만들어야" 하는 사람들에 의해 설정된다.
⑥ 과업과 기능은 헌신을 통해 체계화된다.

격자구조는 복잡하며, 상호 교류, 집단 내 알려진 책임감에 대한 자기몰입, 자연스러운 리더십 및 집단이 부과한 규율에서 점진적으로 발달한다. …격자구조 안에서의 또 다른 현상은 일시적으로 분야가 교차하는 집단을 지속적으로 형성한다는 것이다. …이러한 구조에 의해 창출된 교차 레벨과 교차 기능 상호간의 접근성은 특정한 요구가 발생할 때 모든 유형의 팀이 스스로 발전하게끔 해 준다. 구성원은 분야를 불문하고 다른 구성원과 팀을 이루어 작업을 완료할 수 있다"(Shipper and Manz, 1992, 53~54쪽).

45) 페드멧 이야기의 출처는 「경계 파괴: 프랙탈 조직」("Breaking the Boundaries: The Fractal Organization")(Zimmerman and Hurst, 1993)이다.

서 그 조직에 있는 개개인들에게 계층적 구조의 관점에서의 상사는 두 명이 아니다. 그들에게는 "영속적인" 수직적 계층구조 안에서 한 명의 상사가 있을 뿐이며, 그들은 학습체계에서 자기관리 조직의 일부인 것이다. 임시로 구성된 수평적 프로젝트 팀은 변화를 통해서 영구적인 수직적 구조에 편입되든지 아니면 사라지게 된다.

소프트 매트릭스에서 두 가지의 요소를 구분하는 것은 정말 중요하다. 바이오피드백(biofeedback)이 보여 주는 것과 같이, 수평적 프로세스의 목적은 학습이다. 실행과 결과를 보다 분명하게 결합시킬수록 학습효과는 극대화된다. 다양한 요인들을 보다 면밀하게 측정하는 것은 학습 프로세스를 방해하는 결과를 낳을 수 있다. 그렇게 되면 성과조직을 유지하고 강화시키는 강력한 메커니즘이 위협받게 된다. 수평적 · 수직적 두 가지 프로세스가 시간과 공간 속에서 복잡하게 얽혀 있기 때문에 이들을 구분할 때는 주의해야 한다. 아직 검증되지 않은 성과 기반의 "당근"과 "채찍"을 통해서 수평적 주도권을 고정시켜 매트릭스를 경직화시키는 것은 너무나 쉽다. 경험에 의하면 이러한 방법은 수평적이고 수직적으로 운영되는 성과구조를 그대로 가지게 되면서, 소프트 매트릭스를 하드 매트릭스로 바꾸는 결과만 내게 된다. 이는 결국 변화에 대한 정체로 나타나게 되고, 그 구조들의 각 프로세스가 바라는 목적들 간의 갈등 속에서 균열이 일어나게 되며, 어느 것이 더 우선이냐에 대한 순위 다툼으로 혼란스러워져 결국 다시 계층적 사회구조 시스템으로 회귀한다. 이러한 상황에서 구성원들은 자신의 입장만을 고수하게 되고, 주도권을 가진 사람들에게 아첨을 하며 계층적 사회구조 시스템을 이기기 위한 무수한 방법을 고안해 내려고 한다. 다시 말해, 그들은 실제적인 변화 없이 변화의 겉모습만 좇으려고 하는 헛똑똑이가 된다.

조직 전반에 걸친 사냥/갱신의 재창조

하지만 만약에 우리가 수직적 · 수평적 프로세스를 계속해서 구분할 수 있다면, 소프트 매트릭스는 갱신을 위한 효과적인 수단이 될 수 있다. 성취의 비결은 사냥꾼들이 속해 있는 사회의 역학관계와 물리적 상황배경을 가능한 한 많은 범위에 걸쳐 계속 양산해 낼 수 있는가 하는 것이다. 여기에 유연성은 전체 조직이 어느 한 단계에서 작용하는 요소에 의해 구속당할 가능성을 줄여 주면서 모든 단계마다 존재한다.

- 개인은 자기주도적이고 다기능적이다.
- 개인들 간의 관계는 상호 의존관계의 하나일 뿐이다. 상사와 부하는 그 역할을 쉽게 바꿀 수 있다.
- 집단은 개방되어 있고, 제한이 없다. 즉, 구성원은 그 집단에 아무런 번거로움 없이 들어올 수도 있고, 나갈 수도 있다.
- 생활공간은 개방되어 있고 방어되지 않아 이웃하고 있는 집단이 그들을 아우를 수도 있다.
- 사회적 비전은 평등사회이며, 이것은 조직의 모든 단계에서 역학관계를 정당하게 한다.
- 이 모든 것은 실행과 결과의 짧은 피드백 순환고리로 이루어진 "즉각적 수익창출"의 경제 맥락 속에서 일어난다.

즉각적 수익창출의 경제

표면적으로 볼 때, 즉각적 수익창출의 경제는, 특히 조직 자체가 자신들이 개발해 놓은 여러 기법들에 의해서 움직이고 있는 성숙한 집단인 경우에 가장 이루기 어려워 보일 수도 있다. 하지만 실제 그것은 그리 어려운 일이 아니다. 이를 위해 우리가 할 일은 가용할 수 있는 최소한의 투자를 하여 실행 결과를 즉각적으로 제공할 수 있는 "공개된 전략"을 만드는 것이다.

러셀철강의 구성원들은 보다 세분화된 관점에서 문제를 찾아 낸 반면, 앞에서 언급하였던 "초점화"(zooming) 과정은 조직 내에 발생한 작은 결점을 확장하여 공개하는 효과가 있다. 이러한 과정은 예전에는 그 정도의 규모에서 전혀 고려하지 않았기 때문에, 보통 즉각적 수익창출 경제의 축소판으로서 작용한다. 이 과정에서 열려진 틈새 중 어떠한 것들은 사실 매우 큰데, 특히 공급업자와 고객이 확장된 조직의 한 부분일 때 더욱 크다. 벤치마킹은 성과가 아직 활용되지 않은 영역에 주의를 집중함으로써 비슷한 틈을 만들어 낼 수 있다.

조직은 패치(patch)는 현재 참여하고 있는 사업과 별로 상관없어 보이는 개인적 프로젝트에 시간 또는 돈을 투자함으로써 외부에 드러날 수 있다. 3M은 아무 관계 없는 개인 연구자로부터 5만 달러의 보조금을 받았다. 3M은 사람들이 그들만의 독특한 프로젝트를 수행하도록 장려하고 동시에 투자를 정당화하려는 노력(즉, 기업의 어려움을 극복할 수 있도록 숫자를 조작하려는 욕구)을 줄일 수 있도록 제네시스(Genesis)라는 프로그램을 만들었다.

존슨빌식품(Johnsonville Foods)에 있는 생산직 근로자들은 그들이 책임지고 있는 제품의 품질에 대해서 즉각적인 피드백을 받게 된다. 이것은 학습역량이 실행과 가능한 한 가까이 있게 한다.[46)]

제6장에서 설명한 것과 같이 일본의 간반 시스템은 본질적으로 실행과 결과 사이의 시간적 간격이 매우 짧은 '즉각적 수익창출'의 상황을 수립한 것이다. 생산 과정에서 완충장치 ― 재고와 지연 ― 는 개선책을 찾기 위해 유익한 자리가 될 수 있다.

46) 존슨빌식품에 대한 정보의 출처는 Stayer(1990)이다.

개인의 자기주도(Self-direction)

조직은 구성원들이 상호 개방적으로 일하여 자신의 기술을 스스로 개발할 수 있는 환경을 조성할 필요가 있다. 이를 위해서는 자신의 능력을 철저히 믿는 사람을 채용하는 것이 좋다. 교육 및 훈련이 소기의 목적을 달성하게끔 도와 줄 수도 있으나 이는 오직 학습하고자 하는 상황일 때만 가능하다. 수평적인 조직구조의 팀에서 복합적인 기능을 수행하는 기법에, 이를 강화할 수 있도록 "하드"한 기술과 "소프트"한 기술 모두를 훈련시키면 그 조직의 개개인은 스스로 자신이 지향해야 할 점을 효과적으로 찾을 수 있다. 그리고 그 효과는 학습이 소집단 내에서 구성원들끼리 각자가 원하는 것을 원활하게 공유한다고 인식할 때, 그리고 새롭게 배우는 기술들이 집단 구성원들이 직면한 문제를 직접적으로 해결하는 데 도움을 줄 때 극대화된다.[47)]

톰 피터스(Tom Peters)에 의해서 세상에 알려지게 된 용어인 주류밀매(Bootlegging)는 3M에서 문화적으로 인정되어 온 프로세스인데, 그것은 종업원들이 총작업시간에서 15%까지 자신을 위한 업무에 할애할 수 있도록 정해 놓은 것을 의미한다. 이는 학습이 계속해서 일어날 수 있도록 하는 여유 있는 공간을 만들어 주는 효과가 있다. 이와 같은 유형화된 보상제도를 통해 학습을 더욱 장려하는 것은 반드시 필요하다. 존슨빌식품에서는 승진을 하려면 반드시 새로운 기술을 습득해야 한다. 로젠블루스여행사(Rosenbluth Travel)는 품질 향상에 따라 임금을 차등지급하는 보상 시스템을 도입하여 정확성과 전문성에 있어서 최고가 되었지만, 생산성은 그 이후에야 비로소 증가하게 되었다.[48)]

47) 그러한 집단은 "지식 공동체"(communities of practice)로 묘사된다(Seely Brown and Duguid, 1991).

48) Rosenbluth(1991).

상호 의존성

상호간의 의존성을 증대시키기 위해서는 조직뿐만 아니라 구성원 개개인 간에도 자원을 공유해야 하고 서로 의존적인 부분을 강조해야 한다. 확실히, 팀 단위에서 이루어진 작업 경험, 특히 그 팀이 작업을 맡게 되는 경우에는, 그때 구성원들이 겪은 작업 경험을 상호 의존성으로 인지하고 이를 항상 염두에 두게 된다. 리더를 서로 돌아가면서 하게 되면 상호 의존성은 더욱 강하게 형성된다. 하지만 이것을 더욱 강화하는 또 다른 방법이 있다.

존슨빌식품에서는 팀별로 채용 · 고용 · 해고 절차를 다룬다. 미국의 고어사(W. L. Gore & Associates) 역시 비슷한 방법을 활용한다. 모든 예비사원은 고용되기 이전에 내부 후원자를 만들어야 한다. 하급자가 상급자에게 성과평가를 실시하는 하향상달식 성과평가는 권위의 상호적 속성을 강조하는 효과적인 기법으로, 이렇게 되면 결국 리더는 자신을 따르는 사람을 선호하게 된다. 이러한 기법은 IBM에서 임원을 중심으로 오랜 기간 동안 활용해 오던 것이다. 경험적으로 볼 때, 이러한 하향상달식 평가는 수직적인 성과조직에서 격렬히 반대해 왔다.

그럼에도 불구하고, 이러한 평가활동이 상호 의존성을 간과한 채 이루어지게 된다면, 상호 의존적인 시스템 내에 있는 사람들은 모든 결과가 자신의 운에 의해서 이루어진 것이라고 강하게 믿게 된다. 나는 "핵심 샘플"(core sample) 세미나가 끝날 무렵 일어난 상황에서 느낀 흥분을 여전히 기억한다. 참석자 중 한 사람이 갑자기 흥분하여 외치길, "이해합니다. 그런데 여기에 '그들'은 없답니다. 오직 '우리'만 있을 뿐이죠!" 백 번 맞는 이야기이다.

공개구역

공식적인 계층구조에서 담당구역이라고 하는 것은 구획지어 보호된다.

그것을 넘어서려고 할수록 각 부서와 기능들 간의 벽은 점점 더 두터워지고 단절된다. 그렇기 때문에 여기에 역동적인 변화를 생각한다는 것은 쉬운 일이 아니다. 예를 들어, 부서와 기능 간의 벽은 종종 갇혀진 상태에서만 공개될 수 있다.

나이키가 스스로 갱신할 수 있었던 비법은 "사냥집단"을 구성해 왔던 데에 있다. 그러한 사냥집단은 공식적인 조직에 침투하여, 조직 내에 존재하던 벽을 무너뜨리고 성과를 저하시키지만, 나이키에 새로운 것이 무엇인가에 대한 개념을 심어 주었다. 매우 성공적으로 에어조던(Air Jordan)이라는 제품을 시장에 내놓은 "런칭 그룹"은 새로움을 추구하는 것에 대한 역동적 변화를 보여 주었지만, 그것은 공식적인 시스템에 대해서는 믿을 수 없을 만큼 성가신 존재였다.

3M에서 치열하게 일어났었던 자기구역 전쟁은, 3M이 자신들이 가지고 있는 모든 기술은 3M의 소유이지 그것을 개발한 개인 단위에 속하지 않는다고 주장하면서 서서히 줄어들었다. 개인 단위에서 제품을 팔게 되지만, 지식 자원은 기업 전반에 걸쳐 공유하게 된다. 사람들은 자신이 가지고 있는 것이 적을수록, 다른 사람들에게서 자신의 부족한 부분을 더 많이 공유받고자 한다.

GE의 연구개발 부서에는 연구자들이 다른 분야의 연구자들과의 일상적인 접촉을 장려하기 위해서 같이 식사하는 사람을 항상 바꾸도록 강조한다. 이렇게 분야 간 확산을 확실히 하기 위해서 연구개발 부서의 구성원들은 제조업장으로 정기적으로 파견을 나간다. 이러한 제도로 인해서 다양한 부서와 기능이 그들의 라이벌을 "그들"로 인식하기보다 "우리"로 인식할 가능성을 더 크게 한다.[49)]

49) Naj(1990).

평등주의의 의도적 강요

평등주의를 의도적으로 강요하는 목적은 개개인의 지위 차이, 특히 공식적 계층구조에 있는 개인과 나머지 조직 사이의 차이를 감소시키려는 데 있다. 권한이(메리 파커 포레트(Mary Parker Follett)가 오래전에 이야기하였던) "상황의 법칙"(law of the situation)에 의존할 때 통합적으로 해결할 수 있게 된다. 즉, "사람은 분명 다른 사람에게 명령을 하지 않아야 하지만, 그러한 상황에서 비롯된 그들의 요구나 명령은 받아들여야 한다."[50] 이에 대한 예는 부시맨들이 모닥불 둘레에 모여 앉아 나누던 이야기의 결과나, 퀘이커들의 모임에서 나타난 의견수렴 결과에서 찾아볼 수 있다.

톰 피터스가 오랫동안 주장한 것과 같이, 계층구조에 의해 결정되는 구성원들에 대한 여러 가지 위계적 혜택을 제거하기 위해서는 다방면으로 고려할 필요가 있다. 임원 식당과 세면장, 예약되어 있는 주차공간, 개인 사무실, 여러 가지 형태의 특권적인 소비까지 일일이 나열하려면 끝이 없다. 러셀철강은 모든 회의실의 원형 탁자를 두어 의사소통 과정에 획기적인 전환을 이루어 내었다.[51] 중역회의실 원형 탁자의 지름은 3미터나 되었다. 전형적인 사각형 모양의 탁자나 타원형의 탁자에서 원형 탁자로 바뀌면서 참여수준은 실제적으로 굉장히 신장되었고, 믿기 어렵겠지만 사실이 그러하였다. 그러나 불행히도 회의실의 대부분은 위계적인 모양을 더욱 강화할 수 있도록 설계되어 갔다.

3M에서는 복선형 경력관리 시스템을 도입하여 구성원들의 연구업무가

50) Follett(1965), 59쪽.
51) 원형 회의장의 상징적 의미는 아마도 과거 모닥불 둘레에 앉아 이야기를 나누던 자취로서, 우리 문화에서는 모두가 평등하게 이바지한다는 의미를 내포하고 있다. 나는 실내 디자이너들이 내부적 "버블"-구성원들이 둥글게 모여 앉아 이야기할 수 있는 공간-을 창조해 내기 위해 열심히 노력한다고 생각한다. 물론 원형 탁자는 (불가능한 탐구여행을 좇아 위대한 공적을 달성하기 위해 팀 구성원들이 각자의 다양한 재능으로 평등하게 이바지하였던 이야기인) 아서왕의 전설로 매우 유명하다.

진행되는 동안에도 승진할 수 있는 기회를 제공하였다. 직원들이 상사의 눈에 들기 위해서 경영층을 이리저리 뛰어다닐 필요가 없어진 것이다. 이는 계층적 지위보다 그들 자신의 기술이 더 중요함을 시사한다. 기업은 평등을 유지하기 위해 공로를 인정하고 보상하는 여러 가지 방안을 이용한다.

나이키는 중역이사들의 이기심을 줄이고 평등을 강조하기 위해서 독특한 아이디어를 고안하였다. 나이키의 고위 관리자들은 "고약한 인물들"(buttfaces)로 잘 알려져 있다. 이 말은 계층구조의 힘을 신봉하는 사람들에게 직원들이 붙인 것이다. 성공적인 큰 조직에서 고위 관리자를 "고약한 인물"이라고 부를 수 있거나, 심지어 그와 같은 말을 칭찬으로 여기는 경우는 거의 없다.

조직 전체로 확장하기

조직 내에서 전략이 효과적이기 위해서는 전략 자체가 적절해야 할 뿐만 아니라 조직의 모든 단계에서 효과적이어야 한다고 주장하는 것은 진부해 보인다.[52] 어쨌든 고객은 조직의 전략을 알아 보는 것보다 식당 메뉴를 읽는 것에 더 관심이 있는 것이다. 즉, 고객들은 조직이 제공하는 제품이나 서비스를 이용하는 것을 원할 뿐이다. 고객들은 전통적인 기업전략과 분리되어 있기 때문에 전략은 가시화할 수 있다면 가능한 한 여러 가지 다양한 매개체를 통해 보여져야 한다. 만약 전략이 일관되고 탄탄한 것이라면, 전략적 패턴은 다양한 형태(제품, 제조운영, 마케팅, 연설, 행동 등)로 조직 전반에 걸쳐 구석구석 스며들어야 한다.

이는 조직환경의 "기회주의적인 감시"[53]에 1차적인 책임을 떠맡고 있

52) 나와 나의 동료인 짐머맨(Brenda Zimmerman)은 전략이 효과적이기 위해서는 조직의 각 부분에 따라 차이가 있어야 한다고 주장하였다(Zimmerman and Hurst, 1993).
53) Thompson(1967).

는 것처럼 보이는 "그러한" 전략가들의 역할이 어떠한지, 또한 조직의 경쟁 우위를 만드는 것이 무엇인지를 보여 준다. 하지만 소프트 매트릭스 조직에서는 분명히 상층부만큼이나 하층부도 복잡하다. 그렇기 때문에 고위 관리자들이 "그렇게 복잡한" 환경을 얼마나 잘 파악하느냐에 초점을 모두 맞추는 것은 치명적인 문제가 있다. 환경이라고 하는 것은 고위 관리자들뿐만 아니라 조직 전반에 걸쳐 모두에게 연관되어 있기 때문이다.

그럼에도 불구하고, 소프트 매트릭스 조직에서는 고위 관리자들이 여전히 특권적 지위에 있다. 그들은 내재적으로 다른 구성원들보다 구속을 덜 받는다. 조직 내에서 그들이 갖는 유동성은 그들이 프랙탈(fractal) 조직의 단계와 본사에서 떨어진 지사에 존재하는 유사성을 발견하고 표현할 수 있는 잠재력을 부여한다. 다시 말해서, 그들은 조직 내 어떠한 곳이든 또는 어떠한 단계에서든 자신과 닮은 방법이 있다는 것을 인지할 수 있으며, 보다 작은 규모에 이러한 패턴을 개발하는 과정을 촉진시킬 수 있다.

패러독스

갱신주기 그 자체는 모순과 패러독스 덩어리이다. 하지만 이러한 모순점들은 갱신주기가 전형적인 수명주기의 성과주기로 인식될 때 더욱 복잡해지고 해결하기 어려워진다. 성공한 조직이 갱신을 시도하는 기간 동안 경영자들은 두 가지의 순환주기를 실시간으로 파악하고 있어야 한다. 그리고 갈등관계는 두 가지 형태의 이성이 교차하는 곳에 있다. 가치에 따라 살고자 하는 요구가 도구적 행동에 대한 요구와 부딪치는 곳, 평등주의에 대한 사회적 비전과 참여공동체 의식이 기술적으로 합리적이고 계층적인 조직을 운영해야 하는 요구와 부딪치는 곳[54)]이다.

개인의 야망이 의무와 다투면서 공동체가 개인주의와 충돌할 수 있는 곳, 협력이 경쟁에 부딪치고, 장기적 전망이 단기적 성과에 퇴색되는 곳이다.

하지만 신생 조직의 관리자들은 이러한 딜레마를 겪을 필요가 없다. 예를 들어, 1960년대 초반, 블루리본스포츠에서 필 나이트와 빌 바워만은 방어해야만 할 어떠한 상황도 존재하지 않았다. 초기에 그 두 사람은 길거리에서 운동화를 파는 사업으로 시작하였다. 창조적 긴장과 이에 따른 추진력은 현재의 상태와 미래의 비전 사이의 간극을 인지하게 하였지만, 현재의 상태에 투자할 여력이 없었다. 이와는 대조적으로, 이미 정상궤도에 오른 조직은 지켜야 하는 현재 상태가 있다. 조직 전반에 사업을 쇄신하기 위해 필요한 시간이 주어진다면, 지켜 내는 편이 보다 나은 기존의 보수적인 구조의 일부가 존재하는 것이다. 그러나 이를 위해서는 관리자들이 계층구조를 넘어 재능을 발휘하는 것이 요구된다. 갱신을 위한 작은 씨앗이 자라나는 동안 대규모 조직의 그 무엇인가를 지키기 위해서이다.

갱신의 리듬

이 세상에서 개개인이 새로운 곳을 탐험하는 방법에는 두 가지가 있다. 하나는 지도를 이용하는 것이고, 다른 하나는 나침반을 이용하는 것이다. 종종 이 두 방법은 상호 보완적이다. 예를 들어, 한 사람이 지도방향을 맞추

54) Kanter(1972)는 이러한 패러독스가 비즈니스 조직에 국한되는 것이 아니며 이상적 공동체에서도 나타난다고 보았다.

두 가지 합리성 사이의 긴장은 많은 기업들이 왜 정상에서 두 개 또는 그 이상의 팀을 함께 운용할 때 성공적인지로 설명될 수 있다. 기술적인 결정과 사회적인 결정에 대한 책임은 종종 "하드" 운용자와 카리스마적 "소프트" 사이에서 나뉘곤 한다.

기 위해서 나침반을 사용하거나, 지도를 보고 정한 장소로 가기 위해서 나침반을 사용할 때가 그러하다. 때때로 이 두 가지 방법은 상호 충돌하기도 한다. 장애물을 피하기 위한 방법을 찾을 때 지도와 나침반이 가리키는 방향이 서로 다르거나, 나침반이 그 지역의 자기장에 영향을 받을 때 두 가지 방법은 상충되는 것이다.

확실한 지역표시가 있고 위험구역이 하나도 없을 때에는 위 두 가지 방법 중 어느 한 가지 방법을 써도 무관하다. 때때로 한 가지 방법만 쓰는 것이 효과적일 때도 있다. 나침반은 바다에서 길을 잃어버렸을 때 유용하고, 지도는 맨해튼의 시내에서 길을 잃어버렸을 때 유용하다. 말 그대로 지도란 사람들에게 잘 알려진 곳만 찾을 수 있도록 도와 준다. 나침반은 현재의 위치가 어디에 있는지 잘 모를 때 방향에 대한 일반적인 지식을 얻을 수 있도록 도와 준다.

이처럼 지도 용법과 나침반 용법 사이에는 무수히 많은 연관성이 있다. 때로는 상보적이기도 하고 때로는 상반되기도 하며, 중립적이거나 배타적이기도 하다. 이렇게 다양한 관계는 조직의 생태순환주기에서 나타나는 쌍둥이 순환고리의 관계를 반영하며, 따라서 조직에 몸담고 있는 관리자의 쌍둥이 역할을 보여 주게 된다.[55] 성과주기는 지도의 사용과 유사하며, 학습주기를 성공적으로 진행하려면 나침반 같은 역할이 필요하다.

전형적인 성과주기에서 경영자는 상대적으로 객관적이라고 생각되는 환경에 자신의 조직이 잘 부합할 수 있도록 부단하게 노력을 경주한다. 미지의 영역이 순조롭게 탐험될 것이며, 어느 정도 친숙해질 것이다. 이는 경영자가 조직의 현실을 명확화하고 개념화할 수 있게 – 지도로 그려 낼 수 있게 – 도와 주며, 핵심 산출물과 성공요소에 집중하게 한다. 경영자는 조직 내에 규칙적으로 하는 일들의 통상적인 순서와 방법을 끼워 넣을 뿐만 아니

55) (도구적으로 합리적인 구조 안에서) 이러한 쌍둥이 역할에 대한 논의는 Nadler and Tushman(1990)을 참조하기 바란다.

라, 계획과 통제를 강조하게 되고, 이것은 상대적으로 명확하고 주로 계량화된 목적을 향해 조직이 순조롭게 나아가도록 할 것이다. 조직 구성원 간에도 이러한 목적이 무엇인지, 그리고 이를 달성할 경우 보상은 어떻게 이루어져야 할지에 대한 훌륭한 합의가 분명하게 드러난다.

성과주기에 있는 경영자는 변칙적인 상황을 혐오한다. 그는 정확하게 구분되어 있는 업무와 조직적으로 체계화된 책임의식에 가치를 둔다. 또한 지지층에게 민감하고 보수적인 성향에 의해 그는 도구적 합리성과 적응성 · 합치성 · 적합성의 개념에 호소하는 세심하게 관리되는 변화의 모델을 선호한다

생태순환주기의 갱신 과정에서, 경영자의 역할은 이와는 매우 다르다. 경영자는 의도적으로 조직활동에서 비켜 서서 지긋지긋한 "예측 가능성"을 끊어 내려 한다. 경영자는 사업적 요소들이 몇 개의 범주로 깔끔하게 분류될 수 있다고 생각하지 않으며, 관념화 과정에서 상실하게 되는 작은 것들이 주는 가치를 이해한다. 지나치게 사업에만 초점을 맞추는 것은 경영자가 발견하였던 여러 현실적 관점들을 그냥 지나치게 할 수 있다. 따라서 경영자는 개념 자체가 아니라 경험에 근거한 과정과 실제 행동에 초점을 맞춘다.

경영자의 목표는 조직이 갱신 과정의 다음 단계로 넘어갈 수 있도록 끊임없이 조직을 자극하는 것이다. 만약 사람들이 현실에 안주하거나 답보 상태에 있다면, 경영자는 "수류탄을 던져서"(throws grenades) 해석(interpretation)의 틀을 깨고 건설적인 방향으로 나아가기 위해 현재의 상황을 무너뜨린다. 사람들이 이에 혼란스러워할 때 경영자는 바람직한 것으로 보이는 사회적 인간관계의 모델을 제시하고 그러한 인간관계들이 어떻게 존재하여 왔는지를 이야기하여, 조직의 지평을 넘어서는 비전을 심어 준다.

가망이 없어 보이는 상황에서조차 경영자는 심리적 함정에서 허우적거리는 사람들을 도우면서 역경을 유머로 승화할 수 있어야 한다. 경영자는 집단적 행동에 유리하게끔 상황을 전환하여 단순히 다음 단계로 이행할 수

있는 조건을 충족시키는 데 그치지 않고 계속하여 다음 단계로 나아갈 수 있는 기회를 만든다. 경영자는 새로운 것과 변칙적인 것을 중요시하고 이것이 어디에서 나왔든지 간에 발견 그 자체를 강조하며, 이것들을 활용하여 변화를 주장한다. 동시에 경영자는 자신이 무엇을 하고 있는지 잘 알지 못하지만, 어떻게 인간의 시스템이 기능하고 있는지에 대해서 겉으로 드러나지는 않지만 심도 있게 인지하고 있다.

미지의 세계에서 길을 잃었을 때, 경영자는 자신에게 길을 알려 줄 지도조차 갖지 못하였다. 예전에 이와 동일한 사항에 있었던 사람 또한 없었다. 경영자는 생각할 시간조차 없이 바로바로 행동에 옮겨야만 한다. 이때 경영자의 평등주의적 가치는 나침반의 바늘처럼 작용한다. 또한 가치는 경영자가 어느 정도 옳은 방향으로 나아가게끔 지켜 준다. 이러한 가치들 – 환기시키기, 방출하기, 그리고 타인과 공유하기 – 은 전체 조직에 있어 변화의 폭풍 속에 (조직을 인도하는) 하나의 닻과 같다.

이러한 모든 활동들을 창조적으로 통합하기 위해서, 경영자는 때로는 합리적이고, 때로는 구속적며, 때로는 혼돈에 빠지기도 하지만 결코 무기력하지는 않아야 한다. 이러한 경영자는 모든 자연생태에서 반드시 겪어야 하는 창조와 파괴라는 생태순환 과정에 대해 깊이 이해하고 있어야 한다. 또한 조직이 행하는 이 모든 활동들을 창조적으로 통합하기 위해서는 언제 행동해야 하고, 언제 기다려야 하며, 언제 흐름에 편승해야 하고, 언제 그것을 거슬러야 하는지, 그리고 언제 다져진 길에 머물러야 하고, 언제 먼 언덕을 향해 내달려야 하는지 적기(timing)를 파악할 수 있는 감을 필요로 한다. 요컨대, 조직이 행하는 이 모든 활동들을 창조적으로 통합하기 위해서는 조직변화 과정의 반복적 패턴에 대해 깊이 이해하고 있어야 한다. 이것이 바로 "갱신의 리듬"이라는 직관력인 것이다.

역자 후기

책장 한 귀퉁이를 차지하던 이 책을 꺼내 들고 읽게 된 계기는 몸담고 있는 조직에서 "혁신 서포터즈"라는 이름으로 조직문화 전달 및 변화관리자로서의 역할을 하게 되면서였다. 성숙한 조직에 변화가 요구될 때 겪게 되는 과정들을 책이 아닌 실제에서 경험하게 되면서 학교에서 배우던 막연한 개념들을 정리하고 싶었다. 그때 데이비드 허스트의 *Crisis and Renewal*은 나의 지적 갈증을 해소시켜 줄 수 있는 오아시스와 같이 다가왔다.

허스트의 12년에 걸친 학제적 연구, 다양한 분야의 각종 참고문헌, 현장 경험이 복합적으로 어우러진 이 작품은 저자 특유의 통찰력으로 다른 시대와 공간에서 벌어졌던 이야기들을 통해 조직이 지속 가능하기 위해 갖추어야 할 요건들을 다루고 있다. 특히, 요즘과 같은 변화와 격동의 시기에는 안정과 번영을 구가하던 시기에 성장한 조직들이 큰 충격을 받게 된다. 성과 지향적 조직은 학습지향적 조직과 달리 외부의 변화를 적시에 인지하지 못하기 때문이다. 이제 조직은 신중하고 계획적으로 전략을 수립하고 실행하는 것이 미덕이었던 과거와 달리 만일의 사태를 고려하는 "컨틴전시 플랜"(contingency plan)을 상시 운영하게 되었으며, "위기관리"(crisis management)를 지속 가능 경영의 필수요소처럼 생각하게 되었다. 수렵-채집사회의 부시맨처럼 유연한 사고가 점점 요구되는 것이다.

위기는 이제 더 이상 경영상 도전이 아니며 회피의 대상도 아니다. 위기를 극복의 대상인 사후적 개념으로 접근하는 것은 구시대적이다. 따라서 허스트는 숲에 작은 불씨를 자주 지펴서 숲 전체를 태울 산불이 발생하기 이전에 스스로 방화선을 만들 수 있도록 조직을 갱신해 나가야 한다고 주장한다. 이를 위해 경영자는 모든 자연생태가 반드시 겪어야 하는 창조와 파괴라는 생태순환 과정을 깊이 이해하고 조직이 다음 단계로 이행할 수 있도록 끊임없이 자극해야 한다. 조직구성원들이 현실에 안주해 있을 때 경영자는 조직이 건설적인 방향을 향해 나아갈 수 있도록 안정 상태를 무너뜨려야 하는 것이다.

허스트는 경영기술적 전략을 화려하게 늘어놓지 않는다. 어떻게 보면 단순하지만 그의 주장은 확고하다. 미래로 나아가기 위해서는 근본적 창립이념을 되새겨 과거로 거슬러 올라가야 한다고 주장한다. 조직의 근본적 혁신을 위해 필요한 것이 과연 무엇인가 다시금 생각하게 해 주는 대목이다. 또한 자칫 당위적 설득에 그칠 수도 있었던 그의 주장은 칼라하리사막의 부시맨이 사냥꾼에서 정착농으로 변모해 가는 이야기로부터 산업혁명 시대의 도래를 가져온 퀘이커들의 이야기, 나이키와 3M의 경영 이야기 등을 풍부하게 담아 내면서 마치 한 편의 소설을 읽는 것만큼이나 흥미롭게 한다. 이 책의 발간 당시에는 절대적이었던 GE의 잭 웰치 회장에 대한 신드롬이 다소 약화되었다는 점에서 15년이란 세월의 흔적을 느낄 수 있을 뿐 그의 메시지는 현재에도 모든 조직이 새로워지고자 할 때 참고할 "지도"로써 유효한 기능을 하고 있다. 사회가 바뀌어도 조직이 성장하고 발전함에 따라 겪게 되는 갈등의 본질적 해소방법은 크게 달라지지 않기 때문이다.

시쳇말로 무식하면 용감하다는 말을 절감한 작업이었다. 단순히 원서를 읽고 내가 이해하는 것과 전문 번역을 통해 타인이 이해할 수 있게 하는 것은 전혀 다른 차원의 일이란 것을 제대로 고민하지 않고 뛰어든 작업이었던지라, 출간을 앞두고서는 허스트의 깊이 있는 연구가 자칫 잘못 전달되지는 않을까 하는 걱정이 앞섰다. 그러나 조직의 변화관리에 대해 생태적 · 진화적 · 인지적으로 접근한 이렇게 훌륭하고 재미있는 서적이 아직까지도 국내에 소개되지 않았다는 데에서 작은 소명감을 갖게 되었다. 그리고 이것을 나의 첫 번역서에 대한 조그마한 변명으로 삼고자 한다.

초벌 번역작업을 제외하고 교정작업에만 6개월 이상 소요되었다. 중간에 포기하지 않고 첫 번역서가 세상에 빛을 볼 수 있도록 귀중한 기회를 제공해 주신 해남 노현철 대표님과 편집부 여러분께 감사드린다. 또한 바쁘신 와중에 제자의 번역작업을 지도하여 주신 연세대학교 이지만 교수님께도 진심으로 감사드린다. 마지막으로, 조직행동론이란 학문을 시작할 기회를 주시고 이끌어 주셨던 부모님께 가슴 깊이 감사드리며, 동생 민정이에게도 깊은 애정을 전한다.

참고문헌

Abernathy, W. J., and M. Utterback. 1978. Patterns of industrial innovation. *Technology Review* 80, no. 7:40-47.

Abraham, F. D. 1991. *A visual introduction to dynamical systems theory for psychology*. Santa Cruz, Calif.: Aerial Press.

Abraham, R. H., and C. D. Shaw. 1987. *Dynamics—The geometry of behavior*. Santa Cruz, Calif.: Aerial Press.

Allison, G. T. 1971. *Essence of decison*. Boston: Little, Brown.

Amabile, T. M. 1983. *The social psychology of creativity*. Berlin: Springer-Verlag.

Andrew, A. M. 1989. *Self-organizing systems*. New York: Gordon and Breach.

Ardrey, R. 1970. *The social contract*. New York: Atheneum.

Argyris, C., and D. A. Schon. 1978. *Organizational learning: A theory of action perspective*. Reading, Mass.: Addison-Wesley.

Arieti, S. 1976. *Creativity*. New York: Basic Books.

Arnheim, R. 1969. *Visual thinking*. Berkeley: University of California Press.

Arnst, C., et al. 1992. Compaq: How it made its impressive move out of the doldrums. *Business Week*, 2 November, 146-151.

The arsonist's match. 1993. *The Economist*, 6 November, 26.

Ashton, T. S. 1960. *The industrial revolution*. London: Oxford University Press.

Barbour, H., and J. W. Frost. 1988. *The Quakers*. New York: Greenwood Press.

Barnard, C. I. 1968. *The functions of the executive*. Cambridge, Mass.: Harvard University Press.

_______. 1948. *Organization and management*. Cambridge, Mass.: Harvard University Press.

Bartlett, C., and S. Ghoshal. 1990. Matrix management: Not a structure, a frame of mind. *Harvard Business Review*, July-August, 139-145.

Bartlett, J. 1955. *Familiar Quotations*. Boston: Little, Brown (13th edition).

Bateson, G. 1972. *Steps to an ecology of mind*. New York: Ballantine Books.

_______. 1980. *Mind and nature*. New York: Bantam Books.

Bateson, M. 1972. *Our own metaphor*. New York: Knopf.

Bavelas, A. 1948. Some problems of organization change. *Journal of Social Issues* 4:48-52.

Beer, S. 1984. The viable system model: Its provenance, development, methodology and pathology. *Journal of the Operational Research Society* 35, no. 1:7-25.

Berger, P. L., and T. Luckmann. 1980. *The social construction of reality*. New York: Irvington Publishers.

Blumenschine, R. J., and J. A. Cavallo. 1992. Scavenging and human evolution. *Scientific American*, October, 90-96.

Boulding, K. E. 1978. *Ecodynamics*. Beverly Hills, Calif.: Sage.

_______. 1981. *Evolutionary economics*. Beverly Hills, Calif.: Sage.

Bourgeois, W. V., and C. C. Pinder. 1983. Contrasting philosophical perspectives in administrative science: A reply to Morgan. *Administrative Science Quarterly* 28:608-613.

Bowlby, J. 1973. Self-reliance and some conditions that promote it. In *Support, innovation, and autonomy*, edited by R. Gosling. 23-48. London: Tavistock Publications.

Briggs, J., and F. D. Peat. 1989. *Turbulent mirror*. New York: Harper & Row.

Brinton, H. H. 1973. *The religious philosophy of Quakerism.* Wallingford, Pa.: Pendle Hill.

Brittain, J. W., and J. H. Freeman. 1980. Organizational proliferation and density dependent selection. In *The organizational life cycle*, edited by J. R. Kimberly, R. H. Miles, and associates, 311-312. San Francisco: Jossey-Bass.

Brubaker, R. 1984. *The limits of rationality.* London: George Allen & Unwin.

Buber, M. 1970. *I and Thou.* New York: Scribner.

Buckley, Walter. 1967. *Sociology and modern systems theory.* Englewood Cliffs, N. J.: Prentice-Hall.

Bulkeley, W. M., and J. R. Wilke. 1992. Filing in Chapter 11, Wang sends warning to high-tech circles. *Wall Street Journal*, 19 August, 1.

Burke, J. 1985. *The day the universe changed.* Boston: Little, Brown.

Burns, J. M. 1978. *Leadership.* New York: Harper Colophon Books.

Burns, T., and G. M. Stalker. 1961. *The management of innovation.* London: Tavistock Publications.

Burrell, G., and G. Morgan. 1979. *Sociological paradigms and organisational analysis.* London: Heinemann.

Buxton, J. 1994. On time and to order. *Financial Times*, 18 October, 14.

Caplan, N., M. H. Choy, and J. K. Whitmore. 1992. Indochinese refugee families and academic achievement. *Scientific American*, February, 36-42.

Carr, E. H. 1988. *What is history?* London: Penguin Books.

Carroll, G. R., J. Delacroix, and J. Goodstein. 1990. The political environments of organizations: An ecological view. In *The evolution and adaptation of organizations*, edited by L. L. Cummings and B. M. Staw, 67-100. Greenwich, Conn.: JAI Press.

Chance, M. R. A., ed. 1988. *Social fabrics of the mind.* Hillsdale, N.J.: Lawrence Erlbaum Associates.

Chappell, T. 1993. *The soul of a business.* New York: Bantam Books.

Christensen, C. 1973. *The "contingency theory" of organization: A methodological analysis.* Research paper HBS 73-36. Boston: Harvard Business School.

Christensen, C. R., and D. C. Rikert, 1985a. *Nike (B).* Case 9-385-027. Boston: Harvard Business School.

_______. 1985b. *Nike (C): Phil Knight.* Case 9-385-029. Boston: Harvard Business School.

Christensen, C. R., D. C. Rikert, and M. J. Roberts. 1985. *Nike (E).* Case 9-385-033. Boston: Harvard Business School.

Churchman, C. W. 1968. *Challenge to reason.* New York: McGraw-Hill.

_______. 1971. *The design of inquiring systems.* New York: Basic Books.

Cohen, M. D., J. G. March, and J. P. Olsen. 1972. A garbage can model of organizational choice. *Administrative Science Quarterly* 17 (March):1-25.

Counter-revolution. 1994. *The Economist*, 3 December, 23-27.

The cracks in quality. 1992. *The Economist*, 18 April, 67.

Daft, R. L., and R. H. Lengel. 1986. Organizing information requirements, media richness and structural design. *Management Science* 32, no. 5:554-571.

Daft, R. L., and J. C. Wiginton. 1979. Language and organization *Academy of Management Review* 4, no. 2:179-191.

Davis, S. M., and P. R. Lawrence. 1978. Problems of matrix organizations. *Harvard Business Review*, May-June, 131-142.

Davis, T. R. V. 1984. The influence of the physical environment in offices. *Academy of Management Review* 9, no. 2:271-283.

Dill, W. R. 1979. Commentary. In *Strategic management*, edited by D. E. Schendel and C. W. Hofer, 47-52. Boston: Little, Brown.

Doz, Y. L., and C. K. Prahalad. 1991. Managing DMNCs: A search for a new paradigm. *Strategic Management Journal* 12:145-164.

Drazin, R., and L. Sandelands. 1992. Autogenesis: A perspective on the process of organizing. *Organization Science* 3, no. 2(May):230-249.

Drucker, P. F. 1955. *The practice of management*. London: Heinemann.

_______. 1968. *The age of discontinuity*. New York: Harper & Row.

_______. 1974. *Management*. New York: Harper & Row

_______. 1980. *Managing in turbulent times*. London: Heinemann.

_______. 1986. *Innovation and entrepreneurship*. New York: Harper & Row, Perennial Library Edition.

Dumaine, B. 1993. Times are good? Create a crisis. *Fortune*, 28 June, 123-128.

Dyer, J. H. 1994. Dedicated assets: Japan's manufacturing edge. *Harvard Business Review*, November-December, 174-178.

Eccles, R. G., and E. G. Love. 1990. *Compaq Computer Corporation*. Case 9-491-011. revised 6 February 1991. Boston: Harvard Business School.

Eccles, R. G., and N. Nohria. 1992. *Beyond the hype*. Boston: Harvard Business School Press.

Eldredge, N. 1985. *Time frames*. New York: Simon & Schuster.

Eliminating paper and the organizational structure. 1992. *Denmark Review* (Janurary):2-4.

Eliot, T. S. 1963. *Collected poems, 1909-1962*. London: Faber and Faber.

_______. 1979. *Four quartets*. Orlando, Fla.: Harcourt Brace.

Emden, P. H. 1940. *Quakers in commerce*. London: Sampson Low, Marston.

Emery, F. 1967. The next thirty years: Concepts, methods and anticipations.

Human Relations 20:199-237.

_______. 1982. New perspectives on the world of work. *Human Relations* 35, no. 12:1095-1122.

Emery, F., and E. L. Trist. 1965. The causal texture of organizational environments. *Human Relations* 18:21-32.

_______. 1975. *Towards a social ecology*. New York: Plenum (paperback edition).

Etzioni, A. 1961. *A comparative analysis of complex organiztions*. Glencoe, Ill.: Free Press.

Feyerabend, P. 1988. *Against method*. London: Verso.

Follett, M. P. 1918. *The new state*. New York: Longmans, Green & Company.

_______. 1951. *Creative experience*. New York: Peter Smith.

_______. 1965. *Dynamic administration*. London: Pitman.

_______. 1987. *Freedom & Co-ordination: Lectures in business organization*. New York: Garland Publishers.

Forest, S. A., and C. Arnst. 1992. Compaq declares war on the clones. *Business Week*, 15 June, 40.

Francis, B. 1992. Compaq's new CEO: A focus on price. *Datamation*, 1 January, 37-38.

Friedman, M. 1971. 11th printing. *Capitalism and freedom*. Chicago: University of Chicago Press. Original edition, Chicago: University of Chicago Press, 1962.(Page references are to reprint edition.)

Frye, N. 1982. *The great code*. Toronto: Academic Press Canada.

_______. 1988. Reprint. *Creation and recreation*. Toronto: University of Toronto Press. Original edition, Toronto: University of Toronto Press, 1980. (Page references are to reprint edition.)

_______. 1990. *Words with power*. Markham, Ontario: Viking Penguin Books

Canada.

Fuller, B. R. 1982. *Synergetics*. 2 vols. New York: Macmillan.

Furey, T. R., and S. G. Diorio. 1994. Making reengineering Strategic. *Planning Review* 22, no. 4 (July-August):6.

Galbraith, J. R. 1977. *Organization design*. Reading, Mass.: Addison-Wesley.

Gersick, C. J. G. 1991. Revolutionary change theories: A multilevel exploration of the punctuated equilibrium paradigm. *Academy of Management Review* 16, no. 1:10-36.

Gladwin, D. 1988. *Building Britain's canals*. Studely Warwickshire, England: K. A. F. Brewin Books.

Gleick, J. 1987. *Chaos*. New York: Viking Penguin.

Goggin, W. C. 1974. How the multi-dimensional structure works at Dow Corning. *Harvard Business Review*, January-February, 76-87.

Goldberger, A. L., D. R. Rigney, and B. J. West. 1990. Chaos and fractals in human physiology. *Scientific American*, February, 43-49.

Goldstein, J. 1988. A far-from-equilibrium systems approach to resistance to change. *Organization Dynamics*, autumn, 16-26.

Gould, S. J., and N. Eldredge. 1977. Punctuated equilibria: The tempo and mode of evolution reconsidered. *Paleobiology* 3:115-151.

Granwetter, M. S. 1973. The strength of weak ties. *American Journal of Sociology* 78, no. 6:1360-1380.

Gregory, K. L. 1984. *Signing-up: The culture and careers of Silicon Valley computer people*. Ann Arbor, Mich.: University Microfilms International.

Greiner, L. E. 1972. Evolution and revolution as organizations grow. *Harvard Business Review*, July-August, 37-46.

Hadfield, C., and J. Boughey. 1994. *Hadfield's English canals*. Rev. ed. Phoenix

Mill, Gloucestershire, England: Alan Sutton Publishing.

Halberstam, D. 1986. *The reckoning*. New York: Morrow.

Hammer, M., and J. Champy. 1993. *Reengineering the corporation*. New York: HarperCollins.

Hampden-Turner, C. 1981. *Maps of the mind*. New York: Collier Books, Macmillan.

_______. 1990. Charting *the corporate mind*. New York: Free Press.

Hampden-Turner, C., and F. Trompenaars. 1993. *The seven cultures of capitalism* New York: Doubleday.

Hampton, W. J., and J. R. Norman. 1987. General Motors: What went wrong. *Business Week*, 16 March 102-110.

Hannan, M., and J. Freeman. 1977. The population ecology of organizations. *American Journal of Sociology* 82, no. 5:929-964.

Haskell, R. E. 1987. *Cognition and symbolic structures: The psychology of metaphoric transformation*. Norwood, N.J.: Ablex.

Hayes, R. H., and S. C. Wheelwright. 1979a. The dynamics of process-product life cycles. *Harvard Business Review*, March-April, 127-136.

_______. 1979b. Link manufacturing process and product life cycles. *Harvard Business Review*, January-February, 133-140.

_______. 1988. Matching process technolog with product/market requirements. In *Readings in the management of innovation*. 2nd ed. Edited by M. L. Thshman and W. L. Moore, 417-443. Cambridge, Mass.: Ballinger. Originally published in *Restoring our competitive advantage*. New York: Wiley. 1984.

Hedberg, B. L. T., P. C. Nystrom, and W. H. Starbuck. 1976. Camping on seesaws: Prescription for a self-designing organization. *Administrative*

Science Quarterly 21 (March):41-65.

Hesse, M. B. 1966. *Models and analogies in science*. Notre Dame, Ind.: University of Notre Dame Press.

Hoerr, J. P. 1988. *And the wolf finally came*. Pittsburgh: University of Pittsburgh Press.

Hofstadter, D. R. 1979. *Godel, Escher*, Bach. New York: Vintage Books.

Holling, C. S. 1986. The resilience of terrestrial ecosystems: Local surprise and global change. In *Sustainable development of the biosphere*, edited by W. C. Clark and R. E. Munn, 292-317. Cambridge, England: Cambridge University Press.

_______. 1987. Simplifying the complex: The paradigms of ecological function and structure. *European Journal of Operational Research* 30: 139-146.

Homans, G. C. 1950. *The human group*. New York: Harcourt, Brace & World.

Huey, J. 1994. The leadership industry. *Fortune*, 21 February, 54-56.

Hurst, D. K. 1984. Of boxes, bubbles and effective management. *Harvard Business Review* 62, no. 3:78-88.

_______. 1986. Why strategic management is bankrupt. *Organizational Dynamics*, autumn, 5-27.

_______. 1989. Creating competitive advantage: Welding imagination to experience. *Academy of Managermt Executive* 3, no. 1:29-36

_______. 1991. Cautionary tales from the Kalahari: How hunters become herders (and may have trouble changing back again). *Academy of Management Executive* 5, no. 3:74-86.

_______. 1992. Thoroughly modern – Mary Parker Follett. *Business Quarterly* 56, no. 4 (spring):55-58.

Hurst, D. K., James C. Rush, and Roderick E. White. 1989. Top management teams and organizational renewal. *Strategic Management Journal* 10:87-105.

Hurst, D. K., and B. J. Zimmerman. 1994. From life cycle to ecocycle: A new perspective on the growth, maturity. destruction and renewal of complex systems. *Journal of Management Inquiry* 3, no. 4 (December):339-354.

Ibarra, H. 1992. Structural alignments, individual strategies, and managerial action: Elements toward a network theory of getting things done. In *Networks and organizations*, edited by N. Nohria and R. G. Eccles, 165-188. Boston: Harvard Business School Press.

Imai, K., I. Nonaka, and H. Takeuchi. 1985. Managing the new product development process: How Japanese companies learn and unlearn. In *The uneasy alliance*, edited by K. B. Clark, R. H. Hayes, and C. Lorenz, 337-375. Boston: Harvard Business School Press.

Itami, H. 1987. *Mobilizing invisible assets*. Cambridge, Mass.: Harvard University Press.

Ivey, M., D. A. Depke, and T. Peterson. 1991. Compaq's new boss doesn't even have time to wince. *Business Week*, 11 November, 41.

Ivey, M., and J. B. Levine. 1991. Coming to America: Compaq's European star. *Business Week*, 4 February, 86.

Jantsch, E. 1980. *The self-organizing universe*. Oxford, England: Pergamon.

_______, ed. 1981. *The evolutionary vision*. Boulder, Colo.: Westview Press.

Jaques, E. 1982. *The form of time*. New York: Crane, Russak.

Jaynes, J. 1982. *The origin of consciousness in the breakdown of the bicameral mind*. Boston: Houghton Mifflin.

Jeffery, D. 1989. Yellowstone: The fires of 1988. *National Geographic* 175, no. 2 (February):255-273.

Jewkes, J., D. Sawers, and R. Stillerman. 1969. *The sources of invention*. 2nd ed. London: Macmillan.

Jung, C. G. 1976. *Psychological types*. Princeton, N.J.: Princeton/Bollingen Paperback.

Kagono, T., I. Nonaka, K. Sakakibara, and A. Okumara. 1985. *Strategic versus evolutionary management; A U.S.-Japan comparison of strategy and organization*. Amsterdam: North-Holland.

Kamath, R. R., and J. K. Liker. 1994. A second look at Japanese product development. *Harvard Business Review*, November-December, 154-170.

Kanter, R. M. 1972. *Commitment and community*. Cambridge, Mass.: Harvard University Press.

_______. 1983. *The change masters*. New York: Simon & Schuster.

Kanter, R. M., B. A. Stein, and T. D. Jick. 1992. *The challenge of organizational change*. New York: Free Press, Macmillan.

Katz, D. 1993. Triumph of the swoosh. *Sports Illustrated*, 16 August, 54-73.

_______. 1994. *Just do it*. New York: Random House.

Kauffman, S. A. 1991. Antichaos and adaptation. Scientific American, August, 78-84.

Kelly, G. A. 1963. *A theory of personality*. New York: Norton.

Kelman, H. 1969. Kairos: The auspicious moment. *The American Journal of Psychoanalysis* 29, no. 1:59-83.

Kenney, C. C. 1992. Fall of the house of Wang. *Computerworld*, 17 February, 67.

Kermode, F. 1967. *The sense of an ending*. Oxford, England: Oxford University Press.

Kimberly, J. R., R. H. Miles, and Associates. 1980. *The organizational life cycle*. San Francisco: Jossey-Bass.

Kochan, T. A., and M. Useem. 1992. *Transforming organizations*. New York: Oxford University Press.

Koestler, A. 1964. *The act of creation*. London: Hutchison.

_______. 1979. *The sleepwalkers*. New York: Pelican Books, Penguin Books.

Koontz, H., and C. O'Donnel. 1968. *Principles of management*. 4th ed. New York: McGraw-Hill.

Korzybski, A. 1980. *Science and sanity*. 4th ed. Lakeville, Connecticut: International Non-Aristotelian Publishing Company.

Kraar, L. 1994. The overseas Chinese. *Fortune*, 31 October, 91-114.

Kuhn, T. S. 1970. The structure of scientific revolutions. 2nd ed. Chicago: University of Chicago Press.

Lakoff, G., and M. Johnson. 1980. *Metaphors we live by*. Chicago: University of Chicago Press.

Lamming, R. 1993. *Beyond partnership: Strategies for innovation and lean supply*. Hertfordshire, England: Prentice Hall International.

Langer, E. J. 1989. *Mindfuless*. Reading, Mass.: Addison-Wesley.

Langton, J. 1984. The ecological theory of bureaucracy. *Administrative Science Quarterly* 29:330-354.

Lanzara, G. F. 1983. Ephemeral organizations in extreme environments: Emergence, strategy, extinction. *Journal of Management Studies* 20, no. 1:71-95.

Lawrence, P. R., and D. Dyer. 1983. *Renewing American Industry*. New York: Free Press, Macmillan.

Lee, R. B. 1979. *The Dobe !Kung*. New York: Holt, Rhinehart and Winston.

Lee, R. B., and I. DeVore, eds. 1968. *Man the hunter*. New York: Aldine.

_______. 1976. Kalahari hunter-gatherers. Cambridge, Mass.: Harvard University

Press.

Leibson, D. E. 1981. How Corning designed a "talking" building to spur productivity. *Management Review*, September, 8-13.

Leifer, R. 1989. Understanding organizational transformation using a dissipative Structure model. *Human Relations* 42, no. 10:899-916.

Lewin, K. 1947. Frontiers in group dynamics. *Human Relations* 1:5-41.

Lewis-Williams, J. D., and T. A. Dowson. 1989. *Images of power*. Cape, South Africa: National Book Printers.

Lincoln, Y. S., and E. G. Guba. 1985. *Naturalistic inquiry*. Beverly Hills, Calif.: Sage.

Loucks, O. I. 1970. Evolution of diversity, efficiency, and community stability. *American Zoologist* 10:17-25.

Loye, D., and R. Eisler. 1987. Chaos and transformation: Implications of nonequilibrium theory for social science and society *Behavioral Science* 32:53-65.

MacArthur, R H., and E O. Wilson. 1967. *The theory of island biogeography*. Princeton, N.J.: Princeton University Press.

Mackenzie, K. D. 1989. The process approach to organizational design. *Human Systems Management*, no. 8:31-43.

Mahoney. T. A., and J. R. Deckop. 1993. Y'gotta believe: Lessons from American- vs. Japanese-run U.S. factories. *Organizational Dynamics*, spring, 27-38.

Malone, M. S. 1985. *The big score*. New York: Doubleday.

Mandelbrot, B. 1983. *The fractal geometry of nature*. San Francisco: Freeman.

Manning, P. K. 1979. Metaphors of the field: Varieties of organizational discourse. *Administrative Science Quarterly* 24 (December):660-670.

Margolis, N., and M. Johnson. 1991. Industry challenge: Survival. *Computerworld*,

1 July, 1, 8.

Markoff, J. 1993. Where the cubicle is dead. *New York Times*, 25 April, B6.

Marshall, L. J. 1976. *The !Kung of the Nyae*. Cambridge, Mass.: Harvard University Press.

Martindale, D. 1960. *The nature and types of sociological theory*. Boston: Houghton Mifflin.

Maslow, A. H. 1954. *Motivation and personality*. New York: Harper & Row.

Maturana, H. R., and F. J. Varela. 1972. *Autopoiesis and cognition*. Dordrecht, Holland: D. Reidel.

McCaskey, M. B. 1979. The hidden messages managers send. *Harvard Business Review*, November-December, 135-148.

McClelland, D. C. 1961. The achieving society. Princeton, N.J.: D. Van Nostrand.

McKim, R. H. 1980. *Experiences in visual thinking*. 2nd ed. Belmont, Calif.: Wadsworth.

McLuhan, M. 1962. *The Gutenberg galaxy*. Toronto: University of Toronto Press.

McWhinney, W. 1990. Fractals cast no shadows. *IS Journal* 9:9-20.

McWilliams, G. 1989. Wang's turnaround specialist prepares for surgery. *Business Week*, 11 December, 108-109.

Miller, D. 1993. The architecture of simplicity. *Academy of Management Review* 18, no. 1:116-138.

Mintzberg, H. 1990. The design school: Reconsidering the basic premises of strategic management. *Strategic Management Journal* 11, no. 3 (March-April):171-195.

_______. 1994. *The rise and fall of strategic planning*. New York: Free Press.

Mintzberg, H., and J. A. Waters. 1982. Tracking strategy in an entrepreneurial firm. *Academy of Management Journal* 25, no. 3:465-499.

_______. 1985. Of strategies, deliberate and emergent. *Strategic Management Journal* 6:257-272.

Mitchell, R. 1989. Masters of innovation: How 3M keeps its new products coming. *Business Week*, 10 April, 58-63.

Mitsch, R. A. 1992. R&D at 3M: Continuing to play a big role. *Research Technology Management*, September-October, 22-26.

Morgan, G. 1980. Paradigms, metaphors and puzzle solving in organization theory. Administrative Science Quarterly 25:605-622.

_______. 1983. More on metaphor: Why we cannot control tropes in administrative science. *Administrative Science Quarterly* 28:601-607.

_______. 1986. *Images of organization*. Beverly Hills, Calif.: Sage.

Morris, D. 1969. *The human zoo*. Toronto: Clarke, Irwin.

Murray, F., and T. Stengos. 1988. Chaotic dynamics in economic time-series. *Journal of Ecomic Surveys* 2, no. 2:103-133.

Nadler, D. A., and M. L. Tushman. 1988. A model for diagnosing organizational behavior. In *Readings in the management of innovation*, edited by M. L. Tushman and W. L. Moore, 148-163. Cambridge, Mass.: Ballinger. Originally published in *Organizational Dynamics* (autumn 1980).

_______. 1989. Organizational frame bending: Principles for managing reorientation. *The Academy of Management Executive* 3, no. 3:194-204.

_______. 1990. Beyond charismatic leaders: Leadership and organizational change. *California Management Review*, winter, 77-97.

Naj, A. K. 1990. GE's latest invention: A way to move ideas from lab to market. *Wall Street Journal*, 14 June, A9.

Nash, K. S. 1992. Worried VS users seek an open path. *Computerworld*, 9 March, 1.

Nayak, P. R., and J. M. Ketteringham. 1986. *Breakthroughs*. New York: Arthur D.

Little.

Nelson, R. R., and S. G. Winter. 1982. An evolutionary theory of economic change. Cambridge, Mass.: Belknap Press.

Nevaskar, B. 1971. *Capitalists without capitalism.* Westport, Conn.: Greenwood.

Nicolis, G. 1989. Physics of far-from-equilibrium systems and self-organisation. In *The new physics*, edited by Paul Davies, 316-347. Cambridge, England: Press Syndicate of the University of Cambridge.

Nicolis, G., and I. Prigogine. 1977. *Self-organization in nonequilibrium systems: From dissipative structures to order through fluctuations.* New York: Wiley Interscience.

Nisbet, R. 1972. *Social change.* New York: Harper & Row.

Nohria, N., and R. G. Eccles, eds. 1992. *Networks and organizations.* Boston: Harvard Business School Press.

Nonaka, I. 1988a. Creating organizational order out of chaos: Self-renewal in Japanese firms. *California Management Review*, spring, 57-93.

________. 1988b. Toward middle-up-down management: Accelerating information creation. *Sloan Management Review*, spring, 9-18.

________. 1990a. Managing globalization as a self-renewing process. In *Managing the global firm*, edited by C. A. Bartlett, Y. Doz, and G. Hedlund, 69-94. London, England: Routledge.

________. 1990b. Redundant, overlapping organization: A Japanese approach to innovation. *California Management Review* 32, no. 3:27-38.

________. 1991. The knowledge-creating company. *Harvard Business Review*, November-December, 96-104.

Orton, J. D., and K. E. Weick. 1990. Loosely coupled systems: A reconceptualization. *Academy of Management Review* 15, no. 2:203-223.

Ortony, A., ed. 1979. *Metaphor and thought.* Cambridge, England: Cambridge University Press.

Orwell, G. 1949. *Nineteen eighty-four.* London: Secker & Warburg.

Ostroff, F, and D. Smith. 1992. The horizontal organization. *The McKinsey Quarterly*, no. 1:148-168.

Ouchi, W. G. 1981. *Theory Z.* Reading, Mass.: Addison-Wesley.

Partnow, E., ed. 1993. *The new quotable woman.* New York: Meridian, Penguin Books.

Partridge, E. 1983. *Origins: A short etymological dictionary of modern English,* New York: Greenwhich House.

Pascale, R. T. 1982. Our curious addiction to corporate grand strategy. Fortune, 25 January, 115-116.

_______. 1983. *Honda "A" and Honda "B."* Cases 384-049 and 384-050. Teaching note 386-034. Boston: Harvard Business School.

_______. 1990. *Managing on the edge.* New York: Touchstone.

Pepper, S. C. 1942. *World hypotheses.* Berkeley: University of California Press.

Peters, T. J. 1978. Symbols, patterns, and settings: An optimistic case for getting things done. *Organizational Dynamics*, autumn, 3-23.

_______. 1992. *Liberation management.* New York: Knopf.

Peters, T. J., and R. H. Waterman. 1982. *In search of excellence.* New York: Harper & Row.

Petre, P. 1986. What Welch has wrought at GE. *Fortune*, 7 July, 43-47.

Pfeffer, J. 1982. *Organizations and organization theory.* Marshfield, Mass.: Pitman Publishing Inc.

Pianka, E. R. 1970. On r- and K-selection. *The American Naturalist* 104, 592-597.

_______. 1974. *Evolutionary ecology.* New York: Harper & Row.

Pinder, G. C., and V. W. Bourgeois. 1982. Controlling tropes in administrative science. *Administrative Science Quarterly* 25:605-622

Polanyi, M. 1962. *Personal knowledge.* Chicago: University of Chicago Press.

Polanyi, M., and H. Prosch. 1975. Meaning. Chicago: University of Chicago Press.

Poole, M. S., and A. H. Van de Ven. 1989. Using paradox to build management and organization theories. *Academy of Management Review* 14, no. 4:562-578.

Popper, K. R. 1965. *Conjectures and refutations.* New York: Harper & Row.

_______. 1966. *The open society and its enemies.* Vol. 1. Princeton, N.J.: Princeton University Press.

_______. 1979. *Objective knowledge.* Oxford, England: Oxford University Press.

Porter, M. E. 1985. *Competitive advantage.* New York: Free Press.

Poundstone, W. 1985. *The recursive universe.* New York: Morrow.

Power, M. 1991. *The egalitarians – human and chimpanzee.* Cambridge, England: Cambridge University Press.

Prahalad, C. K., and G. Hamel. 1990. The core competence of the corporation. *Harvard Business Review*, May-June, 79-91.

Prigogine, I. 1980. *From being to becoming.* San Francisco: Freeman.

Prigogine, I., and Isabelle Stengers. 1984. *Order out of chaos: Man's new dialogue with nature.* Toronto: Bantam Books.

Punshon, J. 1991. *Portrait in grey.* London: Quaker Home Service.

Quinn, R. E. 1988. *Beyond rational management.* San Francisco: Jossey-Bass.

Quinn, R. E., and K. Cameron. 1983. Organizational life cycles and shifting criteria of effective Some preliminary evidence. Management Science 29, no. 1(January):33-51.

_______, eds. 1988. *Paradox and transformation.* Cambridge, Mass.: Ballinger.

Quinn, R. E., and M. R. McGrath. 1985. The transformation of organizational cultures. In *Organizational culture*, edited by P. Frost, L. Moore, M. Louis, C. Lundberg, and J. Martin, 315-334. Beverly Hills, Calif.: Sage.

Raistrick, A. 1968. Quakers in science and industry. Newton Abbot, England: David & Charles (Holdings).

_______. 1989. *Dynasty of iron founders*. 2nd ed., rev. York, England: William Sessions, Ebor Press.

Rittel, H. W. R., and M. M. Webber. 1973. Dilemmas in a general theory of planning. *Policy Sciences* 4:155-169.

Roethlisberger, F. J. 1977. The elusive phenomena. Boston: Harvard University Press.

Rogers, E. M., and J. K. Larsen. 1984. *Silicon Valley fever*. New York: Basic Book.

Rosenbluth, H. 1991. Tales from a nonconformist company Harvard Business Review, July-August, 26-36.

Rothenberg, A. 1979. *The emerging goddess*. Chicago: University of Chicago Press.

Rowlinson, M., and J. Hassard. 1993. The invention of corporate culture: A history of the histories of Cadbury. *Human Relations* 46, no. 3:299-326.

Sahal, D. 1976. Homeorhetic regulation and structural Stability. Cybernetica 19:305-315.

_______. 1979. A unified theory of self-organization. *Journal of Cybernetics* 9:127-142.

_______. 1981. Patterns of technological innovation. Reading, Mass.: Addison-Wesley.

Sandelands, L. E., and G. C. Buckner. 1990. Of art and work: Aesthetic experience and the psychology of work feelings. In *Work in organizations*, edited by

B. M. Staw and L. L. Cummings, 123-149. Greenwich, Conn.: JAI Press.

Saxenian, A. 1990. Regional networks and the resurgence of Silicon Valley. *California Management Review*, fall, 89-112.

Schendel, D. E., and C. W. Hofer, eds. 1979. *Strategic management*. Boston: Little, Brown.

Schilpp, P. A., ed. 1974. *The philosophy of Karl Popper*. 2 vols. La Salle, Ill.: Open Court.

Schon, D. A. 1963. *Displacement of concepts*. London: Tavistock Publications.

_______. 1967. *Technology and change*. Oxford, England: Pergamon Press.

_______. 1979. Generative metaphor: A perspective on problem-setting in social policy. In *Metaphor and thought*, edited by A. Ortony, 254-283. Cambridge, England: Cambridge University Press.

Schumpeter, J. A. 1950. *Capitalism, socialism and democracy*. New York: Harper & Row.

Scott, W. G. 1992. *Chester I. Barnard and the guardians of the managerial state*. Lawrence: University Press of Kansas.

Seely Brown, J., and R. Duguid. 1991. Organizational learning and communities-of- practice: Toward a unified view of working, learning, and innovation. *Organization Science* 2, no. 1 (February):40-57.

Senge, P. M. 1990. *The fifth discipline*. New York: Doubleday.

Shamir, B., R. J. House, and M. B. Arthur. 1993. The motivational effects of charismatic leadership. *Organization Science* 4, no. 4 (November):577-594.

Shaw, M. E. 1981. *Group dynamics: The psychology of small group behavior*. 3rd ed. New York: McGraw-Hill.

Shipper, F., and C. C. Manz. 1992. An alternative road to empowerment. *Organizational Dynamics*, winter, 48-61.

Shrivastava, P. 1983. A typology of organizational learning systems. *Journal of Management Studies* 20, no. 1:7-28.

Silberbauer, G. B. 1981. *Hunter and habitat in the central Kalahari Desert*. Cambridge, England: Cambridge University Press.

Simon, H. A. 1957. *Administrative behavior*. New York: Macmillan.

_______. 1960. *The new science of management decision*. New York: Harper & Row.

_______. 1969. *The sciences of the artificial*. Cambridge, Mass.: MIT Press.

Sloan, A. P., Jr. 1967. *My years with General Motors*. London: Pan Books.

Smith, C., and G. Gemmill. 1991. Change in the small group: A dissipative structure perspective. *Human Relations* 44, no. 7:697-716.

Smith, K. K., and D. N. Berg. 1987. *Paradoxes of group life*. San Francisco: Jossey-Bass.

Snow, C. C., R. E. Miles, and H. J. Coleman, Jr. 1992. Managing 21st century network organizations. *Organizational Dynamics*, winter, 5-20.

Sombart, W. 1969. *The Jews and modern capitalism*. New York: Burt Franklin.

Sommer, R. 1969. *Personal space*. Englewood Cliffs, New Jersey: Prentice-Hall.

Speer, A. 1970. *Inside the Third Reich*. New York: Macmillan.

Springer, S. P., and G. Deutsch. 1989. *Left brain, right brain*. New York: Freeman.

Stacey, R. D. 1991. *The chaos frontier*. Oxford, England: Butterworth-Heinemann.

Stayer, R. 1990. How I learned to let my workers lead. *Harvard Business Review*, November-December, 66-83.

Steele, F. 1983. The ecology of executive gams: A new view of the top. *Organizational Dynamics* (spring):65-78.

Strasser, J. B., and L. Becklund. 1991. *Swoosh: The unauthorized story of Nike and the men who played there*. New York: Harcourt Brace Jovanovich.

Takeuchi, H., and I. Nonaka. 1986. The new product development game. *Harvard Business Review* 64, no. 1:137-146.

Tao te Ching. 1982. Translated by Ch'u Ta-kao. London: Mandala Books, Unwin Paperbacks.

Terborgh, J. 1992. *Diversity and the tropical rain forest*. New York: Scientific American Library.

Terry, T. R. 1964. *Principles of management*. Homewood, Ill.: Irwin.

Therrien, L. 1992. Savvy consumers keep PC makers hopping. *Business Week*, 2 November, 151.

Thompson, J. D. 1967. *Organizations in action*. New York: McGraw-Hill.

Tichy, N. M., and R. Charan. 1989. Speed, simplicity, self-confidence: An interview with Jack Welch. *Harvard Business Review*, September-October, 112-120.

Tichy, N. M., and S. Sherman. 1993. *Control your destiny or someone else will*. New York: Doubleday.

Tillich, P. 1948. *The Protestant era*. Chicago: University of Chicago Press.

Toynbee, A. J. 1947. *A study of history*. Abridgment of vols. 1-6 by D. C. Somervell. New York: Oxford University Press.

Trinder, B. S. 1981. *The industrial revolution in Shropshire*. London: Phillimore.

Trist, E. 1981. *The evolution of socio-technical systems*. Occasional paper 2. Ontario: Ontario Ministry of Labour, Ontario Quality of Working Life Centre.

Tsoukas, H. 1991. The missing link: A transformational view of metaphors in organizational science. *Academy of Management Review* 16, no. 3:566-585.

Turnbull, C. M. 1968. The importance of flux in flux in two hunting societies. In *Man the hunter*, edited by R. B. Lee and I. DeVore, 132-137. New York:

Aldine.

Tushman, M. L., and E. Romanelli. 1985. Organizational evolution: A metamorphosis model of convergence and reorientation. In *The evolution and adaptation of organizations*, edited by B. M. Staw and L. L. Cummings, 139-190. Greenwich, Conn.: JAI Press.

Tushman, M. L., and W. L. Moore, eds. 1988. *Readings in the management of innovation*. Cambridge, Mass.: Ballinger.

Ulanowicz, R. 1987. Growth and development: Variational principles reconsidered. *European Journal of Operational Research* 30:173-178.

Utterback, J. M. 1994. *Mastering the dynamics of innovation*. Bostion: Harvard Business School Press.

Vaill, P. B. 1989. *Managing as a performing art*. San Francisco: Jossey-Bass.

Valente, J., and C. Duff. 1993. Trickle-down pain: Demise of the catalog hurts small businesses that counted on Sears. *Wall Street Journal*, 2 March, A1.

van Creveld, M. 1983. *Fighting power: German and U.S. Army performance, 1939-1945*. London: Lionel Leventhal.

Van der Post, Sir L. 1988. *The lost world of the Kalahari*. London: Chatto & Windus.

Van de Ven, A. H. 1992. Suggestions for studying strategy process: A research note. *Strategic Management Journal* 13: 169-188.

Vinnicombe, P. 1976. *People of the Eland*. Pietermaritzburg, South Africa: University of Natal Press.

Watzlawick, P., ed. 1984. *The invented reality*. New York: Norton.

Watzlawick, P., J. H. Weakland, and R. Fisch. 1974. *Change*. New York: Norton.

Webber, A. M. 1990. Consensus, continuity, and common sense: An interview with Compaq's Rod Canion. *Harvard Business Review*, July-August, 115-123.

Weber, M. 1947. *The theory of social and economic organization*. London: Free Press of Glencoe, Macmillan.

_______. 1976, *The Protestant ethic and the rise of capitalism*, New York: Scribner.

Weick, K. E. 1976. Educational institutions as loosely coupled systems. *Administrative Science Quarterly* 21, 1-19.

_______. 1979. *The social psychology of organizing*. 2nd ed. Reading, Mass.: Addison-Wesley.

_______. 1990. *Obstacles to renewal*. Paper presented to the Academy of Management, August 14.

Weick, K. E., and P. W. Van Orden. 1991. Organizing on a global scale. Human Resource Management 29, no. 1:49-61.

Wheelwright, P. 1962. *Metaphor and reality*. Bloomington: Indiana University Press.

White, L. 1962. *Medieval technology and social change*. London: Oxford University Press.

Whitehead, A. N. 1978. *Process and reality*. New York: Free Press.

Whorf, B. J. 1982. *Language, thought, and reality*. Cambridge, Mass.: MIT Press.

Whyte, W. F., and K. F. Whyte. 1988. *Making Mondragon*. Ithaca, N.Y.: ILR Press.

Wilshire, B. W. 1971. *William James: The essential writings*. New York: Harper Torchbooks.

Wilson, E. O. 1975. *Sociobiology*. Cambridge, Mass.: Belknap Press.

Windsor, D. B. 1980. *The Quaker enterprise*. London: Frederick Muller.

Wolf, W. B. 1974. *The basic Barnard*. Ithaca, N.Y.: Cornell University, New York School of Industrial and Labor Relations.

Womack, J. P., D. T. Jones, and D. Roos. 1991. *The machine that changed the world.* New York: HarperCollins.

Woodburn, J. 1982. Egalitarian societies. *Man*, n.s., 17:431-451.

Worthy, J. C. 1984. *Shaping an American institution.* Urbana: University of Illinois Press.

Wren, D. A. 1979. *The evolution of management thought.* 2nd ed. New York: Wiley.

Wright, H. A., and A. W. Bailey. 1982. *Fire ecology, United States and Southern Canada.* New York: Wiley.

Yates, F. E. 1987. *Self-organizing systems.* New York: Plenum.

Yellen, J. E. 1990. The transformation of the Kalahari !Kung. *Scientific American*, April, 96-105.

Yoshino, M. Y. 1968. *Japan's managerial system.* Cambridge, Mass.: MIT Press.

Zak, M. J. 1981. *Evans Carlson and the Carlson Raiders.* Case 9-481-193. Cambridge, Mass.: Harvard Business School.

Zaleznick, A. 1977. Managers and leaders: Are they different? *Harvard Business Review*, May-June, 67-78.

Zimmerman, Brenda J. 1991. Strategy, chaos and equilibrium: A case study of Federal Metals, Inc. Ph.D. dissertation, York University, North York, Ontario.

________. 1992a. Chaos and self-renewing organizations: Designing transformation processes for co-evolution. Working paper, 29-92. Faculty of Administrative Studies, York University, Ontario, Canada.

________. 1992b. The inherent drive towards chaos. In *Implementing strategic processes: Change, learning and cooperation*, edited by P. Lorange, B. Chakravarthy, A. Van de Ven, and J. Roos, 373-393. London: Basil Blackwell.

_______. 1993. Chaos and nonequilibrium: The flip side of strategic processes. *Organization Development Journal* 11, no. 1:31-38.

Zimmerman, Brenda J., and D. K. Hurst. 1993. Breaking the boundaries: The fractal organization. *Journal of Management Inquiry* 2, no. 4 (December): 334-355.

Zuiderhout, R. W. L. 1990. Chaos and the dynamics of self-organization. *Human Systems Management* 9:225-238.

찾아보기

ㄹ

ㅁ

ㅇ

ㅈ

ㅊ

ㅋ

ㅌ

ㅍ

ㅎ

■ 저자

데이비드 허스트(David K. Hurst)는 현재 DKH Productions의 대표로서, 25년간 다양한 기업의 총괄관리자로 활동하였으며, 특히 Federal Metals Inc.의 부사장을 역임하면서 파산에서 회사를 구하는 데 중대한 역할을 담당하였다. 그는 시카고 경영대학원을 마쳤으며, 캐나다의 수준 높은 MBA 과정 중 하나인 웨스트온타리오대학의 리처드 아이비 경영대학원(Richard Ivey School of Business)의 연구위원이자 미국 그린즈버러 노스캐롤라이나에 있는 창조적 리더십센터의 겸임교원으로 활동하고 있다.

데이비드 허스트는 매니지먼트(management) 분야, 특히 전략, 리더십, 변화관리에 있어 다년 간의 실무경험을 바탕으로 본인만의 독창적인 체계를 통해 활발한 컨설팅, 강연 및 각종 저술활동을 수행하고 있다. 『하버드 비즈니스 리뷰』, 『파이낸셜 타임스』 등 주요 경영저널에 논문을 기고하였으며, 본서인 *Crisis and Renewal*은 그의 첫 번째 저서로서 1995년 하버드 경영대학원 출판부(HBS)에서 출간된 뒤 2002년 재출판되기도 하였다. 또한 2002년 6월에는 『골프장에서 배우기: 골프 레슨을 활용한 매니지먼트 정복』(*Learning from the Links: Mastering Management Using Lessons from Golf*)을 출판하였다.

그는 오랜 기간 매니지먼트 분야에서 지배적이었던 고정적이고 경제적인 관점과는 대비되는 관점에서 조직연구를 시도하고 있다. 조직 내 역학관계 및 생태학적 체계가 요구하는 조직의 변화 과정을 이해하려는 시도를 통해 조직의 성공전략을 이끄는 생태학적 · 진화론적 인지 과정과 시공을 초월하여 여러 가지 방법으로 손쉽게 상호작용하고 이를 통하여 창조력을 불러일으키는 리더십에 대한 연구를 중점적으로 하고 있다.

■ 역자

김민경은 연세대학교 법학 학사(2002), 연세대학교 경영학 석사(2004)를 거쳐 현재 예금보험공사에서 근무하고 있으며 『인사관리연구』에 PMI 관련 논문을 기고하였다. 대학원에서 매니지먼트를 전공하고 예금보험공사에서 주니어보드 활동을 하면서 조직문화 전달 및 변화관리에 대한 고민 중에 이 책을 참고하다가 우리나라에 꼭 소개할 필요가 있다는 생각에 번역하였다.

조직의 위기와 갱신

2011년 5월 2일 초판1쇄 인쇄
2011년 5월 14일 초판1쇄 발행

저 자 데이비드 허스트
역 자 김민경
발행인 노현철
발행처 도서출판 해남
서울특별시 서대문구 충정로 3가 227-1 우리타워 6F
전화 739-4822 팩스 720-4823
e-mail haenam30@dreamwiz.com
homepage www.hpub.co.kr
등록 1995. 5. 10 제 1-1885호

역자와 협의하에 인지 생략

정 가 15,000원

ISBN 978-89-6238-027-9 93320

Crisis & Renewal: Meeting the Challenge of Organizational Change by David K. Hurst
Original work Copyright © 1995, 2002 by David K. Hurst
All rights reserved.
This Korean edition was published by Haenam Publishing Co. in 2011 by arrangement with Harvard Business Press through KCC(Korea Copyright Center Inc.), Seoul.

이 책은 (주)한국저작권센터(KCC)를 통한 저작권자와의 독점계약으로 도서출판 해남에서 출간되었습니다. 저작권법에 의해 한국 내에서 보호를 받는 저작물이므로 무단전재와 복제를 금합니다.